李 勇○著

江南原生态文化研究

中国出版集团 东方出版中心

图书在版编目（CIP）数据

江南原生态文化研究 / 李勇著. -- 上海 ： 东方出
版中心，2024. 11. -- ISBN 978-7-5473-2533-9

Ⅰ. K280.5

中国国家版本馆 CIP 数据核字第 2024R4D895 号

江南原生态文化研究

著　　者　李　勇
组稿策划　张爱民
责任编辑　黄　驰
封面设计　钟　颖

出 版 人　陈义望
出版发行　东方出版中心
地　　址　上海市仙霞路 345 号
邮政编码　200336
电　　话　021 - 62417400
印 刷 者　上海万卷印刷股份有限公司

开　　本　710mm×1000mm　1/16
印　　张　19
字　　数　296 千字
版　　次　2024 年 11 月第 1 版
印　　次　2024 年 11 月第 1 次印刷
定　　价　98.00 元

目　录

导　言

江南原生态文化,以江南地表资源为载体,是科技、艺术与民俗之"并集"。宜居江南,精神地理与自然地理洽然适应。万年文化,个性铧铧;器物制作,精巧细奇;文化精神,创新务实。

坳垤江南,四维曲面,境接娜嬛。锦属田园,绣若波斯赤毯。吴侬软语,饭稻羹鱼。舟楫为家,水作田的泽国,民歌偁鞔,民俗显明。

江南,怀抱春天的东海、秋天的太湖。江南地表资源分布之层次:深深东海产嘉鱼,茫茫太湖藏奇石,天目山巅见浮玉。

江南文化个性,孕育于三种资源之中:优渥的自然资源;优质的人力资源;优美的吴方言文化资源。

江南文化传承与创新之力,源于渔耕者、工匠、艺术家、企业家和科学家,他们组成了一个生态文化共同体。

旧年江南,丝织、棉纺业兴盛,大量妇女儿童进入劳动力队伍。江南从事有用劳动的人口数量激增,财富激增,势若滚雪球。江南老者大多终身劳作不息。江南总人口中,劳动人口所占的比例全国最高。这样,全体江南人民的社会劳动时间总量增加,单个家庭的资本储备递增。

江南丝绸,曾助力运旺时盛的企业家腾飞。江南腹地,为"丝绸之路"之"实"起点。

江南地表,生物多样,水映青山,曲美炉天,风月无边。但是,江南经济资源为定量,资本、技术和企业家精神为变量。企业家以科技操作经济要素,以创新精神引领,产出更多的"生产者剩余"。

山水媞媞,红壤沃土,稻田绿浪护围着粉墙黛瓦的广袤乡村,锦绣一片片。蓝印花布,裁缝精细,窄褪出采茶娘子的领如蝤蛴。手如柔荑,细掐嫩绿。人们讲吴语、唱吴歈。田间稻浪翻滚、水心渔歌互答。喘月吴牛悸动的声波,荡漾出水体振动的清纯音色。泽国处处,听春夏秋冬,变换演奏贝多芬交响曲。瑞雪其雾的江南旷野,浮象千凸,玉龙翻舞。

石桥、流水、行舟,组成立体交通网、水运贸易网,提高了市场经济效率。曲美叠叠,富盈江南,高曲率引力场引来优质劳力,也引来吴市吹箫。

在劳动应用上,江南民众普遍展现出较高的劳动技巧与熟练度。他们在亚热带季风气候覆盖的千里沃壤上,创造了富势江南。旧年江南,劳动人民的科学家精神在各行各业都有体现。渔耕者深谙水生生物资源新陈代谢的规律,用观察法总结科技知识,以吴歈传承。

江南地表资源非均质地分布在一个物理世界中。经济资源主要有:水、鱼、稻、红壤、奇石、良玉、铜、桑、棉、茉苣佳蔬、梅兰竹菊。网格状地貌和适宜之气候,也是经济资源。高天厚地之间,满是讲吴方言的江南人力。存在与意识之关系,此处表现为地表资源与文化个性之间的关系。

"看不见的手"将蛛网水乡各行业的劳动成果聚集在市场交易中。以上海为龙头的江南名城组成的市场体系,运作高效。人们乐用吴语沟通,吴方言是江南经济发展最重要的"外生变量"。江南民众,市场经济意识强。

江南社会分工精细。分工促进各行业的劳动生产率的普遍提高,节省了全体江南劳动者群体的劳动时间,社会总产出因此递增。精细分工,农业、手工业劳动者之职业技能精湛,科技产出的数量增加。

江南人民善贾多才,多文为富,科技产出量大。《养鱼经》《兵经》《园冶》《江村经济》等著作者都认为,财富源于科技与市场。《石头记》记录着旧年江南人民生活的科学与艺术。工商业者,贾而好儒。各行业精工巧技,世袭独门绝技,纺织、刺绣、造船、船拳、水利、制茶、竹编、园艺、酿造、制砖、砖雕、乐器制作,技艺创新达到人类手工之极限。文化精品,价增一顾。

江南文化运行于非匀速、非均质的时空里。曲美之物理世界,产出泼墨山水画,或或曲折之民歌,缠绵婉约之江南丝竹。

以上海为龙头的发达的市场经济体系,让稀缺的资源达到效用最大化,成就富庶江南。江乡处处,碧水青山,让人心境辄然。

古典园林是明清商品经济繁荣之衍生物。是建筑学、艺术与民居之合体。

上述分析的是资源、资本、技术、科学精神、企业家才能、工匠精神和市场推动江南经济与文化发展的科学原理。

　　本书以地表资源决定文化个性为逻辑起点,并贯穿全书之始终。四章内容,起承转合,前奏与结尾,遥相共鸣。本书讴歌创新,解析创新,如江南企业家精神,科技创新,艺术独创,渔耕者和工匠之技术创新等;注重解析各种经济要素之间的本质的必然联系与非本质的偶然联系。

第一章
江南经济资源与文化个性

一、经济资源之"不可分拨性"

一般而言,经济资源的不可分拨性,具有"有界性"和"有限性"的特点。而文化资源的不可分拨性,具有"有界无限性"之特点。

江南怀抱四季东海,拥有数千条绿色的河,河床槎枒,岸上稻香秋夏。水资源潜藏的生产力,能转化更多的生产者剩余。渔耕者创造的江南民歌,如吴歈,是沪剧、昆曲之源。自然地理上的江南,地表资源具有比较优势。

江南膴膴,堇荼如饴,水土中浸沁透江南四季百花落英的芬芳,水甜土香。四季百花吐翠的节奏明快,千里稻浪起伏的旋律流畅,江南城乡空气中弥漫着万蕊之馨。江南的土地、水域和矿坑里的经济资源是江南文化繁荣的物质基础。优渥的资源、至美的环境,养育着江南文化的锦绣儒雅、气质如兰。

科学研究的目的,是为了解决面临的问题。21世纪,江南面临着诸多环境问题、生物多样性保护问题和江南文化传承与创新问题。这些问题,与经济资源和文化资源的"不可分拨性"紧密相关。通过经济学、社会学、生物学、民俗学、环境科学和物理学的综合研究,将有助于解决人与动植物生存平衡问题。"生物多样性"与"文化多样性"是一体两面。保护生物多样性就是保护文化多样性。

人类生存和发展所依赖的土地、水和气候资源,这三种组合产出的商品和服务,使人类得以自身繁衍和进行物质财富的再生产。人类所能获取的经济资源是"稀缺"的,因此,所有的发展必然以追求"效率"为目标。所有需要解决的问题以投入最小化、产出最大化为目标,必然有利于解决问题。

自然资源和环境的含义一样,都属于生产要素的范畴。[1] 关于自然资源,经济学家认为存在两种不同的属性,即可分拨资源和不可分拨资源。[2]

当厂商或消费者能够获得商品的全部经济价值时,商品被称为可分拨的(appropriable)。可分拨的自然资源包括土地(当农夫出售土地上生产的小麦和酒时,土壤的肥力为农夫所得)、像石油和天然气那样的矿产资源(所出价最高的人出售土地或森林)。在一个运行良好的竞争性市场,我们能够期望可分拨的自然资源将被有效地标价和分配。

但我们必须谨慎小心,切勿滥用。第二种自然资源,不可分拨的(inappropriable)资源,就一定会引发经济问题。不可分拨的资源是一种对个人免费而具有社会成本的资源。换句话说,不可分拨的资源是一种具有外部性的资源。外部性是指那些生产或消费对其他团体强征了不可补偿的成本或给予无须补偿的收益的情形。

具有外部性的物品可与普通的经济物品相比较。市场交换中,人们通过自愿的价格交换物品和货币。当厂商使用稀缺的可分拨的资源(例如土地、石油或者森林)时,他从物品的所有者那里购买,以补偿所有者因生产物品而导致的成本。但还有一些交易发生在市场之外。A 厂商将一些有毒化学物质倾倒到小溪中,弄脏了下游人们原来用以钓鱼和游泳的溪水。溪水厂商 A 使用了稀缺的、干净的溪水,却未因为溪水遭到污染而给人们以补偿,从而产生了外部不经济。不可分拨的资源的例子可以在地区上的每一个角落发现。就拿鱼来说吧。一群金枪鱼不仅为晚餐提供食物,而且是繁殖下一代金枪鱼的源泉。然而这种繁殖潜力往往未被纳入市场行为中,没有人会买卖狗牙金枪鱼的交配行为。当一只捕捞船捕捞金枪鱼时,它不必为这种消耗未来潜力的行为向社会赔偿。因此,在没有限制时,捕鱼船就会有过度捕捞的倾向。

这导出了资源和环境经济学的基本结论:

---

[1] 水,既能生出水生动植物资源,也是最廉价的航运资源。水,通过科技加工,变成营养水,则变成国民财富。阳光光解水体,能溢出氧气。大气是气候资源,能供给人类清新的空气、灿烂的阳光,还能提供飞机的活动空间,也是鸟类的生活空间。

[2] [美]保罗·萨缪尔森、威廉·诺德豪斯:《经济学》第 17 版,萧琛主译,人民邮电出版社,2004年,第 263 页。

　　当资源是不可分拨的,具有外部性时,市场就不能提供正确的信号。一般说来,对于外部不经济的产品,市场会生产过度;而对于外部经济的产品,市场又会生产不足。

　　黼黻江南,经济资源分布于水、陆、空三种"聚集态"之中。这是江南生态文化共同体的物质基础。

　　水下　水生经济资源,包括数万种鱼类、珊瑚礁、太湖奇石、信天翁、野鸭、鸬鹚、海藻。

　　陆上　陆生经济资源有植被、矿产资源,也包括从事 360 行的各类人力资源。湖石山石,红壤黸𪒠,高岭土、江南铜,修竹丛林,蜜果佳蔬,棉,桑,山珍,阔叶林。

　　空中　气候资源,包括富氧的空气、四季风、江南雨、近海洋流、太阳风、太阳黑子、月亮之引潮力。[1]

　　江南最重要的经济资源是人力资源:渔耕者,精工巧匠,科学家、企业家,艺术家。自然资源和人力资源构成江南生态文化共同体的资源系统。

水资源

　　《尚书·禹贡》:"三江既入,震泽底定。筱簜既敷,厥草惟夭,厥木惟乔。"[2]三江带来的地表腐殖质,沤变作红壤。沃土使单位土地面积的粮食产量较大。江南大地上的"鳝血黄泥土",是江南生产力的重要支柱。

　　水资源,是泽国水乡取之不尽用之不竭的经济资源,养育了渔稻产业,是农业之命脉。水资源,经现代科技加工,电导率极低的水,可直接医用。

　　旧年江南,以泱泱碧水为最主要生产资料的制造业,有高科技的民生产业娃哈哈。当宗庆后之精神世界与《富春山居图》覆盖的自然地理洽然适应瞬间,娃哈哈得以诞生。娃哈哈的企业文化,洽然与中国国情相适应。旧年江南、碧水青山,成为制造业与现代科技合成的原生态企业文化共同体。

宗庆后

　　饭稻羹鱼,崇尚科技;季路一言,怀瑾握瑜。在水多田少、生殖日繁之域,

---

[1] 太阳风、太阳黑子,是影响农业生产的自然力。人们以观察法,记录自然物象之间的变动关系,以减少农业经济损失。
[2] 《尚书》,王世舜、王翠叶译注,中华书局,2012 年,第 65 页。

富春山居地的灛灛香泉,经宗庆后之妙手创意与科技投入,产出巨额国民财富。他是民族企业家之魂。他创造的娃哈哈企业文化,个性鲜鲜。布衣之雄,创造的文化财富价值源远流长,超越他创造的物质财富。

20世纪90年代的阳光,滋养着娃哈哈企业雄飞突进。企业发展给江南文化增添了新内容,注入新动能。"励精图治,艰苦奋斗,勇于开拓,自强不息。"

独擅胜场之创新力,怀瑾握瑜之品德,形成宗庆后事业腾飞动势与人格魅力。2024年2月底,杭州江南雨。春雨吟哦,如泣如诉。若断桥菡苕,梗断丝丝连。一座城,万盏灯,送一人。挥一挥手,乡情未知何时休,独有千秋。"范德华力"使然。[1] 碧水洇润青山,青山倒影水之梦。布衣之雄,终生怀抱新古典主义精神,爱家爱国,爱国至上。

娃哈哈,生于清明灵秀之富春山居地。20世纪80年代的宗庆后,身轻体健,貌若当时全国热播的电视连续剧《渴望》中的王沪生,阳光灿烂,面薄体健;文青气郁,儒雅精致;卷发冉冉,壮志嘯天。

江南经济资源中,水资源和白蚕丝对宗庆后的事业成功影响最大。经济资源的"形而上",则是他的企业家精神。他有民族英雄宗泽的文化基因传承。有怀瑾握瑜之品德,人类历史罕见。美育之育人价值,与时俱增。

古希腊思想家、科学家、哲学家泰勒斯说过:"万物源于水。"水即财富。布鞋老总,亲和面善。农场岁月,他甚至趴在河面喝水解渴,阳光味闷。他欲将水变成有利于人民健康的营养水。江南水资源,是他事业扬帆之起点,一叶苇舟,一杆孤槁,哼唱江南民歌,自信眩眩。

无惧春秋涂面,宗庆后壮志凌云。壮志斟入江南鱼米乡,斟入胸腔,斟得太满,势若泽国雨季泱泱,太湖汤汤。当代布衣之雄,儒雅聪慧,凭借他的"战略上藐视竞争者"之气势与定力,完胜"达娃之争"。

布鞋老总,曾经是旧年江南渔耕者、采摘者。他经营过初级产业,是江南民俗文化创制者之一。他一生好好做水、好好做人。在他眼里,做事与做人,存在本质必然可联系,正是经济与文化转毂相巡之关系。

水资源是经济资源,也是"国防资源"。一场水面上的战争,东吴周郎,羽扇

---

[1] 人们渴望企业家不要走,企业家像水乡之舵手,那么多人的命运与布鞋老总掌控的方向盘紧密相关。企业家怀瑾握瑜、爱家爱国。布鞋老总与民众之间,爱的力量产生很强的相互作用。

纶巾,借长江天堑,火攻北军,谈笑间,灰飞烟灭。赤壁鏖战,三足鼎立形成。若无澜澜大江,滔滔江水,则曹魏大军,势如破竹下江东,可是,历史偏偏没有"如果"。

公元208年初秋,赤壁矶周围的物理世界中,存在这些"物象",赤壁岩秃,与地壳同岁;雾横大江,观滚滚长江东逝水。江面上的大气压,高于江岸。周公瑾精兵三万对垒北军虚拟八十万。周郎施"苦肉计",蒋干中计,曹军晕船,战舰连环。江南渔夫,土著居民,深懂江风变换规律。他们深爱故土。

江风冷冷,流淌两岸;日出东南,日暄煖煖。

午后二时,是一天气温最高的时间点。阳光灿烂,峭壁温暖。阳光炽热,光解水制氧、制氢,江面蒸腾出更多的氢氧分子,助增江火烧燎之温。

江面上的高气压,让江风吹向低气压的赤壁岩面。

赤壁坚岩的引力质量,远远大于江水对江面空气之引力质量。[1]

借助充足的江风风力,黄盖轻舸燃火炬,瞬间又增加了"热岛效应"。

除了水资源、气候资源对战争的积极作用,人心相背,有利于江东,"民心"、民意,皆是保家卫国之暗能量。北军来自寒温带、温带,乍到亚热带季风湿润气候区,经受不了潮湿、瘟疫。士兵生病,必然思故乡,普遍心力北向。

"以少胜多"是现象,本质是:东吴军民一体,借助自然力,同心御敌。

北军人多,也是表象。北军军心离散力,曹公心理傲娇力,这些"力"为暗能量,提前决定战争之结局。

水面战争,北军驾驭战船,东坍西缩,摇晃难停,江雾横若帷幕,如梦似幻,武功无法施展。

长江天堑,保卫了江南安宁,延续经济富庶,文化发达。

赤　壁
杜　牧

折戟沉沙铁未销,自将磨洗认前朝。

东风不与周郎便,铜雀春深锁二乔。[2]

---

〔1〕赤壁原住民,能在悬崖峭壁上"行走"的科学原理:岩石对于人体的引力质量,远大于地面、水面对人体之引力,因为岩石"质量"高。土著居民祖祖辈辈积累的生活经验,就是科学;他们身体贴近岩壁快速"行走"也能形成"惯性质量",往前冲。此时,地面引力、岩石引力(固体表面吸附力)和行者行走之惯性力,处于平衡状态。

〔2〕〔清〕彭定求主编:《全唐诗》,中华书局,1960年,第7981页。

诗中的"东风",应是"江风"。

曹孟德的"比较优势"是挟天子令诸侯。他熟读兵法,却不懂物理学,更不懂江南气象变迁。

江南大地,若一片大沼泽,地下水位极低。"泽国""江乡""震泽""雷泽"的名词里能看出它的文化原型,钱钟书在《用汉字打通古今》一文中认为,一个汉字就是一个文化原型。文化原型属于精神地理范畴,一般而言,一个区域的精神地理与自然地理天然适应。

蜀江碧水波澜掀,大禹读懂了大江之波澜,禹王才略足万年。江南之水自天国来,涓涓无断。

茫茫大海和蛛网水系,载起商船,载动沪商、苏商、浙商、徽商之生意工具,他们怀抱梦想与未来,追逐财富与希望。

江南地表最丰饶的经济资源是水,水即财富。水域面积占整个江南地区总面积的比例,变化在 61.8%—72% 之间。[1] 吴越之人,文身断发,窀穸浪流,以避免水中蛟龙之害。"断发文身"的民俗生成,由地表资源决定,他们要吃饭、出行、居住,都离不开碧水泱泱。

江南怀抱大海,地表淡水资源来自长江水系、钱塘江、江南雨和地下径流。日曝烘烘,水面霭霭,蒸汽飞天。太平洋上空吹来的季风将水汽簇拥至雪域高原,变成雨雪其霏。

水的三种聚集态,水汽、雨水、冰雪,从江乡与沱沱河之间跟着四季的歌,轮回往复。沱沱河的荷精驾驭泠泠冰水,一路江流婉转,清波起伏,豪迈奔放回江东故土。江南可采莲,莲叶何田田,锦绣江乡大地。

大江东流,势若龙腾,"扫帚形"水系助力长江,慷慨激昂。大江一刻不停地供给江鲜,流水携带地表腐殖质,供养江南,红壤膴膴。

农业是百业之本,旧年江南,渔业和稻作是农业之主体,而水资源是农业之命脉。江南原生态经济,水体经济占大半。

长江和江南雨供给江南充足的淡水资源。东海浩荡,飘风发发,这里蕴藏富饶的渔业资源。

曲美江南,山萦水绕,蛛网水面与岸边,因地形和气压差的原因,富裕的风力资源得以形成。海风、湖风、溜河风皆是风力。

---

〔1〕 这里的水面,为陆地上的河湖塘荡与东海专属经济区海域面积之和。

　　水,产出水生动植物,为江南人民提供顶味食物。珊瑚礁、太湖奇石,这些奢侈品被江南渔夫从水中打捞,变成副业收入,扩大生产可能性边界。

　　江南人民借助绿色动力驾驭帆船,形成舟楫文化。[1]特别是江南渔民,船老大的"看风"技巧,是气象变化规律。

　　江南季风与梅雨,都是江南文化的物质载体。江南雨,滋润稻秧葳蕤、樟林蓼蓼、浆麦草菁、碧螺春柔、菖蒲烈烈、芦笛健硕。六月江乡梅雨柔若缫丝、垂帘碧落坤灵之间,梅子的体香沁人心脾。

　　宇宙红移,银河与鱼米之乡藕断丝连,灵魂吮分。银河与蛛网水乡长相思,泪滴凝成江南雨。

　　江南雨,是来自天国的经济资源,哺育江南生物。同时也是风景,让人赏心悦目。杏花春雨江南,梨花带雨,江南最忆。江南的春天,一日之内,都有花腾日暄和丝雨绵绵的万般变幻。当秋日暝蒙,雨带寒意;江南的旷野霏微凄冷,雨到深秋易作霖,思念,自生一片美的境界。

　　与江南雨紧密相关的物象还有梅花、芙蓉。梅雨淋湿的盛夏,若在江南园林看荷塘风雨,"微雨柔、荷叶翻、琼珠碎却圆"的境界常常出现,是水之魂狂野显灵。

　　江南雨,用心血更新着江南河湖塘荡。清清地表径流万千条,对于农民而言,流水是农业之命脉;对于商人而言,则是无须付费的商贸之路。

　　旧年江乡,城镇商贾云集,他们以舟楫经商,创造巨额财富。徽商乘木帆船顺长江、新安江来江南市场经营。东海近海,洋流豪侠,宁波商人贸易便利。水即财富。

　　人们利用水位差和流水的力量驱动水车,给农田灌溉。水车为石磨、风箱、石臼提供动力,给农田灌溉,给舂米、舂面等重体力活提供绿色动力。

　　流水,给艺术家、科学家、企业家灵感,也是水利学之载体。当禹王看见巫山丛碧飞插天,蜀江掀澜神曳烟,遂将目光抛至瑶池边,蹲观江水流势。他读懂了江水之澜,于是焉,三江即通,震泽底定。当张若虚看见江流,写下《春江花月夜》。江南泼墨山水画,无不与水有关。江乡流水如歌,吴歃生身之所。[2]

---

〔1〕 东海上的"月亮船",形如弯月,尖尖的船艄,借力海风、海潮自然行驶,无须能源或人力。

〔2〕 甲骨文的"吴"字,形如壮汉朝天吼。这里的人们自古唱渔歌、唱山歌、说唱劳动号子,说吴侬软语。

　　水资源不可分拨性强,依托水资源的渔耕文化、舟楫文化、武术文化,为江南所特有。广袤的水面被太阳光解出充足的氧分,充盈江南大地,富含氧气之甘饴送入鼻孔,给人健康和愉悦,也是水资源的溢出效应。[1] "混合理想气体化学势"所研究的气相区、液相区和二相共存区,二相共存区的空气最滋润灵秀。[2]

　　地球表面呈"三山六水一分田"的自然资源分布状况,而在中国江南,东海海洋专属经济区和陆地上蛛网水域的面积之和,占江南总面积的比例恰巧为黄金分割比,是造物主的神力赐予。

　　江南原生态生物资源,在"虚"时间的序列中,经济资源周期性地荣枯更替、新陈代谢。比如水生植物资源、稻、茶、竹、桑、棉、山果、浆麦草、老桂年年吹古香,一岁一荣枯,年年岁岁只相似。

　　物产阶梯状分布于大海、河湖、陆地、山地和长空。淼淼大海,数万种海鲜,皆为顶味绿色美膳。天目山产美石良玉。江南长空,百鸟翱翔,候鸟去又回,翼若垂天之云。

　　东海淼淼,鱼翔浅底,蓝鲸魁伟,金枪鱼肥。浩瀚海洋中有数万种海鲜,都可作人类食材。洞洞巨区,群鱼唼喋,大闸蟹美。太湖,至少生活着108种淡水鱼类,是上海味道、苏帮菜、杭帮菜的鲜美食材。汸汸泽国,河荡如织,鱼虾繁盛,稻谷丰盈。江南的山地丘陵,盛产名茶、佳果山珍,也产武康石、昆山石、常州黄石、天目山玉石,还储藏有江南铜等优质的矿产资源。

　　水乡畎畎的农地上,产出江南原生态小粒米,玉润晶莹,形体高贵。鱼类和水稻可以生活在同一块水地上,因此,单位面积土地的产出物增加,扩大了江南渔耕者的"生产者剩余"。

　　"鱼食饭稻",鱼肉的鲜香和米饭的清香搭配,二者混合,入口添香,混合的香度超过两种美味的简单相加。

　　江南长空中的候鸟翩翩、鹰击流云为环境资源,古人猎鸟为食,有利于维持生态平衡。当北国雁雁南飞,也为江南增添了珍贵的动物资源。候鸟驾驭季风来去,每个生命周期都是简单的重复,候鸟是江南原生物生态系统的组成部分。也是江南原生态文化的载体之一。

---

[1]　光解,阳光照射水面,水分子分解或解离的过程。
[2]　混合理想气体化学势,是热学、热力学和统计物理学术语。

江南经济发展的内生变量(也称经济变量),主要有水资源、水生动植物资源、矿产资源、毛竹、茗茶山果和佳蔬野菜资源等农业资源。[1] 外生变量主要有吴语、水灾、风灾、虫灾和疫情灾害等,对江南经济发展都产生影响。

费孝通认为江南水乡市场的形成离不开航船,航船是消费者的购买代理人。航船,促进以上海为龙头的江南市场体系的成长。

> 村庄店铺不能满足农民全部的日常需求。例如村里没有卖盐和糖这样重要的物品。这些东西必须由航船去卖。航船提供免费的日常服务,从城里购买日常必需品,同时充当村民的销售代理人,从中赚得一些收入。他们在乡村经济中起着重要的作用。这种制度在太湖周围地区非常普遍,它促使附近城镇有了特殊的发展。[2]

航船是生产者的销售代购人:

> 航船的一个重要特点是作为消费者的代购人,是不赚钱的。同样,乘客也不付船费(年轻人得出劳力划船除外)。城镇店铺给航船主的礼物远远不足以维持他们的生活。他们在充当生产者的销售代理人时才得到报酬。[3]

亚当·斯密在《国富论》中,对市场和水路运输道路的关系是这样论述的:

> 优良的道路、人工运河和适合航行的天然河流,可以降低运输费用,让偏远地方的土地,比较为接近城镇附近的土地具有优势。[4]

随着江南商业繁荣,江南商业水网拓展扩大,进一步节约运输成本,商业利润空间变大。水资源是"舟楫为家"民俗文化的物质基础。江南人民借助季

[1] 计量经济学的"内生变量",是指具有某种概率分布的随机变量,它的参数为联立方程系统所估计的元素。内生变量既影响所研究的系统,也受系统的影响。
[2] 费孝通:《江村经济》,华东师范大学出版社,2018年,第147页。
[3] 同上书,第150页。
[4] 〔英〕亚当·斯密:《国富论》,谢宗林、李华夏译,中央编译出版社,2013年,第118页。

风,行驶帆船,以船为车。东海近海和内河航运业发达,水运的廉价和便捷,是促进江南经济与市镇繁荣的重要力量。繁忙的海运贸易,开拓国际市场,让上海成为中国经济最发达的城市。以上海为龙头的江南城乡市场体系的成长,依赖蛛网水系的发达。

水资源的溢出效应还有船拳,水上娱乐活动给人心情愉悦。

水面上的船拳,武林人的拳法在起起伏伏的木船上施展。船拳是艺术,也是水乡民俗文化的组成部分。

溧阳竹海有民间武林绝技"独竹漂"。独竹漂高手身轻如燕,一脚踩准洞洞碧浪,双脚稳踏漂浮不定的单根修竹之上,如履平地。这样的技艺集科学、武术、艺术和民间绝技于一体。

虞舜南巡狩,渔雷泽、耕历山,身体力行地宣传绿色环保的理念。在没有法律产权的时代,圣人的行为就是法规典范。虞舜教会江南人们不要过度开垦土地、开采水等自然资源,更不能竭泽而渔,不能"侵犯"他人的有限的资源空间。虞舜还向当地民众传授劳动技巧,为当地火耕水耨的传统技术注入创新的活力,激活了江南人民的创新精神。

在私有制度确立之前的很长一段历史时期,土地和许多动植物都是公共资源,像水乡的各种鱼类,因"自然资源不可分拨性"的存在,人们不太可能有为下一个生产周期保留物种的意识:

> 鱼、鲸和其他野生动物。许多动物物种都是公共资源。例如,鱼和鲸有商业价值,而且,任何人都可以到海里捕捉所能捕捉到的物种和数量。人们很少有为下一年保留物种的意识。正如过分放牧可以破坏镇上的公地一样,过分捕鱼和捕鲸也会摧毁有商业价值的海洋生物。[1]

嘤嘤食藻,喋喋草鱼。鱼类普遍以藻类为食,一些大的食草鱼类,每天能吞噬大于自身数倍的水藻,有利于保持水体生态系统的动态平衡。另外,水藻又是产出氧气的绿色植物,日光穿透水面,照射藻类,滋生水底氧气。同时,日光、渔火对水分子的光解作用,也能增添水面的氧气含量。渔夫、鱼、藻类、水、太阳、渔火等,也自成一个文化系统。

---

[1] 〔美〕曼昆:《经济学原理》第 6 版,梁小民等译,北京大学出版社,2012 年,第 231 页。

对于江南渔民而言,他们赖以生存的传统的捕捞方式本身就是维持渔业生态环境平衡的一环。

鱼,有"鱼龄",水生动植物等渔业资源的变化具有很强的周期性。

江南渔民的传统生产方式,能将稀缺的渔业资源,达成最大利用率。这是全球最美"鱼米之乡"的文化支撑。

鱼米乡的稻秆葳蕤,秋日的阳光、江南水土和亚热带季风夹带的所有混合滋味,全部被秸秆吸收。

稻草是宣纸制造业最重要的生产要素。稻草可以作为绿色肥料,增加土地生产力,也可以经过江南精工加工,变成宣纸。原料成本价极低,产出的宣纸是文化产品,价值提升。

旧年江南,旷野中的稻香,随季风涌入城市的大街小巷,乡间富裕的氧气,被市民无偿分享。

渔业和稻作既是原始生业,也是环保产业。鱼类能有效清理水域中的污染物、蓝藻。水稻秸秆是绿色有机肥料,又是制作宣纸的材料,所以,宣纸散发着草香,是嗅觉里的翰墨江南,书香斟入鼻孔,灌得饱满充盈,让人陶醉。

江南矿产资源有江南铜、良渚玉、珊瑚礁、太湖奇石、武康石、昆山石、常州黄石等,玉为石之精。"江南精工"创制出勾践剑、精美的青铜器、良渚玉器等。高高天目山巅的浮玉,承载良渚玉文化之精良与绝伦。

上海豫园的玉玲珑,苏州留园的冠云峰,杭州西湖"曲院风荷"里面的绉云峰,号称"江南三大奇石"。冠云峰,高 6.5 米,体重 5 吨,名字来自《水经注》。"江南三峰",其中有两块出身太湖蓬莱仙山岛屿周围的太湖湖心。

太湖石最具灵性与江南文化个性。水乡的采石者胼手胝足,挥洒汗水,面对水心浪尖,委身巉岨悬崖,开采精美的湖石山石,成就了古典园林之美。

山石湖石最美,土壤里的太湖石次之。学者俞樾称太湖奇石为"流玉"。

太湖奇石,漏、透、瘦、皱,是江南园林之云根山骨。

唐人酷爱太湖石,他们以李耳为祖,崇尚道家。太湖石面目丑怪,却被唐人认为灵敏至美。宋代传承这种爱好,"花石纲"历史现象展现。

三叠纪以前的太湖石,饱经湖水侵蚀,形貌精巧细奇。打捞太湖石是渔夫的副业,渔夫劳动成果,是建设古典园林、道路桥梁、水井河埠的原材料。

中科院研究成果"太湖成因'陨石说'"认为,结合"雷泽""震泽"的江南民间口头传承的太湖成因说,可以推断一部分太湖石之来源。远古时期,天际的一团星云(延展型天体)受地球引力作用降落,随着重力加速度的加快,大气层的摩擦力和分解力将宇宙的尘埃打磨得精美绝伦。奇石,被江南雨淋湿,在夜凉如水中练就一身寒彻骨,栖身江南山紫水绕间。

江南富豪,神通天仙,打造出的古典园林优雅经典。

苏州留园的五峰仙馆,被誉为"江南第一厅",厅前"十二生肖石"堆积成的假山,秀气精致。假山是无根之山,有源之水,引水进入园内。还有江南雨,是园林中最鲜活的水源。"十二生肖石"假山,模仿太湖蓬莱仙山岛上的真十二生肖石的造型。碎石缔堆的"假十二生肖",没有三山岛上的十二生肖石气势雄伟、活灵活现。山主人丁、水主财富,留园主人盼望家族"人丁兴旺"。假山下的厅前院落地面,青石铺地,一镜如水,还有"平步青云"之意。

园中缀山、石。虎皮石道、厅殿地基,都是园艺师以石头精心堆砌而成的。石头、植被、砖头等"物象",在江南工匠精神的"执念"引领下,排列组合出疏密参差、韵律变幻的仙国境界。园中厅殿轩峻,气质优雅,飞檐若悬崖,风铃像东海。山环水旋,四季花开,枝头鸟谈天,池中鱼读月,一年四季的境界,万般变换。

"古典园林"和"山水田园"是江南居住文化的两个边界,但二者灵魂衔接、血脉相连。

江南园林堪称人类社会的居住经典,是建筑科学技术的产物,又是艺术精品。园林空间中盛满江南文化,诸如主人的宗教信仰、人生观、价值观、宇宙观,以及上流阶层的生活方式。

石头还被人们广泛用于日常生活中。辘轳桔槔,人们以辘轳提水,懂得杠杆原理,是农夫的科学技术,比机井环保。石臼可用来舂米、年糕、浆麦草,江南味道最浓。

石头陪伴中国人民度过漫长的石器时代,人们把人物、事件和顶尖劳动技巧雕刻在石头上,记录科技和艺术,给后人留下宝贵的精神财富。

中国人民对于石头的感情似乎特别深厚。当前人锦囊收艳骨,后人会把前人生平事迹镌刻在石碑上,立于短松岗上,伴着吟咽,以为孝道。

帝王将相、达官贵族的棺椁用石头精雕细琢,浮雕花纹图案则自有一番文化内涵。

江南地表上的泥巴也是财富和文化。它可用来制作陆慕金砖、昆山清水红砖、宜兴紫砂陶器。陆慕金砖制作程序是科学与艺术的结合,它是皇家专用地砖,用手敲击砖体,会发出金属的响声。昆山清水红砖,外形俊俏,形貌匀称,质量上乘,旧时上海租界区的大部分建筑物以及遍布城市大街两边的"小洋楼",都有清水红砖的身影,精致细腻,这是海派文化的物质载体之一。

江南奇石,是海浪与湖水精雕细凿而成的,被人们赋予了文化内涵。岩石、水和气候之间,存在强相互作用。石头是江南文化第一推力,也是园林之云根山骨。

关水乘驴影,秦风帽带垂,是西域风貌。花枝草蔓眼中开,小白长红越女腮,窈窕吴歈歌婉转,牵云曳雨,此为旧年南国风情。[1]

丝

江南丝绸是中国传统丝织业中的珍品,丝绸是中华文明的重要载体之一。相传黄帝之妃嫘祖始教民育蚕。甲骨文中有丝字及丝旁之字甚多。

江南丝绸,发源于远古,崛起于唐末,到宋代则三分天下有其一,至明清时期,则蚕桑之盛、丝绸数量之多、质量之优、品种花样之繁、用途之广和在海内外声誉之隆,为全国任何一地所不及。现在,江南丝绸仍是我国对外出口的重要商品。

丝绸制作,一般经过缫丝、制造、染整三道工序。丝绸的主要品种有以下这些。

绫、罗、绸、缎、绢、纱,这些是丝绸的常见种类,每一种都有其独特的质地和用途。绫是一种轻薄柔软的丝绸。罗是一种透明或半透明的薄绸。绸是一种较厚实的丝绸。缎是一种表面平滑光泽的丝绸。绢是一种质地细腻的丝绸。纱则是一种轻薄透明的丝绸。

锦是一种外观华丽,结构复杂,工艺精湛的丝绸。锦又以四川蜀锦、苏州宋锦、南京云锦最知名,被誉为"三大名锦"。

织锦缎是一种19世纪末在中国江南织锦基础上发展而来的传统丝绸织物。织锦缎的特点是表面光亮细腻,手感丰厚,色彩绚丽悦目。

织锦缎主要用作女用高级服装,也常用于制作领带、床罩、台毯、靠垫等装饰用品。织锦缎以缎纹为底,以三种以上的彩色丝为纬,即一组经与三组纬交

---

[1] 三白酒,即白米、白面、白水酿制的纯粮酒。西施"喜欢"喝酒,天天陪吴王夫差饮酒行欢,还送顶级三白酒给"阖闾大城"之盘门上的夜间卫戍部队,越甲三千一举破城,戍卫还未醒酒。米酒,米之精,鱼米乡的米,精酿成酒,对吴越争霸的历史走向产生过一定的影响。

织的纬三重纹织物。现代织锦缎,按原料可分为真丝织锦缎、人丝织锦缎、交织织锦缎和金银织锦缎等九种。

棉

江南自然地理条件优越。自唐代安史之乱以来中国经济重心南移,北方大量手工业人才南迁,给这里带来大量技术。明清时期国家的大一统提供稳定政治环境。明清商品经济的发展,导致资本主义萌芽出现,这些都推动了棉纺织业发展。

元朝初年,棉种传入江苏地区,江苏的棉纺织业随之产生。自元贞年间(1295—1296),黄道婆将先进的手工纺织技术带回松江,松江棉纺织户迅速发展到 1 000 多户,"农暇之时所出布匹,日以万计"。

到明代,苏州、松江两府发展为全国的棉纺织中心,两府之间也形成了 153个从事棉布生产、销售的布业市镇。清代中期发展到 221 个。苏松土布销售"近至杭、歙、清、济,远至蓟、辽、山、陕",并出口南洋。有"衣被天下""名称四方"之誉。至鸦片战争爆发前,手工棉纺织业已扩展到江苏的大部分地区。

在明清时期,江南地区的棉纺织业已经成了家庭副业,棉纺织业的生产走向市场化。

这一时期,棉纺织业器具制作出现专业化。江南地区出现了专业化生产的作坊,如青浦黄渡徐氏的布机非常有名。这些专业化生产的作坊也促进了棉纺织业的发展。

明清时期,江南已成为全国的棉纺织业中心,棉布除了满足当地人穿着外,大部分的棉布纷纷运往各地,成为全国棉制品的主要供应地。

明代江南棉业的发展促进了城乡各种物资的流动,商业水网的拓展使市镇与乡村的关系越来越紧密,也使得江南的棉业市场逐渐融合,并与全国市场紧密相连。

以上特点反映了江南棉纺织业在明清时期的繁荣和发展,以及其在社会经济中的重要地位。

江南棉文化中,黄道婆的"企业家精神"是最闪烁的江南文化之光。精湛的技艺,科技创新,独特的区域文化特色,个性铧铧。黄道婆,人们广为传播她的劳动技巧。

毛竹

江南毛竹与江南民众和艺术家之间,存在"强相互作用"。

沪上方言:"请侬吃竹笋烤肉",等于普通话"操家伙揍你"。沪上大街小巷,满城竹竿悬空,晾晒衣被。竹子与江南人民的生活若"竹笋烤肉"般紧密。

毛竹,是江南地表丰饶的植被资源,经工匠巧手,可变成竹扇、竹筐、竹笾、珠帘等器物。

宁可食无肉,不可居无竹。竹子是有文化意义的植物。金镶玉竹、翡翠佛肚竹、金丝佛肚竹、红观音竹、绿观音竹、花叶唐竹,饱含江南文化精神。

秋窗风雨夜,窗里人听春风篦竹林,竹叶窸窸窣窣散落,是竹笛的音响。"江南丝竹"所用的乐器,竹子为制作原料之一。

竹笋,是江南人民一年四季的食物,简单的技术加工,能让春天的"生产者剩余",一直延续到冬天。

春笋的香气沁透整个江南春季,田园气息清新。毛竹幼年之形貌为笋,春笋嫩绿,若玉若碧。江南人将笋加工成"扁尖",春笋或扁尖与太湖猪的猪肉丝,是最佳烹饪搭档。扁尖与江南老鹅、老鸭、咸鸡、腊肉,一起煨煨足时,这种烹饪搭配,是江南冬季里的乡土美食。

竹甑子,为竹制食器。祖祖辈辈传下来的传统技艺竹筒蒸饭桶,蒸饭有竹香,益于健康,绿色环保。曾有日、韩商人在中国大量低价收购竹粽子,回国制作竹制食器(可放在鬲上蒸煮食物),供其国人使用。

忆 王 孙

李重元

凤蒲猎猎小池塘,过雨荷花满院香。

沈李浮瓜冰雪凉。竹方床,针线慵拈午梦长。

笄,竹器,在古代笄与人的年龄存在非本质的偶然联系。笄绁、笄女、笄冠,是古代的成人典礼物品。

"以竹代塑"能促进环境保护。在四川的毛竹盛产地,以竹子制作各类盛器,取代塑料袋。竹器使用陈旧之后,也易于被土壤分解。

毛竹和拙政园"笠亭""与谁同坐轩"也有关系。扇子和斗笠为江南人民的生活必需品,也是低值易耗品,消费者群体庞大。竹子成本低廉,因市场需求大,扇商获利甚丰,购买拙政园西部为其豪宅。"笠亭"和"与谁同坐轩"叠加成斗笠状,与谁同坐轩的窗口皆为扇子形,这是主人对自己创造的物质财富的理解。

毛竹中隐有贵族气和平民文化,在江南贵族的眼里,竹扇的观赏价值,远大于使用价值。李煜笔下的虾须帘,用"金镶玉"之类的上等毛竹的竹青,精刻细磨若虾须状。修竹体纤,清香滤凉,帘影如梦,星夜筛月,此为竹君气质。又如江南荣国府的贾敬,身居高位、好货寻愁,民间有个"石呆子"家藏 10 把珍贵的竹扇。没天理的贾雨村,诬陷石呆子,以权谋私,霸占其扇子。

竹子,是苏扇工艺的物质载体,工艺极限精细精致。

溧阳竹海,藏有独特的江南武术文化,武林绝技"独竹漂"。此绝技用一根竹竿作舟,苇舟孤槁,迎浪漂移竹舟,势若天国来客。

竹子在江南人民的物质生活和与文化生活中扮演必要的角色。苏扇、竹扇能承载高雅的艺术。用于进贡的苏扇,以绢为扇面,用料华贵。扇面上的画风、诗作以及刺绣具有古香古色的宫廷风格,早期为皇室和大臣家中的女性使用。

"扇骨"制作关键是精工与细作,南方多采用竹为扇骨材质,要经过选、煮、晒、劈、成型、烘烤等一系列工艺,通过抛光、打磨技艺,体现材质光色之美,再经雕刻、镶嵌来美饰扇骨。南宋时期,江南人便有折扇的制作。到了明宣德年间,江南人设作坊生产竹扇,繁荣了当地的商品市场,成为一般民众的生活必需品。清顺治年间,苏扇成为皇家贡品,制扇行业异常兴盛。康熙、乾隆自幼习武强身,他们随身携带的御用扇子,有防身的作用,能有效抵御暗器的袭击。

竹扇用料便宜,但工艺精湛,扇子的价格因耗费大量的劳动时间而走高。若是扇面上有名家绘画,泼墨江南的山水、花鸟虫鱼、耆老警言,则扇子的文化价值则跟着提升。

"吴门四家"描述江南山水风情的名画,画在扇子上,扇子就变成文物或奢侈品。唐寅《秋江垂钓》《柳堤春水》,仇英《兰亭图》,沈周《山水》《芭蕉》,文徵明《兰花图》《旧作二首》,现为苏州博物馆藏精品。

在《红楼梦》第 31 回"撕扇子作千金一笑　因麒麟伏白首双星"中,宝二爷宠爱晴雯,不惜千金买竹扇子给晴雯,让她撕扇子取乐。宝二爷告知麝月:"几把扇子能值几何?"但麝月却很是心疼扇子。

《红楼梦》第 48 回"滥情人情误思游意 慕雅女雅集苦吟诗"中提到的扇子,

是用名贵的竹子做的,且被贾赦奉为高端的艺术品。

　　且说平儿见香菱去了,便拉宝钗忙说道:"姑娘可听见我们的新闻了?"宝钗道:"我没听见新闻。因连日打发我哥哥出门,所以你们这里的事,概也不知道,连姊妹们这两日也没见。"平儿笑道:"老爷把二爷打了个动不得,难道姑娘就没听见?"宝钗道:"早起恍惚听见了一句,也信不真。我也正要瞧你奶奶去呢,不想你来了。又是为了什打他?"平儿咬牙骂道:"都是那贾雨村什么风村,半路途中那里来的饿不死的野杂种! 认了不到十年,生了多少事出来! 今年春天,老爷不知在那个地方看见了几把旧扇子,回家看家里所有收着的这些好扇子都不中用了,立刻叫人各处搜求。谁知就有一个不知死的冤家,混号儿世人叫他作石呆子,穷的连饭也没的吃,偏他家就有二十把旧扇子,死也不肯拿出大门来。二爷好容易烦了多少情,见了这个人,说之再三,把二爷请到他家里坐着,拿出这扇子略瞧了一瞧。据二爷说,原是不能再有的,全是湘妃、棕竹、麋鹿、玉竹的,皆是古人写画真迹,因来告诉了老爷。老爷便叫买他的,要多少银子给他多少。偏那石呆子说:'我饿死冻死,一千两银子一把我也不卖!'老爷没法子,天天骂二爷没能为。已经许了他五百两,先兑银子后拿扇子。他只是不卖,只说:'要扇子,先要我的命!'姑娘想想,这有什么法子? 谁知雨村那没天理的听见了,便设了个法子,讹他拖欠了官银,拿他到衙门里去,说所欠官银,变卖家产赔补,把这扇子抄了来,作了官价送了来。那石呆子如今不知是死是活。老爷拿着扇子问着二爷说:'人家怎么弄了来?'二爷只说了一句:'为这点子小事,弄得人坑家败业,也不算什么能为!'老爷听了就生了气,说二爷拿话堵老爷,因此这是第一件大的。这几日还有几件小的,我也记不清,所以都凑在一处,就打起来了。也没拉倒用板子棍子,就站着,不知拿什么混打一顿,脸上打破了两处。我们所见姨太太这里有一种丸药,上棒疮的,姑娘快寻一丸子给我。"宝钗听了,忙命莺儿去要了一丸来与平儿。宝钗道:"既这样,替我问候罢,我就不去了。"平儿答应着去了,不在话下。[1]

---

〔1〕 [清] 曹雪芹:《红楼梦》,无名氏续,脂砚斋等批,三秦出版社,2017 年,第 454 页。

江南丘陵地盛产毛竹,毛竹是江南原生态文化的物质载体之一。毛竹既能被加工成精巧物件,作为李煜的皇家用品;亦能被平民用作家具、食器、居室摆件。

虬螭起伏,秋圃垄齐,竹门长方,竹帘泛香,只有廉价的竹子才会在江南乡村看见如此精致美丽的境界。

江南农家的竹器,有晒茶叶用的大竹筛子;有竹床清凉,可在炎热的夏季供人纳凉。有竹枕菁菁,催生美梦;有竹筷纤细,增色美食;有竹椅摇摇,缓解倦意。

茗茶

江南地表曲美的物象还有名茶。茶,被人们赋予浓厚的文化内涵,像西湖龙井、御前十八棵、太湖洞庭顶味碧螺春。闻名中外古今的"灵山仙草",生长于碧春山遣香园,因碧螺春沐浴着太湖蓬莱仙山中的迎春花、蔷薇花、杏花、桃花和"香雪海"的香气,[1]所以才能充分地溶百花之蕊、万草之汁于娇嫩玉体之中。

江南文人雅士,常面对面煮茶抚琴,翠绿宽泛玻璃盏,香汤斟满琥珀杯。或在暮春之初,迎惠风和畅,一筋一咏,让人感悟生活真谛。

唐人饮茶,最早始于僧家,茶文化也因此添了禅意。皮日休"茶人"诗歌中的山、路、采茶人、狗吠、树木、民居等物象,构成一个微观的曲美时空。

茶中杂咏·茶人

皮日休

生于顾渚山,老在漫石坞。
语气为茶荈,衣香是烟雾。
庭从颖子遮,果任獳师虏。
日晚相笑归,腰间佩轻篓。[2]

浙江湖州顾渚山,东面太湖边,人间仙境。唐代,这里产紫笋茶,有金沙

---

〔1〕 三四月份的江南各地,春梅五彩斑斓,镇湖"香雪海"最美艳。花开按照时间顺序,花蕊给茶林提供最时令的芬芳。

〔2〕 〔清〕彭定求主编:《全唐诗》,中华书局,1960 年,第 7053 页。

泉。陆羽在此置茶园,研究茶,写《茶经》,后人称之为"茶圣"。茶林幽僻深处,有花神出行,青苔点点、嫩叶尖尖上的宿露泠泠中,浸透栀子花粉辐射的暗香团团。太湖七十二峰,氤氲南山坡,光照长足,茶味阳光灿烂。

江南盛产名茶,有自己的茶之道。太湖洞庭碧螺春、西湖龙井等江南名茶,采摘、炒制的工艺独特,丰富了江南茶道之内容。

饮茶,重在文化的消费。用太湖蓬莱山泉、虎跑梦泉烹煮的一杯江南名茶,色若斟满江南仲春,饱含春来江南时的百花之蕊、万木香汁之气馥味芬。

茶中杂咏·煮茶

皮日休

香泉一合乳,煎作连珠沸。

时看蟹目溅,乍见鱼鳞起。

声疑松带雨,饽恐生烟翠。

尚把沥中山,必无千日醉。[1]

绿色江南,稻浪、茶园、竹林,岸边水杉的倒影,合成理查德·施特劳斯交响诗《唐璜》。

浆麦草打浆、染色米粉制作的米团,最是绿色江南之旧年味道。入口若海顿《第 99 交响曲》,亲切、爽朗、真诚,令人浑身愉悦。

红壤

江南泥土也是财富。将泥土变成艺术品,正体现了江南文化的精细奇巧。

苏州御用金砖、无锡泥人最具江南特色。建筑用砖的制作技艺精湛,内含一种务实与敬业的精神。昆山祝甸村霍夫曼土窑生产的青砖、清水红砖,精致细腻、美观坚固、价格昂贵,上海租界建筑物墙体健硕秀气,多使用这里的砖块。陆慕金砖的制作工艺复杂,是江南能工巧匠呕心沥血的产物,金砖形貌和质量举世无双。

江南气候资源也是公共资源,市场无法决定公共资源的使用,这是经济资

---

[1]　[清]彭定求主编:《全唐诗》,中华书局,1960 年,第 7055 页。

源不可分拨性决定的。经济学家曼昆认为：

> 清洁的空气和水，市场并没有充分地保护环境。污染是可以用管制或对污染性活动征收矫正税来解决的负外部性。可以把市场失灵看作公共资源问题的一个例子。清新的空气和洁净的水与开放的草地一样是公共资源，而且，过度污染也与过度放牧一样。环境恶化是现代社会的一种"公共悲剧"。[1]

资源、资本、技术和人力，是江南经济发展的内生变量。而亚热带季风湿润气候以及自然灾害是江南经济发展的"外生变量"。江南空气中氧气的含量高于全国其他地区，给"枕水而居"的人民充分享受新鲜空气的自由；江南水域广阔、植被繁茂，经充分的光合作用和光解作用，空气中的氧气含量高。

江南渔耕者能将菜园秋圃打理成园林的形貌。江南精工能将稻草制成宣纸，将蚕丝制作成软烟罗、霞影纱、绫罗绸缎。民间艺人在核桃上雕刻出锦绣江南。精工之形而上，是精巧细奇之江南文化。

江南经济资源再生，具有周期性、有界性和单调性的特点。周期性，是指地表生物资源的生命周期。离离原上草，一岁一枯荣。有界性，是指一个历史时段内，全体江南人民创造物质财富的总量是有限的。单调性，是指江南经济顺着时间之矢，沿着时间的单一方向发展。

吴歈，是艺术与科学之合体。吴歈内含气象学、天文学、地理学、民俗学等知识。

吴歈·稻秧歌

稴稻要唱稴稻歌，
廿四只稴钉泥里拖，
眼窥六着颗里稗，
稴得小草无一棵。[2]

---

〔1〕〔美〕曼昆：《经济学原理》第 6 版，梁小民等译，北京大学出版社，2012 年，第 231 页。
〔2〕汪榕培等主编：《吴歌精华》，苏州大学出版社，2003 年，第 160 页。

耥,水稻田中耕用的一种农具,形如木屐,底下有很多短铁钉,上面有长长的木柄,在水稻行间推拉,可松土除草。

吴歈·网船上阿妹会解愁

网船上阿妹会解愁,
湖水当镜风梳头,
扯块迷雾洗洗面,
戴朵浪花也风流。[1]

关于经济资源的不可分拨性,费孝通在他的《江村经济》中已有阐述:

就水用于交通来说,它并不为任何人所专有。但是当你进村的时候,可以看到在河的入口处装着栅栏,夜间栅栏关闭。作为交通手段,河流的使用在这方面受到了限制。这是为了防止坏人利用此交通路线,对村民的生命和财产进行威胁。

另一方面,由于交通航道不是任何人专有的权利,所以,不允许任何人阻拦河中的船只,干涉公众的便利。在饮用水及洗涤用水管理方面也有同样的限制。丝厂不得不建在河的下游,否则脏水就会污染河水,使得他人无法饮用。

灌溉用水的管理要复杂得多。不允许人们为垄断水源而在河中筑坝。这是村民之间经常发生争执的问题,在早期尤为如此。人力引入农田的水属于参加这项劳动的人所专有。为了从较高的地块"偷"水而掘开田埂是不允许的。

水中的自然产品包括鱼、虾和水藻。水藻可用来肥田,所有水产是村子的共同财产。[2]

这是费孝通关于水资源的不可分拨性的阐述。水是流动的,传播地表污染物的速度快,污染物渗入地表,污染土壤。雨水落地,地表径流携带生产生

---

[1] 汪榕培等主编:《吴歌精华》,苏州大学出版社,2003年,第160、164页。
[2] 费孝通:《江村经济》,华东师范大学出版社,2016年,第105页。

活污染物进入江河湖海,随着水流到处走,负外部性溢出。

"经济资源不可分拨性"的存在,导致市场中有一种破坏原生态系统的倾向。随着人们财富增加,对美味的鱼类、珍奇的鸟类的市场需求激增,价格往往高到离谱。

水域中的鱼类自成食物链,水面上之鸥鸟普遍以鱼为食。一个资源被透支采捕,原生态系统平衡失衡。江南优质矿,如高岭土(白泥),开挖几近枯竭,矿区原生态系统难复原。

相对而言,自然地理为"实",精神地理为"虚"。经济资源与社会的技术可能性,决定人们生产什么、如何生产、为谁生产? 这经济组织的三个问题。

二、翰墨江南,曲美时空

江南坳垤,河湖密布,青山隐隐,曲美奇秀,自然地理与精神地理洽然适应。苏东坡看见吴山之美,曾有题诗:

法惠寺横翠阁
苏东坡

朝见吴山横,暮见吴山从。

吴山故多态,转侧为君容。

幽人起朱阁,空洞更无物。

惟有千步冈,东西作帘额。[1]

吴侬软语,婉转清扬。[2]曲美水乡,又似钱钟书所说"曲喻":

曲喻是一种委婉含蓄的比喻方法。只要两个物体有一定的相似之处,就可以拿来作比,但是读者需要发挥想象力将这种相似引申开去,因为作者的真正意思不仅停留在语言表面,好像曲折通幽的小路,转几个弯

---

〔1〕 [宋]苏轼:《苏轼诗词选》(插图版),孔凡礼、刘尚荣选注,中华书局,2009年,第40页。
〔2〕 江南腹地,吴语软侬。人类所有方言,无不是先有语言,后有文字。

才能发现其中的妙处。曲喻是钱钟书一个创造性的说法。以前我们都说明喻、暗喻、借喻、转喻等等,从来没有人说过曲喻。曲喻更形象地把比喻的特征一下子给揭示出来了。比如我们说其他的比喻方式,在我们的想象中都是用一个东西直接地指向另一个东西,可是曲喻就不是这样,它告诉你比喻要转几个弯儿,就好像到了苏州园林,曲曲折折,才能看出它的妙处。曲喻这种精致的说法。看起来就是一个深谙南方山水的人提出来的。[1]

"曲喻"的提出,是钱钟书创新精神的体现。比喻是文学的根本,最能充分体现文学的形象思维的特点。他创造性地提出曲喻、比喻的二柄多边等比喻类型。

精神地理里的曲美江南,为"虚",空间范围更大一些,大江之北和富春江之南都是江南鱼米乡。自然中三种聚集态合成的千里锦绣,各种物象为"实"。人与自然灵魂沟通,产出《养鱼经》《兵经》、皮日休的诗、陆龟蒙的诗、《范石湖集》《江村经济》《园冶》、娃哈哈的"家文化"等。海派文化,精神高地,引力质量大,虹吸域外的优质科技人才、资金,成为江南文化的引擎。

江南山水,进入画家的世界,是泼墨山水画卷。而渔耕者的歌谣,则是渔耕者代替大自然说唱的曲美江南。瀼瀼朝露、溥溥滴滴,映出整个曲美江南。吴歈,是婉转悠扬的申曲、昆曲之母。

曲美江南,状元之乡、院士之乡;弯弯塞纳河,数学家的摇篮;蓝色多瑙河,音乐家的故乡。自然地理与精神地理高度和谐,产出才俊泱泱。

江南文化,形夸骨佳,她通身沁透被科技与美育精致哺育而成的儒雅气质。

曲美江南,至美境界浓缩于旧年江南名城的古典园林之中。[2]

江南园林是建筑学、美学与艺术之合体,曲美极致。古典园林与其中的人事传奇,是全人类的文化资源,具有"极限不可分拨性",全世界人民都可自由观赏或研究这些曲美时空。人们每天看到田园如诗、园林如画,不过是观察者的目光对中国江南的瞬时"印象"而已。

---

[1]　程帆主编:《我听钱钟书讲文学》,中国致公出版社,2002 年,第 174—175 页。
[2]　本书中的"境界",意同王国维《人间词话》中所说的"境界"。

园林是人文写意山水园,是科学与艺术的混合物。春秋时期,吴王的苑囿和离宫别馆,是江南园林的雏形。园林的选址占尽山水之胜,且装饰豪奢。早期的江南园林有武真宅、夏驾湖、长洲苑、华林园、姑苏台、馆娃宫、消夏湾、桃夏宫、吴苑、桑园、筀园。

翰墨江南,身负昨日风流,拖拽着久长的历史。江南文化与青山碧水搭建的舞台形影相依,她挥洒仙袂飘飘兮,演奏春溪泻玉的韵律。

江南民歌诞生于江南曲美的物理世界里,江南民歌,为渔耕者之歌,含蓄缠绵,曲折委婉,吴侬语软,娴静婉约。江南民歌通过层层创新,分解出沪剧、昆曲、苏州评弹、锡剧、越剧等不同的音乐表现形式,形成江南文化之声。歌声回荡在扬子江、富春江、吴淞江、浦江围成的水乡泽国中,经历数千年的岁月,使江南文化个性委婉清丽、温柔敦厚、隐喻曲折、含蓄缠绵、柔情似水。

泛彼柏舟,在彼中河,在彼河侧。大大小小的舟楫,曲美如帆,曲美如浪,是波光粼粼上的弯弯月。

民众始创艺术,江南民歌依然。从人口比例来看,村肆僻壤人口诜诜,农民占有江南人口总量的90%以上。从占有的空间来看,农村占有江南区域总面积至少95%的比例。

晚唐时代的画家董源,被称为"水墨山水画派宗主",他的《潇湘图》开辟了一个时代,无数的艺术家跟他"学画"。《潇湘图》不用"线条"用"点墨",独居创意。画中有江南山水中常见的送行人、渔船捕鱼、围网拉鱼以及山清水秀的景色。后人描摹《潇湘图》,黄公望、董其昌、"明四杰"都跟董源学艺术。文化资源的不可分拨性即"外部性"体现得淋漓尽致,文化经典的教育价值,传承创新。

在《李煜全集》《范石湖集》《富春山居图》《姑苏繁华图》《园冶》《石头记》中,作者们各显神通,描绘江南的锦绣繁华。《兵经》中的曲美水乡,隐身在"地形""地势"等篇目中。

长空俯瞰,江南是一个四维曲面,锦绣斑斓。茫茫太湖水面,飘荡着莫奈的"睡莲",睡莲酣梦与波光粼粼生成和声,演奏宫商一片。银珠滚动的芙蓉上,蹲坐着青蛙蛾眉曼睐。纵观江南文化的一万年运行轨迹,形体若虬螭般的正弦曲线。

蛛网水乡中,有月亮形的太湖、折弯的富春江、椭圆形的西湖。曲美时空里,弥漫着务实创新、精致细腻的文化气息。这里也是艺术家的摇篮。

江南地表资源阶梯状分布于深深的东海、浅浅的太湖、低低的丘陵地和高高的天目山。蛛网水系曲美,水中的鱼儿、水上的行船、太湖奇石、武康拱石皆能创制曲美的物象。丰饶的地表资源,被这里的劳动人民创制成个性鲜明的江南文化。

水即财富。江南人民可以直接从大海和蛛网水域中捞食美味万千。水稻种植得力于水。沪商、苏商、浙商、徽商借助江南便捷的水运系统,帆帆骑浪,商船来往,追逐财富与梦想。

多文为富,富而好礼。地表资源和文化资源,共生出曲美江南。江南曳着万里清流,蛛网水乡与来自三江源的一条弯弯长河构成了生态共同体。大江,若一根脐带,供给江东水资源、渔业资源。水,是鱼米乡之血液、鱼米乡魂之载体。

江南原生态文化研究的时长约一万年,从最早在太湖蓬莱打鱼狩猎的时代,到 20 世纪末早已成熟的江南鱼米乡。整个江南文化的发展路径,呈阶梯状上升的态势,与中原文化的发展路径不同。

"翰墨江南",江南各行各业的创新型人才辈出。江南知识精英的科学家精神,工商业巨子的企业家精神,能工巧匠的工匠精神,渔耕者独门绝技和艺术创意,精巧细奇、创新务实,文化个性鲜明。

十里洋场繁华地,是江南文化之巅。在沪城的心脏处,陆家嘴形如巨型抹香鲸,又似跳动的虎鲸,张开大嘴巴,坐于苏州河口,吞食来自太湖蓬莱的上等湖鲜。海鲜、湖鲜与浦江两岸的原生态稻米,供养沪上人民。

漏、透、瘦、皱的太湖奇石,体量曲美至极限。这大自然散落的美,被江南农夫从矿坑中挖掘出来,卖给豪门建造古典园林。石头不仅至美,而且质地坚硬,经得起万年风雨不腐烂。

会稽山麓的曲水流觞,激发了艺术家之创意,《兰亭集序》得以诞生。"吴门画派"的绘画,是曲美时空在宣纸上的印痕。

江南丰腴曲美,江山多娇。唯有这样的物象空间,才能诞生《孙子兵法》十三篇,它是科学与艺术的极限完美融合。遥想当年,孙武将目光抛入星空,怀揣"武之魂",羽扇纶巾,军魂端坐瑶池畔,用兵圣的目光全息扫描吴越争霸战的四维曲面,《孙子兵法》诞生。《孙子兵法》是军事科学也是经济学、兵法的社会实践,用科学演绎以少胜多,越国的经济资源和国民财富,全部变成夫差所有。兵法关注稀缺与效率,以最少的人力、物力和财力,达到"胜者全得"。市场经济时代,《孙子兵法》为人类文化经典中的经典。《孙子兵法》虚实篇第六、地形篇第十、九地篇第十一、火攻篇第十二、用间篇第十三,都是在曲美江南用兵,才有这样的历史启迪。

《富春山居图》《姑苏繁华图》和"江南山水画"描绘着人间仙境。《艺术的故事》的作者关于画家和生活化境的自然美之间的关系:

> 大多数人喜欢在画上看到一些在现实中也爱看的东西,这是非常自然的倾向。我们都喜爱自然美,都对把自然美保留在作品中的艺术家感激不尽。我们有这种趣味,艺术家也不负所望。伟大的佛兰德斯画家鲁本斯给他的小男孩作素描,一定为他的美貌感到得意。他希望我们也赞赏这个孩子。然而,如果我们由于爱好美丽动人的题材,就反对较为平淡的作品,那么这种偏见就很容易变成绊脚石。[1]

《石头记》写江南富庶、文化个性铧铧。《江村经济》放大鱼米乡的深层美。李煜、曹雪芹遥望江南的泪珠像"凸面镜",他们最用心热望梦中的温柔富贵乡。范成大的渔耕诗,抒写的是故乡田园、旧年精致鱼米乡。

山环水旋,泉流叮咚,万籁和谐,箫韶共鸣。太湖奇石,万窍含风。大自然也偏爱锦绣江南,一年四季变换演奏田园交响乐。这里有江南丝竹、昆曲、沪剧、吴歈等诸多艺术形式。无论贵族音乐,还是民间音乐,文化个性一样地精致细腻。

曲美江南,文化斑斓。河谷弯弯,太湖圆圆,低山起伏。稻田畎畎、波光汭汭边的粉墙黛瓦、绿柳周垂,尽显水乡田园民居的精美,村庄与水田自然合成一幅画。曲美的最高境界是江南园林,园林中的文化是道家境界。园林中的道路、河流、池塘、花圃、荼蘼竹架、飞檐、假山、石桥、亭台、长廊、拱门,几乎所有的物象都追求精致的曲美。

江南水美,对于船居、山水田园居的人们而言,不仅是秀水萦萦,渔火炜炜给予他们享受。丰饶的水资源,也能供给高质量的氧气。当水面被季风吹拂,氧原子大量进入空气中。太阳照射水面,光解出氧气。阳光射入水中,藻类利用光能,释放出氧,让枕水而居的人们呼吸更清新。

---

[1] 〔英〕E. H. 贡布里希:《艺术的故事》,范景中译,广西美术出版社,2008年,导论。

江东第一城芜湖,东到舟山群岛,从通扬运河至杭州湾南墺,泽国处处,水底鱼虾肥,岸上稻田畎畎,绿浪舞风,高高的白云蓝天,稻花芬芳馥郁,沁人心脾。

三山岛先民以太湖石击鱼,从水中获取食物。劳动力、旧石器和鱼类,三种物象旋转出江南文化运行的第一推力。江南先民以石器烹制食物。当石镞抛向一碧天镜的水面,瞬间荡起涟漪,簇拥历史之矢沿波浪形曲线单向运行。

蛛网水乡处处,河岸内凹处为"湾",外凸的地方叫"嘴",比如卢湾、江湾、陆家嘴。如果嘴的地域更小、地形更尖,则称之为"角"。

太湖蓬莱的真山真水和云根山骨的仙境,经艺术家的巧手,太湖奇石、石桥、荷塘、青山、绿水等"物象"被搬入城市,按照至美的境界进行排列组合,造出了古典园林、江南民居。石头经月染风裁、水凿浪雕,让人赏心悦目。奇石是大自然散落的美,与梅兰竹菊、百草香花排列组合,构建极限曲美。

"春江潮水连海平,海上明月共潮生。"明月、流水、海风,三种物象之间,交相辉映。

江南民歌与戏曲中,有美声江南。文学家、艺术家笔下的江南,是渔耕诗词、泼墨山水画。处于四维时空中的各种文化变量,共同奏出江南文化交响曲的和谐乐章,而"鱼食饭稻"是乐曲的主旋律。

20世纪以前的"江南"、"鱼米乡"和"富庶锦绣",具有同一物象特征与文化个性。田边、路旁、河埂、秋圃、竹林、茶园、果林、桑田、田园居、船居,多种物象散落的园林,天然精致。特别是毛竹,这一文人墨客笔下的曲美之物。

竹

李 贺

入水文光动,抽空绿影春。
露华生笋径,苔色拂霜根。
织可承香汗,裁堪钓锦鳞。
三梁曾入用,一节奉王孙。[1]

江南名城中留存的风流才子和逸世高人、实业家的事迹,构建出城市的灵

---

〔1〕 黄世中评注:《李贺诗选》,人民文学出版社,2005年,第178页。

魂,体现出精细的个性。近代,洞庭商人、宁波商人和徽商、洋商在江南水乡各显神通,他们怀抱"企业家精神"驰骋江南名城,创造出巨额财富。企业家精神为江南社会发展注入新的活力,江南市场经济上升至一个更高的阶梯。

经济资源的独特性赋予江南文化人以儒雅气质。翰墨江乡,是指风流人物和科技英才辈出,红尘中一二等富贵风流之地。一万年的江南时空中,这里产出了吴语文学,泼墨山水画,江南医学、农学、园艺、工艺美术,江南精工、昆曲、古典园林以及沪苏宁杭等城中的精致民居。特别是江南民歌和山水画,留存昔年鲜活的鱼米乡。鱼米乡之魂与旧年江南名城记忆中的人与事,共生出江南文化的精细秉性。

曲美江南,天目山巅有浮玉,东海深处有嘉鱼,太湖蓬莱有奇石。自东海到天目山顶,江南地貌呈阶梯状,水网缠绕,物产丰饶,四季分明。万里长江自西部高原流到江南平原,势如龙游曲沼。纵观曲美,江南文化的核心在太湖蓬莱。

江南经济富庶,深根固柢。自唐以降,至中国帝制晚期,乡村与市镇之间存在紧密联系的社会特点,不仅反映在已经高度商业化的江南,也在其他一些并不那么发达的地区表现出来。[1] 从泠泠的三山渔文化,发展到现代化的以上海为核心的大都市圈,一万年来,各行各业的江南人,筚路蓝缕、箕裘弓冶,文化个性一脉传承。

世界万物无不在运动变化之中,而非物质也必然跟随物质运行的脚步,即经济和文化两者之间的互动。

江南人民的柴、米、油、盐、酱、醋、茶,都是江南阶梯状地表的产出物。若将各种产出物视为"物象",在这多种物象合成的位形空间里,丰饶的经济资源是江南原生态文化系统的载体。渔业、稻作、养蚕、植棉、染织、采石、造船、酿酒等传统产业,给予江南人的衣食住行以独特的文化个性。

东海出产金枪鱼、黄鱼等海鲜,江南河流湖泊为民众提供鲥鱼、刀鱼、中华鲟等淡水名鱼。这里的名贵鱼类,在满汉全席中占有重要地位。江南渔业发达,多余的产品采取冷冻、腌制或加工成鱼鲞,开拓域外市场,增加生产者剩余,扩充财富创制与文化蓄积。

---

[1]　〔美〕孔飞力:《叫魂——1768 年中国妖术大恐慌》,陈兼、刘昶译,上海三联书店,2014 年,第36—38 页。

八月江南,渔夫倚棹趁斜阳时,清风两岸稻花香扑鼻而来。当岸上的农夫看见棋卦畎亩上的万顷秧齐绿云绕,绿云变黄云的瞬间,刈熟人顶着困意沉沉的脑门,早起晚睡,以防阴雨影响收成。农夫将香粳稻、香子稻、红莲稻、乌口稻、鸭血糯、舜耕稻等原生态稻品,用凹型石器,舂得白米满院香。[1]

江东犁的使用,江南稻米产量激增。"米之精"为酒,皮日休有"酒中十咏",陆龟蒙"奉和袭美酒中十咏",若非当地米粮丰稔,那得诗人如此诗情。

酒　旗

陆龟蒙

摇摇倚青岸,远荡游人思。

风欹翠竹杠,雨濡香醪字。

才来隔烟见,已觉临江迟。

大旆非不荣,其如有王事。[2]

水和米共同酿制出美酒琼浆。江南酿夫将当地原生态小粒米、粳米,加以水乡麟髓之醅、凤乳之曲,酿制出手工米酒、料酒、米酱,粳香味浓。以米为原料酿制的佐料,给江南美食增添了芬芳、清爽的味道。

江南民间艺人普遍心灵手巧,手工业、园艺业发达,工艺美术家和园艺学家的独门绝活、精湛技艺、劳动技巧得以代代传承。

吴语方言腔调曲美婉转,温婉典雅的唱腔和独到的舞台戏法,让"昆山腔"从市民生活的文化低层攀缘至上层社会,受众的精神生活因享受昆曲和江南百般戏曲而更加丰富多彩。

"吴歌"是劳动人民在生产、生活中创作的江南名歌,文化个性鲜明。胡适称"江南"为"吴语区域",他认为:"除了京语文学之外,吴语文学要算最有势力又最有希望的方言文学了。"[3]吴歌是艺术,是"吴语文学"的组成部分。

江南副业产品也是种类浩繁。山地产出佳茗、野果、嫩笋和各种野生动植物食材;水面则有"水八仙"。

---

[1] 视觉和嗅觉之美:稻草秸秆,一捆一捆,在田边堆积出小山丘状,江南田野的气息,草根的香味。翻耕稻田,泥鳅、黄鳝、黑鱼等藏身田间的美食,扩大了单位农田的生产可能性边界。

[2] [清]彭定求主编:《全唐诗》,第7141页。

[3] 顾颉刚编:《吴歌甲集》,上海文艺出版社,1990年,第4页。

采 菱 户

范成大

采菱辛苦似天刑,刺手朱殷鬼质青。

休问扬河涉江曲,只堪聊诵楚词听。[1]

当地居民传承原始的采摘方法,再进行加工制作,制作程序和佐料选择的技巧根植于生活经验。……莼菜,江南"水八仙"之一,嫩绿娇羞,可搭配银鱼食用,味道鲜美。

江南山水隈隩,地貌坳垤夷险,河、荡、湖、沼密布,是《孙子兵法·计篇第一》所说的"经之以五"中的"高下、远近、险易、广狭、死生"之形貌。"兵者,国之大事,死生之地,存亡之道,不可不察也。"吴国以寡胜众、以弱败强,正是在江南大地发生的经典战例,吴越争霸战争的军事实践催生出《孙子兵法》。孙武不请自到,来江南助力吴王阖闾,顺应天之道,助其完成一场霸业。

江南乡村的"田园民居"是名城、古镇中的"城市山林"之蓝本,[2]民居与豪宅,二者都兼具古典园林的形貌和神采。当南国的碧水青山、清溪涓涓被人们挪入自家院落,自然界之大美被微缩到居所中,便如同仙境惠临红尘。江南城乡民居的境界和灵魂得以统一。

饶沃的经济资源是"江南文化"之基底。这里,就是李后主心心念念的"天上人间",也是文学家、艺术家毛颖笔下的翰墨江南。

浪 淘 沙

李 煜

帘外雨潺潺,春意阑珊,罗衾不耐五更寒。梦里不知身是客,一晌贪欢。

独自莫凭栏。无限江山,别时容易见时难。流水落花春去也,天上人间。[3]

---

〔1〕 [宋]范成大:《范石湖集》,上海古籍出版社,2006年,第290页。

〔2〕 "田园民居"即江南民居。粉墙黛瓦,院落大方,内部设计精美。一般的民宅看着也像园林,只是朴实一些。古典园林,多为达官贵族豪宅,坐落在市井中心,是浓缩版的山水田园。

〔3〕 [南唐]李煜:《李煜全集》,崇文书局,2015年,第78页。

"天上人间",人间天堂。皇帝突然身心陷入囚笼,虽有日日罗衾玉食,却失去了自由与尊严。这在当皇帝之前,他为了隐藏自己的心思,曾写《渔父》诗二首。[1] 两相对照,似乎是他命运之谶语。后主之命运变换,有诗曰:

> 春游秋猎华盖奢,
> 那堪繁华已成昨。
> 未若插翅南飞去,
> 肯共渔父和渔歌。[2]

渔民是江南最下层的社会群体之一,他们日为衣食所累,但"观察者"看见的是渔人逍遥自在地"活着"。其实,对于资本蓄积几乎是零的渔民而言,三百六十五日,除了睡觉,其他一切时间几乎都用于艰辛的劳动,但是,渔民有充分的身心自由,这是李煜内心深处最需求的"美"。

自高空俯瞰旋转的地球,中国江南的地貌状若蛛网,网格间的膏壤、丘陵地,有稻浪舞风、桑枝低低、茶园畎畎。低空观江南,地貌呈阶梯状。河湖、沼泽、湿地、稻田、茶园、竹海、山果丛和采石场,不同海拔高度的土地,产出物种有别,这是江南地区物种上的丰饶。

弯弯万里清流流经"江南",像蛇身人面的女娲,婀娜修长的美体蹁跹,甩尾沱沱河、通天河。她和着浪花起伏,哼唱昆曲婉转清扬。游进宽广的扬子江,顺着江流婉转,若游鱼洄游大海。

弯弯黄浦江与纤纤苏州河,两股径流像一对恋人缠绵缱绻。黄浦江源于太湖,水流自西向东,在浦江第一湾处九十度大转弯,掉头北流,跟苏州河相约陆家嘴,携手奔向大海故乡。

陆家嘴,像东海的抹香鲸伸出大嘴巴痛饮浦江水。苏州河,也叫吴淞江,自太湖流入上海。陆家嘴就像海上游到岸边的牛鼻鲼,浑身散发出西班牙斗牛之威力,时刻享受苏州河带来的美味湖鲜。陆家嘴,极像"中国龙"之巨首,赫赫奕奕。

蕴含道家文化的古典园林,将曲美江南之青山绿水移至私家宅院,园林中

---

〔1〕 [南唐]李煜:《李煜全集》,崇文书局,2015年,第27—28页。
〔2〕 和,去声,即音乐学所称的"和声"。乐曲中和声之美在于"共鸣",音色因此万般变幻,旋律活活、跌宕起伏,唯知音最能领略其中的至美。

的"曲水"最富灵动：

> 曲水，古皆凿石槽，上置石龙头喷水者，斯费工类俗，何不以理涧法，上理石泉，口如瀑布，亦可流觞，似得天然之趣。[1]

江南园林中的流杯亭，是根据三月三"曲水流觞"的习俗而建造的。"曲水流觞"有两大仪式，一是欢庆和娱乐，二是祈福免灾。流杯亭分为两种仪式，一是在事外布置流觞曲水，讲求自然天成之美；一是在亭内的石座上凿成水渠。这是明清时期流杯亭的基本形式。流杯亭的水道，一般是从南向北看为龙头形，从北向南看是虎头形。

赞美天目山的诗文如云。

天目山，位于浙江省西北部今临安市境内，西起浙、皖边境的昱岭和百丈山等，呈西南、东北走向，有西天目、东天目（在西天目东约 9 公里）、南天目（在东天目南约 15 公里）等主峰，西天目主峰龙王山（在西天目西北约 5 公里），高达海拔 1 587 米，西天目高 1 506 米，东天目高 1 479 米，南天目高 1 085 米。全山东西长约 130 公里，南北宽约 20 公里，由花岗岩、粗面岩、流纹岩等构成，山势雄伟挺拔。天目山东迤，最后一个著名的山峰是莫干山，主峰塔山，高 719 米，是避暑胜地。从莫干山向东，没入太湖平原的冲积层之下，杭州的西湖群山，也是它的尾闾。

太湖，月之故乡，形若银盆。修长的青山绵绵、椭圆的太湖潺潺。"天目"，像二郎神的天眼，又或者是指脉脉含情之太湖。

天目山南北横在江南大地，盛产灵山仙草和菌类山珍。山之魂携手水之灵，凤翥龙翔、比翼双飞，孕育出"江南文化"。一碧如黛，于山之巅赏太湖，但见：

> 胃烟眉揽含露目，缟仙微嗔搅碧波。
> 芙蓉逢迎掺秋袂，红莲薄醉听吴歌。
> 汭内香风绉浅蓝，湖心繁星恋渔火。

〔1〕 ［明］计成：《园冶》，重庆出版社，2017 年，第 203 页。

一碧粼粼熨湖光,云河未翻月不落。

杭州西湖的九溪十八涧,滋润狮子山,哺育"仙山灵草"园。此处"龙井问茶"的美食文化,又属于"非物质"范畴。

费孝通的《江村经济》选择的调查地点叫"开弦弓村",坐落在太湖东南岸边。这个水乡的"脊梁骨"系由三条河组成,[1]汭汭清流、河谷卷卷。一条小江流经开弦弓村,注入太湖,于村口处分三股流入太湖,淙淙流水在流经之地切割出棋卦状稻田。

如今江南,地理范围超出"上海大都市圈"的范围,上海之外有名城苏州、无锡、常州、嘉兴、湖州、舟山、宁波。这里有全国最成熟的市场体系。

还有以海派文化为龙头的江南文化,这里蕴藏巨大的暗能量,江南文化的巨大引力,不断地吸引域外的资金、技术、人才和自然资源。

社会发展至近代,上海、苏州、杭州、南京、南通、宁波等地的高端制造业、金融业、文化产业发达,为江南文化增添新的内容。

江南蓝印花布,用本地产的一种植物的汁作为染料。《石头记》中叫"靠色",以同里兰、乌镇兰为代表。江南妇女儿童的兰花布衣,是江南劳动人民的颜色,江南人民穿着它采茶、采莲、采桑,自成人间天堂的一道靓丽风景线。

在旧年水乡,江南人出行普遍以舟楫为马。无论商人、小货郎或民间行者,出行皆行水路。因为水路费用低廉,即使路途遥遥,游客也能在棹郎唱歌踏船的起起伏伏中,收获旅途之乐。以舟为车使得江南人的"行业"领域拓宽,从事棹郎、驾娘、船夫者人数众多,这是江南水乡的特有职业。

陈正祥在《中国历史文化地理》介绍了江南造船业盛况:

江南河川纵横,素称水乡泽国,自古以来就便利行船,造船业的发展是很自然的事。早在南朝,就能造出大量的战船。刘宋时的荆州作部,曾制造上千艘战舰。《初学记》(卷二五)引《西巡记》:"宋孝武度六合,龙舟翔风以下,三千四十五艘;舟航之盛,三代二京无比。"陈朝的华皎,也曾在湘州造金翅大舰二百艘。可见民间的造船业,亦已相

---

〔1〕 费孝通:《江村经济》,第11页。

当发达。

隋文帝灭陈后,怕江南人民反叛,曾下令没收民间大船:"吴、越之人,往承敝俗,所在之处,私造大船;因相聚结,致有侵害。其江南诸州,人间有船长三丈以上,悉括入官。"

《太平御览·舟部二》(卷七六九)引《南州异物志》,说三国孙吴时外国来的船,"大者长二十余丈,……载六七自人,物出万斛"。到南朝时船就造得更大了,所以颜之推在《颜氏家训·归心篇》(卷五)里说:"昔在江南,不信有千人毡帐;及来河北,不信有二万斛船;皆实验也。"[1]

蛛网水乡,河道迢迢,无阻通航,河流是经济资源。水路运输,船只承载货物的运量大,商品远销域外市场,"贸易生利"。

亚当·斯密在《国富论》中阐明"分工受限于市场范围",内河航运的便利,能扩大市场范围,从而增多财富的来源路径。

东印度孟加拉国地区以及中国东部,农业与制造业改良的历史,似乎也和埃及一样久远。尽管其久远的程度并未得到欧洲人普遍相信的历史权威证实。在孟加拉,恒河和其他许多大河,也像尼罗河在埃及那样,形成许多适宜航行的大小支流。中国东部诸省也有许多条大河,各有不同的支流分布,形成许多运河。由于这些运河相互连接,所形成的内河航行系统,比尼罗河或恒河,甚至两者加起来的航运系统还要辽阔。特别值得一提的是,不仅古代的埃及人,即便是印度人和中国人也统统不鼓励和外国进行贸易,然而他们似乎都因为这种内河航行的便利而享有巨大的财富。[2]

甲骨文、篆字的"吴"字,形状像一个壮汉对天大声吼[3]。江南先民普遍喜欢唱歌,吴歌内容,曲喻境界,节奏明快,性情温柔。江南民歌不断吸收域外的音乐元素,传承创新。

春、夏、秋、冬四季,数冬季江南的美略逊色,花开稀少。北国过冬,只注重

---

〔1〕 陈正祥:《中国历史文化地理》,山西人民出版社,2021年,第41页。
〔2〕 〔英〕亚当·斯密:《国富论》,谢宗林、李华夏译,中央编译出版社,2013年,第15页。
〔3〕 顾颉刚编:《吴歌甲集》,上海文艺出版社,1990年,第4页。

物质的享受：围炉煮茗、吃煊羊肉、剥花生米、饮白干而已。然而梦里水乡、旧年江南曲美，在郁达夫的笔下是这样的境界：

江 南 的 冬 景

郁达夫

　　江南河港交流，且又地滨大海，湖沼特多，故空气里时含水分；到了冬天，不时也会下着微雨，而这微雨寒村里的冬霖景象，又是一种说不出的悠闲境界。你试想想，秋收过后，河流边三五家人会聚在一道的一个小村子里，门对长桥，窗临远阜，这中间又多是树枝槎桠的杂木树林；在这一副冬日农村的图上，再撒上一层细得同粉也似的白雨，再加上一层淡得几不成墨的背景，你说还够不够悠闲？若再要点些景致进去，则门前可以泊一只乌篷小船，茅屋里可以添几个喧哗的酒客，天垂暮了，还可以加一味红黄，在茅屋窗中画上一圈暗示着灯光的月晕。人到了这一半境界，自然会得胸襟洒脱起来，终至于得失俱亡，死生不问了；我们总该还记得唐朝那位诗人作的"暮雨潇潇江上村"的一首绝句罢？诗人到此，连对绿林豪客都客气起来了，这不是江南冬景的迷人又是什么？[1]

　　太阳风轻撩地球大气层，搅得海水巨浪心动魂萦。季风甩动气流西行，风中朵朵积雨云，含露目清，身不由己委身泠泠高原雪肌莹，泪痕冰冷。煖阳暄烘，雪域冰盖，霭霭蒸腾。三江之源，三股水流，若思乡热泪，涌流向东，奔向大海故乡，无尽无穷。

　　宇宙红移，银河与地球轻吻别时留下的唇印，便是中国江南蛛网河床。银河魂化江南雨，四季告白水乡，倾诉藕断丝连的不忍离分。雨声若吴歈轻唱原野，如歌如颂。

　　曲美江南，怀抱四季东海，拥有春意太湖、遍地塘荡、万千条宽窄绿流曲曲弯弯。东海蓝蓝，海鲜丰登，渔光曲泠，渔歌憨鞅。太湖洄洄，日出斗金。绿流若梦，鱼虾簇拥。吴歈煖耳，《太湖美》《茉莉花》《采红菱》，民歌唱晚，旋律潋滟。水乡田间回荡着劳动号子声声，江南渔乡的情调溢于言表。

---

[1]　郁达夫：《郁达夫散文名篇》，中国画报出版社，2011年，第39页。

　　农业(Agriculture)为百业之根,也是人类文明之根。[1] 马尔萨斯在他的《人口论》中,提出"两个公理":"第一,食物为人类生存所必需;第二,两性间的情欲是必然的,且几乎会保持现状。"[2]马尔萨斯以"人"为最基本的关注点,因为财富是人创造的。物质财富的创造与人类自身繁衍,是两条平行的"生产线"。

三、昔年江南鱼米乡之魂

　　水乡大地上,曾经弥漫万年炊烟,日日袅袅飞永霄。家家烟囱根部的吴灶之味,唯鱼与禾。旧年清晓,诗情缤纷。昔日彩霞,画意浪漫。江南鱼米乡魂,即江南民俗。《范石湖集》《江村经济》和相关的民俗文化史料,满载旧年江南鱼米乡之魂。

旧年江南鱼米乡

春褉桥口秋褉湖,清波潋滟若蓬壶。
蟹舍稻香茅新束,菱花碧莼雪浪铺。

罟船无惧浪花粗,结网连舸耕巨区。
时中岁暮挝腊鼓,渔郎踏舟歌吴歈。

鸥国渔天乐事多,渔乡美景似醉酡。
日高渔人娱寂寞,未若鼓枻和渔歌。

湘纹帘外漾湖光,菰蒲猎猎鲈鱼长。
下田种秫思饮酒,清风两岸稻花香。

　　江东田园,稻谷千里,稻浪滚滚,飘飘仙袂,追赶天边的朵朵白云,江南田园四季都展示着美丽境界无限。

---

[1]　"文化",英、法文都写作 culture。江南原始生业有农业(agriculture)、养鱼业(pisciculture)、丝织业(silkculture)以及茶业等,独具地方特色。cult 是"崇拜的对象",拉丁文 cultura 含有"耕种""居住"等义项。但英文把他理解为"崇拜的对象"。

[2]　〔英〕马尔萨斯:《人口论》,郭大力译,北京大学出版社,2008 年,第 5 页。

　　飞鸟翀翀,水鸟凫凫,鹭鸶盘旋,灰鹭歇脚杧尖,鹏鹏急行于平静的水面,水乡田园美如画。岸上的稻花随风雨之力,进入水中,变成一些鱼类的美食。水鸟以鱼为食物。这是一条绿色食物链。水鸟、鱼类、水八仙,都是江南饮食文化的组成部分。

　　在舟楫为家水作田的中国江南,渔业和稻作,先天具有极强的互补性。渔业和稻米产业天生的互补性,扩大了江南人民的"生产可能性边界"。

　　鱼米乡的沃壤丰产,薄地埚埚。稻过三年杂,地过三年疲。这是土地肥力递减规律。休耕和休渔的科学道理是一样的,有利于初级产业的可持续发展,提升环保效率。

　　气候变迁的周期中,阴雨对于稻米生产的影响最大。特别是秋雨连绵,会对水稻收割与农夫收成产生负面影响。这是气候资源的溢出效应。

吴 中 田 妇 叹[1]

苏　轼

今年粳稻熟苦迟,庶见霜风来几时。

霜风来时雨如泻,把头出菌镰生衣。

眼枯泪尽雨不尽,忍见黄穗卧青泥。

茅苫一月陇上宿,天晴获稻随车归。

汗流肩赪载入市,价贱乞与如糠粞。

卖牛纳税拆屋炊,虑浅不及明年饥。

官今要钱不要米,西北万里招羌儿。

龚黄满朝人更苦,不如却作河伯妇!

　　《吴中田妇叹》是苏东坡路过江南,看见农妇之辛苦,而写下的关于水乡的诗篇。

　　龚黄,汉代"休养生息"时代的宽政爱民的好官。此处的"龚黄满朝"是官宦们虚假的自诩,实则反之。"河伯妇",农妇感觉生死区别不大,宁愿选择自杀。王安石变法,"官今要钱不要米",导致市场上米量瞬间激增,价格暴跌。夺穷民之铢累。当地力、人力达到极限,即使"多收了三五斗",受"市场完全竞

---

〔1〕〔宋〕苏轼:《苏轼诗词选》(插图版),第37页。

争性"的暗力作用,米价也会下降,谷贱伤农。[1]

江南产的粳米,与关外之米,味道完全不一样。江南臐臐,原生态小粒米,酿酒也味甘。江南米粮,是明清封建政权之支柱。江南渔耕者的劳动成果"江南白粮",与封建国家上层建筑之间存在强相互作用的"关系"。孟森《明清史讲义》有这样的记载:

> 清《国史·土国宝传》:五年五月,仍授江宁巡抚。苏、松、常三府白粮,明季佥民户输运,民以为苦;至是,复明初官运制。国宝言:"民户一遇佥点,往往倾家,今改官运,一切皆给于官,而经费不敷。请计亩均派运费,民皆乐从。"谕曰:"佥点固属累民,加派岂容轻议。"下部察核,官运经费果不敷否。部臣言:"经费未尝不敷,惟严绝克减、虚冒诸弊,则用自裕。"黜国宝奏不行。华亭县有义田四万八百余亩,明光禄寺署丞顾正心置以膳宗族、助差徭者。国宝初抚吴,即令有司收其米四万三千余石给兵饷。及国宝降调,周伯达代为巡抚,以"改充织造匠粮"入奏。户部议:"令察勘义田,在明时曾否题明? 创置者有无子孙?"至是,国宝以实覆奏。户部尚书巴哈纳、谢启光等核议:"义田所以恤贫助徭,非入官之产,宜仍令顾正心子孙收获。至兵饷匠粮,皆有正项取给,其擅用义田米,责国宝偿还。"
>
> 六年,国宝疏请加派民赋佐军需。给事中李化麟疏言:"加派,乃明季弊政,民穷盗起,大乱所由。我朝东征西讨,兴师百万,未尝累民间一丝粟。今国宝遽议加派,开数年未有之例,滋异日无穷之累。"上复黜国宝奏不行。[2]

水资源、土地资源,农夫沤制的绿肥、饵料,渔夫和农夫的劳动时间,这些生产要素的排列组合,必然能达到一个"帕累托最优"状态。在此处,渔稻产业消耗的全部经济资源,无限地趋近于最高"效率",产出最大化。这也是江南农业超越中原的比较优势。

---

[1] 经济学供给与需求原理,认为市场上谷物供需平衡,粮食价格稳定,有利于政治稳定。保守派反对王安石变法,下层民众更怨恨"官今要钱不要米"之违反经济规律之谬令。因不尊重科学,变法不可能成功。

[2] 孟森:《明清史讲义》,商务印书馆,2019年,第513页。

吴畮·江南渔歌

缓缓吴讴处处闻，太湖风景泥人醺。
天然土产吾能说，虾蟹如潮米似云。

樯鸟樯燕绕湾环，断续渔村指顾间。
天赐全湖明如镜，照成七十二烟鬟。

虾菜生涯入夏初，渔家风味近何如。
湖头起网湖梢卖，第一鲚鱼次鳜鱼。

首夏清和日似年，浮家正好倚湖天。
垂髫鸦女结蚕卦，屈项驼翁摊酒钱。

泛宅浮家倚水多，绿槐交阴爱风和。
渔郎烂醉归来暮，误入邻船便脱蓑。

桑柘阴浓夏渐长，渔家乐事说端详。
分明四月闲人少，水巷山村一例忙。

郎到湖干访妾居，双清心迹不曾疏。
桃花醋漉嫌酸未，调味争尝破浪鱼。

临湖小住不催妆，意外相逢问棹郎。
还是捉鱼还打鸭，笑侬心事费思量。

照眼榴花烂缦舒，天中佳节乐何如。
龙船竞渡喧箫鼓，不吊灵均吊子胥。[1]

　　旧年江南，传统渔具、渔船和渔民的捕捞技巧，都是水乡生态系统的组成部分。渔民习惯结帮作业。一个帮占有的水域，是他们的衣食来源地和精神家园，所以，职业渔民珍爱自己的家园。渔民唱的渔歌，富含前人传下来的科技知识，他们用观察法估算自己水域一年的渔获物总量，按照水中动植物资源的生长规律，集体决定捕捞、休渔。外帮的闯入者，会偷捕，破坏生态环境。

---

〔1〕〔清〕范广宪，《太湖渔歌》手抄本，第76—77页。

　　江南先民火耕水耨,后不断追求农具的创新。唐代,江南农地精耕细作,发明了双季稻。中唐以后,"江东犁"的出现提高了农耕效率,单位土地面积上的粮食产量增加。从此,江南经济超越中原。

　　宣纸泛黄,叹韶华碧落天涯路;丹青妖娆,挽幛那锦绸罗缎。稻草,是鱼米之乡的地表资源,江南精工将稻草制作成香喷喷的宣纸。宣纸的味道和墨香混合,是"书香门第"的物质基础。

旧年江南渔家乐

桂魄流光铺半艄,泥碗款斟满浊醪。

酒香荠香鱼米香,月照归舟渔歌唱。

春天泛宅浮家,渔夫能遇见这样的境界:

绕堤柳借三槁翠,埂有桃分一抹红。

绿浪翻卷破渔网,酒壶沉绑腰身中。

　　旧年江南渔乡,鹭鸶翩翩、低空盘旋,瞵瞵然鱼鹰猛冲湖中捕食。夜空繁星闪闪、水面渔火烶烶、银河流星灿灿、倒映游鱼嬥嬥。

　　水心荡漾百家村民的用膳辰光,炊烟缭绕渔帆,渔家烹煠腥鲜,锦鳞美味随风登陆,诱人垂涎,浊醪浅香,渔歌唱晚,桅杆之上,樯鸟樯燕,一湖安详。

初夏江南鱼米乡

旧梁茆屋有湾碕,

泉流溅溅度两陂。

晴日煖风稻香浓,

绿茵幽草胜花季。

　　稻种的生命力和稻田的肥力年年递减,三年不选种,粳糯分弗清。

奉和袭美酒中十咏·酒垆

陆龟蒙

锦里多佳人,当垆自沽酒。

高低过反坫,大小随圆瓿。

数钱红烛下,涤器春江口。

若得奉君欢,十千求一斗。[1]

盛唐一代,江南富庶,米粮丰产,市场供给量足,酿酒的成本降低,酒的价格必然便宜,故"饮者盛"。垆,酒店里安放酒瓮的土台子,也借指酒店。坫,古时放置食物、酒器的土台子。瓿,小瓮。土居时代,土台子可以当桌子、板凳等,而用石器则成本较高。

过　平　望

范成大

寸碧闯高浪,孤墟明夕阳。

水柳摇病绿,霜蒲蘸新黄。

孤屿乍举网,苍烟忽鸣榔。

波明荇叶颤,风熟苹花香。

鸡犬各村落,蓴鲈近江乡。

野寺对客起,楼阴濯沧浪。

古来离别地,清诗断人肠。

亭前旧时水,还照两鸳鸯。[2]

昔年江南鱼米乡之魂,停身在艺术家的作品中:

唐伯虎的画作《江南农事图轴》画的是唐伯虎家乡人的渔业、稻作活动。《秋山高士图卷》、《震泽烟树图》、《溪山渔隐图卷(局部)》、《垂虹别意图卷》、《苇渚醉渔图轴》有山,有水,有渔夫垂钓,有渔船和渔网作业,远处隐约可见茶檐、酒旌。

---

〔1〕〔清〕彭定求主编:《全唐诗》,第7141页。
〔2〕〔宋〕范成大:《范石湖集》,第6页。

苇渚醉渔图轴

唐　寅

插篙苇渚系艋舴，三更月上当篙顶。

老渔烂醉唤不醒，起来霜印蓑衣影。

老渔烂醉，一根竹篙、一湖风月，他头顶景星庆云，悄然进入"鹅笼书生"的梦幻境界，饱享渔家乐。

鱼米乡的人民普遍饮用当地产的米酒，这是民俗文化的组成部分。高启有"酒城"诗，写江南米酒精工酿制，守卫阖闾大城的士兵喝了上乘米酒，越甲三千进攻城墙，都无法吵醒薄醉的战士。

江南稻米品类繁茂、味道香醇，有很多种粳米被"漕运"到京津作"贡品"。海鲜、湖鲜、河鲜也是皇家贵族的重要食材，比如满汉全席 100 多道菜，鱼类美食占有三分之一。江南人民创制并传承"鱼食饭稻"的饮食习俗。

20 世纪以前的江南鱼米乡，用当地大米制作的料酒、酱油和米酒都是烹鱼的重要佐料。特别是粳米制作的老酱和料酒提鲜效果极佳，鲜香的鱼体，让人垂涎的颜色，狂搅饥肠辘辘。比如烹制一条灰衣尖帽的河鳗，先用利刀划开它的嫩白肚皮，即出现"绛绡缕薄冰肌莹"观感。再用利刃半切鱼体，纤纤河鳗变成"麻花状"，大火烹饪，配大蒜、生姜、料酒一起炖，浇酱汁出锅。

舟山渔场的美味，有的鱼类可以生吃，蘸酱油。长江口渔场的刀鱼、鲥鱼等，清蒸，也必须喷洒料酒于鱼身。吃鱼就大米饭，鱼米复合之馨香释放着碧水青山之万年芬芳。鱼和米经过特殊工艺酿制成"鲊"，富含乡土情感的美食。

"鱼""米"组合，似乎是江南民间的最佳的食物组合。餐桌上有汤有水、大白米饭芳香蒸腾满屋。鱼香、米香的生化反应物，刺激味蕾，给饥饿的胃肠送来十足之享受和美食愉悦。大闸蟹用稻草捆绑之后蒸制，稻草的春芳秋香沁入螃蟹冰肌莹之中，水乡秋天的旷野中所有的暗香，都能被食客享用，所以比用线绳捆绑大闸蟹的烹饪效果好。

旧年江南渔乡情

玉鲙清腴洁似霜，网船辛苦费罗张。

星火渔灯映水赤，纬萧郭索西风响。

> 湖壖蟹籪半黏萍，霜薄芦丛霁色冷。
> 玫瑰醋漉姜芽嫩，肥美最夸十月雄。
>
> 吴田围绕太湖棱，丰产贻谋人丁增。
> 不让鹅梨甘脆味，采来芦菔爽于冰。
>
> 风鹤声繁匕呰惊，放湖剽刲半湖营。
> 陆居争及舟居好，差喜欢心与水平。

昔年江南鱼米乡，主要的渔场有舟山渔场、吕四渔场、长江口渔场。江南，兼有海洋和淡水渔业，在"江南文化"全集的各"子集"中，"渔文化"为"最长老"。

人类所有的产业，唯有渔业，是经济活动，又具有观赏性，集物质生产和休闲娱乐于一体。在杜甫《观打鱼歌》，李白、柳宗元、陆龟蒙等人的诗歌中，都展现出渔文化的诸多方面。[1]

随着社会进步，垂钓、捕鱼逐渐成为人们的休闲娱乐活动，能给人们带来身心的愉悦，变成一种休闲文化。"柳荫垂钓，渔父的工作，偏有若干人会当作是暑天的享乐。"[2]以垂钓为乐，上至帝王将相，下至贫苦一族，都能从中获取自己想要的乐趣。东坍西涨飘飘仙，白雾霭霭横水面。鹭鸶长飞，吴歌悠扬，岸上渔村的茆房错落有致，炊烟袅袅，雉雊高响，彩云卷树梢。渔人追求清净，远离喧嚣。

一般的渔民终生劳动，却依然贫困，但是他们不愿意上岸。渔民婚丧嫁娶民俗、渔民特有的信仰是一种渔文化的力量，也给渔民社会特殊的文化束缚，[3]但渔民宁愿这样漂泊地活着，物质生活贫困，精神生活自由自在。

当李白、李煜、柳宗元怀抱特定的心情观察渔夫，艳羡渔夫的生活。而杜甫《观打鱼歌》却看见了渔民生存的艰辛，他关注渔文化的另一面。

江南民众在渔业和稻作的经济活动中，充分认识到土地的稀缺性和效率之关系。比如在稻田养鱼，特别是稻田养蟹。螃蟹能吃掉稻田里的害虫，蟹粪

---

〔1〕 农、林、牧、副、渔业及制造业、服务业、高科技产业，只有渔业的观赏性和娱乐性最强，这是渔文化特有的魅力和经济和文化价值。
〔2〕 《水产月刊》（复刊）第二卷第五期，1947年，第72页。
〔3〕 〔英〕阿诺德·汤因比：《历史研究》，上海人民出版社，2019年，第5页。

是稻田最好的肥料。随风飘落至河湖边的稻花是大闸蟹和一些在浅水生活的鱼类的美食。因此,渔、稻两种原始生业发展的互补性强。

在技术知识、劳动力、资金和土地等投入品数量既定的条件下,鱼、米的生产可能性边界因二者的优势互补能获取双增收,[1] 渔获取物和稻米的单位土地面积上的产量能达到产出最大化,这就是"效益"。

渔民结网技术、造船技术,手把手交给子孙,代代以渔歌、渔谚传承,这些口头传承的"教科书",内含农学、气象学、鱼类学等科学技术,是渔业经济发展的文化引擎。

渔夫是劳动者,他们关注的是"食",重在物质层面;而观察者看到的是渔歌悠扬浪漫、渔夫无拘无束和渔乡的晃荡田园,他们关注的是"心灵愉悦",重在精神层面。

观赏渔夫打鱼,能知渔人之乐。而享用鲜鱼,自得其乐。梁实秋《雅舍谈吃》中提到的"杭州黄鱼面",为江南渔乡一道美味:

黄　鱼
梁实秋

黄鱼,或黄花鱼,正式名称是石首鱼,因为头里有两块骨头其硬如石。我国近海皆有产,金门澎湖一带的尤其肥大,几乎四季不绝。《本草纲目·集解·志》曰:"石首鱼出水能鸣,夜视有光,头中有石,如棋子。一种野鸭头中有石,云是此鱼所化。"这是胡扯。黄鱼怎会变野鸭?

黄鱼晒干了就是白鲞。黄鱼的鳔晒干就是所谓"鱼肚"。鱼肚在温油锅里慢慢发开,在凉水里浸,松泡如海绵状,"蟹黄烧鱼肚"是一道名肴。可惜餐馆时常以假乱真,用炸猪肉皮冒充鱼肚,行家很容易分辨。

馆子里做黄鱼,最令我难忘的是北平前门外杨梅竹斜街春华楼所做

---

[1] 农民在自己拥有的单位土地(包括鱼塘)面积上同时生产两种农产品的生产可能性边界,与国民财富投入大炮和黄油两种产品形成的生产可能性边界有类似的经济学原理。江乡农民种植水稻、稻花养鱼,盛夏枯水期间鱼塘灌溉稻田也方便,这样,农民在成本投入不变的情况下,鱼、米两种产品的生产可能性边界扩张。农业科学实验表明,水稻和大豆或玉米间隔在棋盘形农田上种植,则大豆或玉米会因为不喜水而产量降低;池中养鱼、岸上养鸡鸭、养猪,则会形成很节省成本的食物链,因为猪、鱼都喜欢吃鸡鸭排泄物。国民财富用于制造大炮和黄油,两种产品产量此消彼长,大炮和黄油的产量曲线在平面直角坐标系中,一条生产可能性边界向右上方移动、另一条向左下方移动。

的松鼠黄鱼。春华楼是比较晚起的江浙馆,我在民国十几年间常去小酌。那地方有一特色,每间雅座都布满张大千的画作,饭前饭后可以赏画。松鼠黄鱼是取尺许黄鱼一尾或两尾,去头去尾复抽出其脊骨。黄鱼本来刺不多,抽掉脊骨便完全是肉了。把鱼扭成麻花形,裹上鸡蛋面糊,下油锅炸,取出浇汁,弯曲之状真有几分像是松鼠。以后在别处吃到的松鼠黄鱼,多半不像松鼠,而且浇上糖醋汁,大为离谱。

此地前些年奎元馆以杭州的黄鱼面为号召,品尝之余大失所望。碗中不见黄鱼。[1]

林语堂的"食品和药物"一文也反映出渔文化之美。

食 品 和 药 物

林语堂

下面我将从李笠翁所著《闲情偶寄》中引用一段论蟹的文字,作为中国人对于食物的见解的例证:

予于饮食之美,无一物不能言之,且无一物不穷其想象,竭其幽渺而言之;独于蟹螯一物,心能嗜之,口能甘之,无论终身一日皆不能忘之,至其可嗜、可甘与不可忘之故,则绝口不能形容之。此一事一物也者,在我则为饮食中之痴情,在彼则为天地间之怪物矣。予嗜此一生,每岁于蟹之未出时,即储钱以待;因家人笑予以蟹为命,即自呼其钱为"买命钱"。自初出之日始,至告竣之日止,未尝虚负一夕,缺陷一时。同人知予癖蟹,招者饷者,皆于此日,予因呼九月十日为"蟹秋"。……向有一婢,勤于事蟹,即易其名为"蟹奴",今亡之矣。蟹乎!蟹乎!妆与吾之一生,殆相终始者乎!

李笠翁对于蟹如此称美,其理由即因蟹完全具有食物必备的三种美:色、香、味。李氏的见解也就是现代大多数中国人的见解,不过中国人所称美的蟹,只限于淡水中所产之一种。

在我个人,食物哲学大概可以归纳为三事,即新鲜、可口和火候适宜。高手厨师如若没有新鲜的佐料,即做不出好菜。他们大概都能使你知道

[1] 梁实秋:《雅舍谈吃》,陕西人民出版社,2019年,第98页。

烹调的良否,一半在于办佐料。十七世纪的大诗人和享乐家袁子才在著作中述及他的厨师说:他是一个极高尚自重的人,如若佐料不是新鲜,即使强迫他,也不肯动手烹煮的。这厨师的脾气很坏,但他因为主人知味,所以依旧能久于其职。四川现在有一位年纪很大的高手厨师,要请他来做一次菜很费事,须一星期前预约,以便他有充分买办佐料的时间。须完全听他自择菜肴,而不许点菜。[1]

烹饪新鲜的鱼类,更注重用火,"火候"是美食制作的重要因素,特别是颠大勺爆炒鳝鱼丝、炒乌鱼片、熘青鱼片、炒碧落虾仁、炒龙井虾仁,有时只需"再颠半次"即达到味道至美,否则,炒老了,观感和味感都会降低。

在《闻一多讲文学》的"诗经新义·鳞"中,闻一多通过多种考证,认为《诗经》里面多处提到的"鱼",与人类的"生殖"有关,意味多产。[2]闻一多认为,渔业和婚姻及人们愉悦感有关。[3]既然他讲的是"诗经新义·鳞",那么,更重在讲鱼的文化内涵,所以,这里的"鱼"可以归入渔业经济或渔文化的范畴,是国学经典中的渔文化。

藕 与 莼 菜

叶圣陶

想起了藕就联想到莼菜。在故乡的春天,几乎天天吃莼菜。莼菜本身没有味道,味道全在于好的汤。但是嫩绿的颜色与丰富的诗意,无味之味真是令人心醉。在每条街旁的小河里,石埠头总歇着一两条没篷船,满舱盛着莼菜,是从太湖里捞来的。取得这样方便,当然能日餐一碗了。

而在这里上海又不然,非上馆子就难以吃到这东西。我们当然不上馆子,偶然有一两回去叨扰朋友的酒席,恰又不是莼菜上市的时候,所以今年竟不曾吃过。直到最近,伯祥的杭州亲戚来了,送他瓶装的西湖莼菜,他送给我一瓶,我才算也尝了新。

向来不恋故乡的我,想到这里,觉得故乡可爱极了。我自己也不明

---

〔1〕 林语堂:《林语堂散文》,浙江文艺出版社,2007年,第138—139页。
〔2〕 闻一多:《闻一多讲文学》,河海大学出版社,2019年,第198页。
〔3〕 闻一多:《闻一多讲文学》,河海大学出版社,2019年,第198—199页。

白,为什么会起这么深浓的情绪?再一思索,实在很浅显:因为在故乡
有所恋,而所恋又只在故乡有,就萦系着不能割舍了。譬如亲密的家人
在那里,知心的朋友在那里,怎得不恋恋?怎得不怀念?但是仅仅为了
爱故乡么?不是的,不过在故乡的几个人把我们牵系着罢了。若无所
牵系,更何所恋念?像我现在,俩被藕与莼菜所牵系,所以就怀念起故
乡来了。[1]

　　游子的家国情怀,就在对乡土味道的回味中。"水八仙"的颜色是锦绣江
南,味道是故乡情。

　　陈正祥在《中国历史文化地理》的"江南的开发"说到江南稻米产业繁荣
景象:

　　　　水乡泽国的江南,如能修筑圩堤阻挡潦水,河边湖皆可开辟为农田
　　(称为圩田),生产力甚高。宋仁宗庆历(1041—1048)年间,范仲淹守平江
　　(苏州),上奏说:"江南旧有圩田,每一圩方数十里,如大城。中有河渠,外
　　有门闸;旱则开闸,引江水之利;潦则闭闸,拒江水之害。旱涝不及,为农
　　美利。"南宋的江东路,便有官圩79万亩;宣州的宣城县,有官圩17万亩,
　　私圩58万亩,合计占全县垦田的一半以上。

　　　　浙东路越州鉴湖和明州广德湖周边,上百里都修筑了圩田。圩田因
　　土质肥沃,灌溉便利,所以能经常保持丰收,粮食产量很高。南宋政府以
　　圩田获利甚厚,屡次下令兴修圩堤,并在堤上种植榆树,以资加固。《宋会
　　要辑稿·食货之七》记载宣州和太平州的圩田,"岁入租课浩瀚"。建康的
　　永丰有圩田1 000顷,每年租米的数额达3万石。

　　　　除圩田外,江南农民还开辟梯田、沙田、涂田和架田。丘陵坡地,开拓
　　梯田,引山泉灌溉,种植水稻。水稻是南方首要的农作物。浙西、淮东、江
　　西三路新垦的沙田,孝宗时已达280万亩。理宗时,建康府五县,共有沙
　　田162 000田。

　　　　浙江沿海的居民,在涂滩上叠土石筑堤,以防潮水,开垦涂田。宁宗
　　时代,台州临海县有涂田24 000亩,黄岩县有涂田11 000亩。在江河之

---

[1] 叶圣陶:《叶圣陶散文》,浙江文艺出版社,2007年,第116页。

上，还有所谓架田或葑田，是铺在木架上的浮田。诗人陆游在长江蕲州江面上看到的架田，是在木筏上铺土做蔬圃。范成大诗句"小舟撑取葑田归"，是描写平江农民种植葑田的奇妙景观。

由此可知当时的土地利用，已颇为精密。《宋史·食货志》说南方水田之利富于中原，故水利大兴。农田的单位面积产量可能已经颇高，但没有找到可靠记录。江南在明末清初，每亩水田可收稻谷1—3石不等。据《日知录》（卷十）的记载，苏州府为1石到3石。《四友斋丛说》（卷十四）记松江府在嘉靖年间，西乡每亩可产2.5—3石，已是很好的产量；东乡则为1.5石左右。《乌程县志》（卷三）载湖州府乌程县，崇祯年间每亩的稻谷平均产量为2石。南宋时代的单位面积产量，可能相差不多，因为那时农民已知培育优良品种和讲究施肥。

当时仅两浙路六七个州县，就有粳稻、籼稻一百四十多个品种，糯稻五十多个品种，其中不少是优良品种。浙四路平江府所产粳米，被称为"玉粒香甜，为天下之甲"。浙东、江东的农民，还培育成好几个抗涝、耐寒、耐旱的水稻良种。池州曾引进高丽的"黄粒稻"，芒长而谷粒饱满，也是少见的良种。农民又知道利用粪土、河泥，以改进农田的肥力。毛翔的《吴门田家十咏》之一："竹罾两两夹河泥，近郭沟渠此最肥。载得满船归插种，胜如贾贩岭南归。"便是描写苏州一带农民打河泥做肥料的情景。[1]

昔年江南鱼米乡，在兴修水利的实践中，江南农夫掌握了先进的水利科学知识，并将其转化成了现实生产力。

费孝通在《江村经济》中谈到旧年江南渔耕者的娱乐：

辛勤劳动之后，放松肌肉和神经的紧张是一种生理需要。娱乐需要集体活动，于是社会制度发展了这种功能。娱乐中的集体活动加强了参加者之间的社会纽带，因此它的作用超出了单纯的生理休息。在家中，全家团聚的时间是在晚上，全天劳动完毕以后。大家聚聚起来，家庭间的联系得到了加强。

---

[1]　陈正祥：《中国历史文化地理》，第38—39页。

　　农业劳动和蚕丝业劳动有周期性的间歇,人们连续忙了一个星期或
10 天之后,可以停下来稍事休息。娱乐时间就插入工作时间表中。在间
歇的时候,大家煮丰盛的饭菜,还要走亲访友。[1]

四、太湖蓬莱,江南文化之髓心

　　"皇家采石场"巉岨之下,是"女娲补天石",石头面如耄耋江南叟,皱纹斑
驳烧痕枯。分明身经炼狱神火之历练。陟彼三山,维石岩岩。三山岛上的片
石易于磨制成精致的石器,江南先民的渔具和食器为旧石器、新石器。太湖奇
石,是自然地理中的"文化物"。[2]

　　三山岛南北纵切面,形如三条正态分布曲线。中间高,两边低,更像甲骨
文"山"字。三山排列若波浪起伏,曲美弯弯。南山律律,飘风发发。湖面淏
淏,鱼水合欢。一叶石镞顺着渔夫目光呈抛物线衍射,迎着湖面非匀速之横
风,击打非均质的湖水,精准击鱼。科技与艺术应用于原始渔业,开启了江南
文化之形成。

　　江南原始人获取食物,养活了生命。三山朣朣,崇阜广木,郁郁竹丛,最宜
人居。长江中下游文明之火,在这一碧如镜的水中央,蓬莱仙洲的溶洞口,迎
劲风点燃。

　　三山岛地处太湖水中央,为太湖蓬莱之核心,岛上人民"井冽寒泉食"。此
岛周回天然生成洞洞泱泱的浪花屏障,不仅保护了三山岛人民生命安全不受
外来侵犯,也保证了江南文化传承一万年不断。

　　太湖蓬莱是饱含灵秀之气之原生态园林,江南原生态文化之灵魂,最初
形成于此。山紫水绕间,四季如画,鸟鸣鱼跃,山果繁多,奇花异草遍布山
水间。

　　江南先民最早在太湖蓬莱以石镞击鱼,水心荡起时光的涟漪一圈又一圈。
一个力点,推动恒远。时间之矢指向遥远的未来,流水与时光互动。三山岛
"品"字形排列在碧水中央,形夸骨佳,神清气爽,是建造古典园林之灵感来源

[1]　费孝通:《江村经济》,第 76—77 页。
[2]　太湖石是三山岛原始人的生产工具与生活工具。

地。园林中的"立石",常呈"山"字形排列组合,三山起伏律动,三山岛之神,为江南古典园林之魂。[1]

江南独有的山水境界,为艺术家和园艺师移入城市。古典园林以太湖石为云根山骨,挖池堆山,栽植奇花异草,栽种古树名木,池中养鱼,林间孵鸟。江南名城中都有的"亦真亦幻境界",达到人类居住文化的至美。古典园林不是江南人民的私有物,而是全人类的文化遗产。文化资源"溢出效应"之大小,与它的精致度成正比例关系。

考古界证实:"三山文化"是长江中下游地区首次发现的旧石器时代晚期的文化遗址;[2]"长江流域和黄河流域同是中华民族古文明摇篮"。[3] 长江——黄河两个文明是并行的。

人作为灵长类动物,食物丰饶与居住环境优美之空间魅力,才会有充足的吸引力,引来原始人类到此觅食、生活,并开始文化的繁衍。

江南先民最早来到三山渔猎采食,可推知三山岛之引力质量。原始人用最简陋的旧石器作为生产工具捕获游鱼,若非江南先民深谙水性,原始的劳动技巧无法形成效率。深谙水性,是没有文字记载的劳技。

三山宝岛,是漂浮的园林。江南地表,最美的太湖石,盛产在三山岛,湖石是古典园林的云根山骨。道法自然,园林是道家境界。现存的江南古典园林,林中只有堆石、石刻、立石、假山、厅殿的石头地基等是初始形貌,是真形貌。而屋宇皆是砖木结构,寿命一般不过百年。园林中的树木、奇花异草等植被资源,秋谢春荣,园内千年古木留存极少。

三山岛地处湖心,潋滟碧波是它最大的安全保障。岛上第一姓为吴姓,据吴氏墓志铭记载,吴氏为吴王族季札(延陵季子)一支的后代。"季札让国"后,他的一支迁隐三山岛。战乱无侵三山岛,自然地理优势。

太湖湖心的蓬莱三山岛地形,如《孙子兵法·地形篇第十》中的"挂"、"支"和"险"地形。[4] 这是兵家眼里的安全时空。

水乡田园和古典园林,是江南居住文化的两个边界,二者各有短长。水泊

---

[1] 古典园林中粉墙角落,三株细长的太湖石、笋石,呈"山"字形列队,按照空间尺寸,高低有序站立,配以竹林一片,自成锦绣,妙意万千。

[2] 沈坚主编:《世界文明史年表》,上海古籍出版社,2000年,第18页。

[3] 姜玉明:《人民日报》,1986年1月19日。

[4] [春秋]孙武:《孙子兵法》,第107页。

青山,精致水乡田园的色调、气质与形貌,为艺术家和江南工匠驱制驾驭,排空驭气运输到京城,于圆明园中化身"蓬岛瑶台"。也是三座山头:远岫云笼、缥渺碧波粼粼上,若菁菁水中沚。〔1〕秋水曙耿耿,煖渚夜苍苍。

东 山 渡 湖
范成大

渡船帆饱如张弓,条忽世界寒沖瀜。

堪舆无垠日夜泛,浩浩元气蓬蓬风。

湖光日色不可辨,但见水精火齐合集成虚空。

波臣川后敬爱客,约束秘怪驱鱼龙。

大千总作大圆镜,光中飞度迷西东。

苍茫一身无四壁,八方上下惟孤篷。

毛仙出迎笑相问,何乃自苦荒寒中。

吾生盖头乏片瓦,到处漂摇称寓公。

犹嫌尘土碍人眼,兹游胜绝余难同。

九衢车马恍昨梦,付与一笑随飞鸿。〔2〕

　　太湖蓬莱三山岛,是大自然生成的世外仙园,四面环水,以水为"围墙",居住更安全。这里的太湖石曲美到极致,所以能成为"皇家采石场",〔3〕没有太湖石,就没有古典园林的云根山骨。

　　"太湖蓬莱"是由众多的"山"和"湾"围成的椭圆形区域:北山、行山、小姑山、蠡墅山、泽山、厥山、小雷山、大沙山、石公山、销夏湾、明月湾"拥簇"而成"摇篮"状。太湖湖底有百匝千遭的小山脉高低连绵,水流侵蚀低山,不断形成太湖石。江南文明发源于"旧石器时代",太湖石是三山岛先民最早的渔猎工具和生活用具。〔4〕

---

〔1〕　[明]计成:《园冶》,"圆明园四十景"之第三十二景。

〔2〕　[宋]范成大:《范石湖集》,第284页。

〔3〕　三山岛,大自然的神功创制的"园林",给后来造园者以最好的启发。江南先民最早在这里出现,江南文化源于此处。虎丘,大部分是自然形成的境界,小部分经人工雕凿,最著老的园林。宋、元、明、清的园林,满园道家境界,挖池堆土,太湖石、昆山石、常州黄石点缀,武康石筑桥,是江南山水的浓缩版。

〔4〕　岛上的片状石块遍地,便于加工出石刀、石斧、石镰等切割器,也可以直接用作厨具。

东西二山像两只巨手,每只手的四指握紧、拽住蓬莱荡秋千,又各自向张开大拇指,微调摇晃的力度。打箩柜筛糠一般,或者推收渔网,捕捞湖鲜动势。

太湖汤汤,绕山岨流,巉岨气宇轩昂,听作凌波解佩声,又若仙人在歌舞。浪涛共着风声,撼天动地,为泱泱太湖无边的静增添荒情和野趣,"十二生肖"礐礐,沐浴碧潭,天天观晚霞。太湖石漏、透、瘦、皱,给江南城乡的形貌烙上精致细腻的文化印痕。

江南地表产出的太湖石、昆山石、黄石等最有特色,这些青石和奇石不仅能建造出稳固的民居,也能筑出绮丽的园林。如果没有太湖石和江南丘陵产出的珍贵石头,古典园林不可能出现在江南。[1] 江南贵族修筑豪宅,以太湖石叠山。若将石头雕刻成石狮子,具有"镇宅"、"辟邪"和"保平安"之功能。

销 夏 湾
范成大
蓼矶枫渚故离宫,一曲清涟九里宫。

纵有暑光无著处,青山环水水浮空。[2]

大自然是一份无法更改的记录。清风岭翠岫泠泠,山麓碧水悠悠,满罾霜鳞色健,锦鬣跃窜。而江南名城中的古典园林,只是缩小了江南田园之境界。

太湖蓬莱的江南先民创造了独特的科技与艺术。江南原始渔业经济中渔夫、石镞和湖鲜三种"物象"不仅构造了江南文化运行的第一推动力,同时又产生艺术与科学的创制活动。技艺和力量不是生命的起源方式,而是人类存在和文明起源的证据。一般而言,人们获取水中食物的难度,往往比采摘或攀岩取食更大。

渔业,既是人类社会重要的原始生业,又是具有观赏性的经济活动。从生产过程看,渔夫的目光折射进入碧波泱泱,若非深谙水性,焉能骑浪迎风撒网,精准地判断水底鱼群的洄游路径。观景人"知鱼之乐",而渔夫知鱼之行。

江南文化之髓心,是太湖三山渔文化。然后,江南原生态小粒米的人工种植,"鱼食饭稻"的民俗逐渐形成。水乡泽国的渔文化,浑然天成,和长江流域

---

〔1〕[明]计成:《园冶》,第186页。
〔2〕[宋]范成大:《范石湖集》,第282页。

的渔猎文化呈平行关系。后来,中原的农具和儒家思想来到江南,加速了江南农田开发。

　　中国社会的原始家园在黄河流域,从那里扩展到长江流域。这两个流域是远东社会的源头,该社会沿着中国海岸向西南扩展,也扩及东北方,进入朝鲜和日本。[1]

　　珍贵的鱼类、大米,是亚当·斯密所说的"第一种初级产物",而一般的渔获物和高产稻米,为"第二种初级产物"。[2]

　　在社会进步的过程中,价格会上升的第二种初级产物,是人力可以按照实际需求而增加生产的产物。这些产物包括一些有用的动植物。在尚未开垦的地区,这些产物的自然产量非常丰富,以致价值很低,甚至毫无价值。所以当开垦耕种的面积逐步扩大时,它们被迫逐步让位给比较有利可图的产物。于是,在长期进步的过程中,它们的数量不断减少;然而同时人们对它们的需求却不断地增加。因此,它们的实质价值,或者说,它们实际买得到或可以支配的劳动数量逐渐提高,最后终于提高到和其他任何人力可以栽种培植的作物一样有利可图,一样可以在最肥沃且开垦得最好的土地上,获得商业上的成功。当它们的价格提高到这个程度时,就不太可能再提高了。如果再提高,那么很快便会有更多的土地和人力被用来增加它们的产量。[3]

　　江南的土地、河湖、矿坑资源丰裕,产出渔获物、稻米和山石、奇石、玉。石头,是建筑房屋地基、墙壁的优质材料;奇石,具有欣赏价值,在江乡则代表"富裕"。渔、稻、棉、蚕能满足人们的衣食所需,而人们用于居屋的花费占总家庭总收入的比例比用于衣食的开支要高得多,这是基于维护生命和财产安全的需要。江南人将太湖石、昆山石、宜兴石、龙潭石、青龙山石广泛应用于建筑房屋、堆假山、做盆景,彰显江南人居文化的个性。而太湖蓬莱最重要的自然资

---

〔1〕〔英〕阿诺德·汤因比著:《历史研究》,第 24 页。
〔2〕〔英〕亚当·斯密:《国富论》,第 173 页。
〔3〕〔英〕亚当·斯密:《国富论》,第 175 页。

源是奇石。

人类的生存与发展,从旧石器时代至今,一直都离不开石头。人类的命运似乎和石器的关系最为密切,在漫长的"石器时代",石器既是生产工具,也是生活用具。太湖蓬莱三山岛上,有长江下游首次发现的旧石器时代的石器加工场。[1]

"三山文化"之后还有"马家浜文化""良渚文化"。江南地区有玉器制作并应用于人们的生活,作为奢侈品和殡葬礼器。石之精华为玉,古人佩戴玉器,有"护身"、"美感"和"富贵"等文化内涵,是精神寄托之器物,能给拥有者以精神满足和愉悦。

生存在"三山、六水、一分田"的地球表面,人们的生存资料起初是依靠原始生业获取,即渔猎和采摘。随着社会分工不断深化,农业、手工业和商业的不断发展,"文化"与"经济"逐渐交汇,互动运行。

"石器时代"至今似乎还没结束。自女娲炼石补天开始,"石头"似乎要伴随人类文明到永恒。

拙政园、留园、圆明园等中国名园中的所有屋宇、花木都不具有永恒性,唯有太湖石跟着四季的歌天天观察草木荣枯、亭台楼阁周期性辞旧换新。园林中飞鸟虫鱼的寿命更短,而石头已是有数亿万年的"石龄",除非人为破坏,很难被风雨腐蚀。

《园　冶》
计　成

凡结林园,无分村郭,地偏为胜,开林择剪蓬蒿;景到随机,在涧共修兰芷。径缘三益,业拟千秋,围墙隐约于萝间,架屋蜿蜒于木末。山楼凭远,纵目皆然;竹坞寻幽,醉心既是。轩楹高爽,窗户虚邻;纳千顷之汪洋,收四时之烂漫。梧阴匝地,槐荫当庭;插柳沿提,栽梅绕屋;结茅竹里,浚一派之长源;障锦山屏,列千寻之耸翠,虽由人作,宛自天开。刹宇隐环窗,仿佛片图小李;岩峦堆劈石,参差半壁大痴。萧寺可以卜邻,梵音到耳;远峰偏宜借景,秀色堪餐。

紫气青霞,鹤声送来枕上;白苹红蓼,鸥盟同结矶边。看山上个篮舆,

---

[1]　沈坚主编:《世界文明史年表》,第18页。

问水拖条栳杖；斜飞堞雉，横跨长虹；不羡摩诘辋川，何数季伦金谷。一湾仅于消夏，百亩岂为藏春；养鹿堪游，种鱼可捕。凉亭浮白，冰调竹树风生；暖阁偎红，雪煮炉铛涛沸。渴吻消尽，烦顿开除。夜雨芭蕉，似杂鲛人之泣泪；晓风杨柳，若翻蛮女之纤腰。移竹当窗，分梨为院；溶溶月色，瑟瑟风声；静扰一榻琴书，动涵半轮秋水，清气觉来几席，凡尘顿远襟怀；窗牖无拘，随宜合用；栏杆信画，因境而成。制式新番，裁除旧套；大观不足，小筑允宜。[1]

　　"蓬岛瑶台"，为"圆明园四十景"之一，建于雍正三年(1725年)前后，时称"蓬莱州"，乾隆初年定名为"蓬岛瑶台"，由三座小岛组成。红莲沉醉白莲酣，行人闹荷无水面，在龙舟上，皇上和大臣赏花钓鱼。[2]"蓬岛瑶台"是江南太湖蓬莱仙岛的缩小版。三山岛居民经营原始生业——渔业，重在经济活动；而蓬岛瑶台是供皇上大臣垂钓娱乐之用，是文化休闲活动。微风初入碧溪帆，旋织波纹绉浅蓝。

　　太湖石，在下层民众和贵族的目光中，其文化内涵有很大差异。采石者、搬运者或卖石者对石头的价格感兴趣，他们关注物质财富。购买者追求居住空间的美丽、奢华，不惜一掷千万金，追求精神愉悦。

　　三山岛的小姑山崖壁上，有苏东坡亲笔题写的"皇家采石场"，狮子林有米芾对各种奇石的文化个性和固有品质的诠释。在文学家眼中的"物"，各有各的文化含义。

　　三山岛出产的奇石形神最美，清晓空气如洗、植被丰茂，椭圆形的"太湖蓬莱"，山环水旋、鱼跃天天、鸟唱于林、花开四季，"真田园"是"城市田园"山水布局的最佳样板。从乡村田园到城中园林，江南的秀水青山被不同的人群营造出千变万化的仙居境界。

　　从"城"和"池"的功能观察水乡田园和城市山林，两种居住环境的选择或设计体现出同样的原理。蓬莱三山岛对于任何外来者，地形是《孙子兵法·地形篇第十》所说的"挂"形。[3]湖、海的涛涛碧浪是自然的天堑，围住岛屿。而建筑围墙则需要投入巨额成本，只有园林主人才肯为此付出。岛屿碧水环护、

〔1〕[明]计成：《园冶》，"圆明园四十景"。
〔2〕[明]计成：《园冶》，"圆明园四十景"。
〔3〕[春秋]孙武：《孙子兵法》，第107—108页。

芙蓉榛榛;园林粉墙魁伟、绿柳周垂,二者的功能和原理具有一致性。

天目山夭矫清癯、秀色夺人;三万六千顷波光鳞沦,美艳盖世、儒雅古典,温情无尽。岛上的先民,筚路蓝缕,火耕荆榛遍地,用乱石堆砌灶台,以枯枝、湿苇为柴。在"哔哔剥剥"的青烟缭绕、篝火点点、鱼香弥漫中,点亮起长江流域第一缕文明之光。

江南产石,也产玉,良渚文化分布中心即钱塘江—太湖流域,而良渚文化的最大特色是玉器精巧。山石、湖石、奇石、玉、金刚石和钻石,这里皆有产出,其中至美之石为玉。玉、钻石,就像河蚌之体内精华为珍珠一样。代表财富,有护身符、祈福、高贵等含义。

许慎的《说文解字》,玉之"德"也是奇石之"品"。[1]

> 玉,石之美者,有五德。
> 润泽以温,仁之方也。
> 䚡理自外,可以知中,义之方也。
> 其声舒扬,专以远闻,智之方也。
> 不挠而折,勇之方也。
> 锐廉而不忮,洁之方也。

亚当·斯密在"论金钱的起源与应用"中认为:

> 必须注意"价值"一词有两个不同的意思,有时它表示某一特别物品的效用;有时则表示该物品给予占有者购买其他物品的能力。前者也许可称为"使用价值",而后者或许可称之为"交换价值"。那些具有最大使用价值的物品,往往几乎或完全没有交换价值;相反的,那些具有最大交换价值的物品,却往往几乎或完全没有使用价值。没有什么东西比水更有用,可是水却几乎买不到任何东西。相反的,钻石几乎没有使用价值;但拿钻石去交换,往往可以得到大量的其他物品。[2]

---

〔1〕〔汉〕许慎:《说文解字》,〔清〕段玉裁注,上海古籍出版社,1981年,第10页。
〔2〕〔英〕亚当·斯密:《国富论》,第21页。

璧玉、美玉、钻石几乎没有什么使用价值,但这些石头的"文化价值"是"无价"的,无价之宝,意味着拥有者的身份高贵。中国江南水乡,谁家住宅上面的石头越多、越奇,表明谁家越富有,这种文化的风俗性很强。

江南人民普遍喜欢石头,他们抱着精致的生活理念,在自己生活的空间中"掇山":园山、厅山、楼山、阁山、池山、书房山等,寄情于美石。

"小桥、流水、人家"的江南,民众的生产、生活都离不开太湖石。江南的青山绵绵,普遍产出黄石、青石,可用来制作石桥、加固河池、建筑墙垣、铺设城市地面和街道。无论民居,还是城建,石头建筑物的生命力往往比砖木土建的建筑物更强。

计成的《园冶》"选石"篇,介绍了十多种天然石料的产地、色彩、形态,以及它们在园林建筑中的妙用:

> 太湖石,苏州府所属洞庭山,石产水涯,惟消夏湾者为最。性坚而润,有嵌空、穿眼、宛转、险怪势。一种色白,一种色青而黑,一种微黑青。其质文理纵横,笼络起隐,于石面遍多坳坎,盖因风浪中冲激而成,谓之"弹子窝",扣之微有声。采人携锤錾入深水中,度奇巧取凿,贯以巨索,浮大舟,架而出之。此石以高大为贵,惟宜植立轩堂前,或点乔松奇卉下,装治假山,罗列园林广榭中,颇伟观也。自古至今,采之已久……[1]

太湖蓬莱原生态的采摘业、传统渔业、皇家采石场的矿业、棉纺织和印染等手工业、岛民普遍的重商主义思想,在江南全社会范围内,存在"比较优势"。仙山岛国的文化旅游业经营模式,被认为是江南经济和社会创新发展的样板;太湖蓬莱的自然生态环境,为江南最优,被评为"全国农业旅游示范点",这里还有"中国最美休闲乡村""全国生态文化村"等国家级荣誉称号。

岛上居民秉承"学而优则商"的理念,"钻天洞庭遍地徽",能跟徽州商人的经商技巧、熟练度和判断力相媲美。

三山岛先民从事渔事活动在长江中下游地区是最早的。据清风岭旧石器考古发掘,三山岛远古人类的头骨化石和鱼类化石在一起被发现:蟹化石、蚌化石、蛤蜊化石、螺化石在人居的山洞中留存诸多。蟹、蚌、蛤、螺的壳像人类

---

[1] [明]计成:《园冶》,第211—212页。

的骨头一般坚硬,而当时人们食用的软体鱼类,因为极易腐烂,所以很难形成化石。《史记·五帝本纪》:"舜耕历山,渔雷泽。"[1]虞舜南巡狩,先"耕历山",在今天江南的宁镇地区农耕,后渔雷泽,雷泽,即震泽、太湖。太湖蓬莱的原始居民,是创制江南文化的先行者。

太湖蓬莱,是洞庭山的组成部分,为天目山之余脉。自一万年前这里就有人类居住,茅屋环山、清流盘旋、草木茂盛,"园林"自天成。"古之乐田园者,居于畎亩之中;今耽丘壑者,选村庄之胜。团团篱落,处处桑麻;凿水为濠,挑堤种柳;门楼知稼,厩庑连芸。"[2]三山岛,既是田园,又是自然的园林。

太湖蓬莱,春、夏、秋、冬四季的空气中飘洒着花香果香,香风秀水酿制的茶叶,为江南茶道增添新的内涵。太湖蓬莱之灵山仙草种类繁多,经历一番寒彻骨的梅花瓣落入茶园化身春泥。迎春花、杏花、桃花接力滋润满园郁郁嫩芽,来自天国蟠桃苑之零露溥溥兮,飘洒浇溉着茶林郁郁葱葱。

江南地表资源与艺术家灵感结合,古典园林随之诞生。艺术家和豪宅主人从梦幻般的蓬莱仙境中获取审美灵感,以池塘、屋宇、太湖石和花草虫鱼为载体,精细雕琢,力求使二者的形与神高度一致,彰显居者之文化品位。三山岛有"叠石通天"的境界,意味着通向蟾宫,给居住空间平添了浪漫,赋予民居艺术的想象力。中国最美乡村的山间清流小溪以及荷叶田田、莲梗翩翩的芙蓉,都被"搬进"园林。

自古以来,人类居住空间的设计建造,都以保护自身的生命与财产安全为前提。人们选择巉崖上的溶洞、水中央的孤岛、高大树冠为栖息地,既免遭侵扰,又不泄露隐私,投入的居住成本最小,一举多得。国王筑高墙深壕,以城池维护国之尊严,保卫国家。乡村茅椽蓬牖、矮矮茆房,有残垣断壁、篱笆零落的围墙看守,也能给穷者以安全感。

人们终身追求财富、人身安全,水居、树居、穴居、隐居、蜗居、聚族而居,都是为了满足精神安全的需要。水中央,山之巅,树之冠,森林深处,高墙围院,数水居最安全。所以国王筑城池,深挖壕沟,也是借助水力阻挡侵扰者。

太湖蓬莱湖西两座稍高的山崖若"钳形",三山岛处于东面,山巅低于东西二山,所以是湖风的"风口",形如"风兜"一般。除了一年四季风吹、雨打和日

---

〔1〕 [汉] 司马迁:《史记》,(南朝宋) 裴骃集解,(唐) 司马贞索引,(唐) 张守节正义,上海古籍出版社,2011 年,第 22 页。
〔2〕 [明] 计成:《园冶》,第 31 页。

晒,山石已经历数亿万年的海浪拍打,再经湖水浸泡,形貌精美。这里特有的
地理环境,展现了大自然之鬼斧神工,赋予太湖奇石文化内涵。

记游洞庭西山

叶圣陶

　　十二点三刻,我们到了石公饭店。这是节烈祠的房子,五间带厢房,
我们选定靠西的一间地板房,有三张床铺,价两元。节烈祠供奉全西山的
节烈妇女,门前一座很大的石牌坊,密密麻麻刻着她们的姓氏。隔壁石公
寺,石公山归该寺管领。除开一祠一寺,石公山再没有房屋,唯有树木和
山石而已。这里的山石特别玲珑,从前人有评石三字诀叫做"皱、瘦、透",
用来品评这里的山石,大部分可以适用。人家园林中有了几块太湖石,游
人就徘徊不忍去,这里却满山的太湖石,而且是生着根的,而且有高和宽
都达几十丈的,真可以称大观了。

　　……夕光洞。洞中有倒挂的大石,俗名倒挂塔。洞左右壁上刻着明
朝人王鏊所写的寿字,笔力雄健。再走百多步,石壁绵延很宽广,题着"联
云幛"三个篆字。高头又有"缥缈云联"四字,清道光间人罗绮的手笔。从
这里向下到岸滩,大石平铺,湖波激荡,发出汩汩的声音。[1]

　　中国文人普遍喜爱奇石,一般老百姓中也有不少藏石、玩石者。石头不是
玉,但玉是石头,而古代中国人对"玉"有特别的情感观,他们认为玉中含有道
德观、礼仪观等至美之魂,只配赞美淑女和君子。

　　关于石头,林语堂认为这是中国人人生享乐的物质载体之一:

　　　　这个说明可以使我们了解中国风景画家为什么那么喜欢多石的山
峰。这个说明是根本的说明,所以还不能充分解释中国人的石花园和一
般人对石头的爱好。根本的观念是:石头是伟大的、坚固的,而且具有永
久性。它们是静默的,不可移动的,而且像大英雄那样,具有性格上的力
量;它们像隐居的学者那样,是独立的、出尘超俗的。它们总是古老的,中
国人是爱好任何古老的东西的。不但如此,由艺术的观点上说起来,它们

---

〔1〕　叶圣陶:《叶圣陶散文》,第 264 页。

是宏伟的、庄严峥嵘的、古雅的。此外更使人有"危"的感觉。一个三百尺高直耸云霄的悬崖，看起来始终是有魔力的，因为它使人有"危"的感觉。

可是我们必须进一步想，一个人既然不能天天去游山，必然须把石头带到家里来。讲到石花园和假石洞（这是在中国游览的西洋人士很难了解和欣赏的东西），中国人的观念还是保存多石的山峰的峥嵘形状，"危"崖和雄伟的线条。西洋的游历者并没有可以责难的地方，因为假山多数造得趣味很低，不能表现大自然的庄严和宏伟。几块石头造成的假石洞，常常是用水泥去粘接的，而水泥却看得出来。一座真正艺术化的假山，其结构和对比的特点应该和一帧画一样。假山景的欣赏和风景画中的山石的欣赏，在艺术上无疑地有很密切的关系，例如宋代画家米芾曾写过一部关于石砚的书，宋代作家杜绾写过一部《石谱》，列举百余种各地所产的可造假山的石头，并详述其性质。可见在宋朝大画家的时代，造假山已经是一种极发达的艺术。

中国人除了欣赏山峰石头的雄伟之外，对于花园里的石头也产生一种欣赏的趣味，其所注重的是石头的色泽、构造、表面和纹理，有时也注重石头被敲击时所发出的声响。石头愈小，对于其构造的质素和纹理的色泽也愈加注重。收藏最好的砚石和印白（这两样东西是中国文人每天接触到的）的癖好，对于这方面的发展也大有帮助。所以雅致、构造、半透明和色泽变成最重要的质素；关于后来盛行的石鼻烟壶，玉鼻烟壶和硬玉鼻烟壶，情形也是如此。一颗精致的石印或一只精致的鼻烟壶有时值六七百块钱。

然而，我们如果想彻底了解石头在房屋中和花园中的一切用途，必须回头去研究中国的书法。因为书法不外是对于抽象的韵律、线条和结构的一种研究。真正精致的石头虽则应该暗示雄伟或出尘超俗的感觉，然而线条正确倒是更重要之一点。所谓线条，并不是指一条直线，一个圆圈或一个三角形，而是大自然的嶙峋的线条。老子在他的《道德经》里始终看重不雕琢的石头。让他们不要干犯大自然吧，因为和最优越的艺术品，和最美妙的诗歌或文学作品一样，是那种完全看不出造作的痕迹的作品，跟行云流水那么自然，或如中国的文艺批评家所说的那样"无斧凿痕"。这种原则可以应用于各种的艺术。艺术家所欣赏的是不规则的美，是暗示着韵律、动作和姿态的线条的美。艺术家对于盘曲的橡树根（富翁的书室里有时用之以为坐凳）的欣赏，也是根据着这个观念。因此，中国花园里的假山多数是未加琢磨的石头，也许是石化了的树皮，十尺或十五尺高，像一个伟人孤零零地直立着，屹然不动，或是由湖沼和山洞得来的石头，上有窟窿，轮廓极为奇特。一位作家说：如果那些窟窿碰巧是非常圆的，那么，我们应该把一些小圆石塞进去，以破坏那些圆圈的有规则的线条。上海和苏州附近的假山多数是用太湖的石头来建筑的，石上有着从前给海浪冲击过的痕迹。这种石头是由太湖底掘出来的；有时如果它们的线条有改正的必要，那么，人们就会把它们琢磨一下，使它们十全十美，然后再放进水里浸一年多，让那些斧凿的痕迹给水流的波动洗掉。[1]

世界上与太湖蓬莱比较相似的地方是地中海岸的摩纳哥，这里同样山清水秀、旅游业发达，有着几乎相同的面积。在两地，旅游业都是重要的文化产业，满足人们休闲娱乐的精神需求。

太湖石属于石灰岩。多为灰色，少见白色、黑色。石灰岩长期经受波浪的冲击以及含有二氧化碳的水的溶蚀，在漫长的岁月里，逐步形成大自然精雕细琢、曲折圆润的太湖石。

太湖奇石，是建造古典园林之必需品，是园林之"云根山骨"。当太湖石被赋予文化的内涵，它又是奢侈品、艺术品。三山岛的"十二生肖石"、狮身人面像石，都是文化精品。无论豪门的园林、豪宅还是一般民居，建筑设计都离不开太湖石，而三山岛太湖石最飘逸俊美，富于想象力，而且乡土味足。太湖石因盛产出于太湖地区而古今闻名，是一种玲珑剔透的观赏石头。

太湖石分为水石和干石两种，唐朝吴融的《太湖石歌》中生动描述了水石的成因和采取方法："洞庭山下湖波碧，波中万古生幽石，铁索千寻取得来，奇形怪状谁能识。"干石则是四亿年前形成的石灰石在酸性红壤的历久侵蚀下形成的。

除天然形成的以外，太湖石也有匠人参与加工的。据明代林有麟《素园石谱》记载："平江（今苏州）太湖工人取大材，或高一二丈者，先雕置于急水中舂撞之，久之如天成，或以熏烟，或染之色。"

太湖石是中国传统园林中建园、造景、绿化、美化环境中不可缺少的材料。

---

[1]　林语堂：《林语堂散文》，第154—155页。

采用太湖石来立景、叠山，或点缀在亭、台、楼、阁、厅堂廊榭、曲径小桥、奇花异木间，都能自然融合，相映成趣，为园林增添风姿异彩。

太湖石在古典园林中具有鲜明的"文化符号"特性。视觉感官上，其形态奇奇怪怪，似龙似虎，变幻莫测。石体孔洞自生，有的孔洞十分丰富，甚至相互贯穿，玲珑通透。太湖石的颜色几乎为灰白色，属于无彩色系，与其他色彩搭配起来都会显得和谐自然。

太湖石作为古典园林的"文化符号"，其"能指"，是自然物所具备的特性。其"丑怪、玲珑"是其形式上具备的基本特征。通过深入的分析探究，可知其存在于古典园林中，太湖石"能指"的几个方面与古典造园的理念是一致的，其与建筑、花木等园林要素配合相得益彰、相映成趣，构成了古典园林的有机组成部分。

园林中，太湖石的"丑怪"丰富了空间表现力，并给予了观赏者无尽的遐想空间，让人可以思绪飞扬，获得"精骛八级，心游万仞"的心理体验，极大强化了观赏者的视觉感受。唐代是崇信道教的时代，道教以道家思想为基础。道家老子对于"形式美"是持否定的态度。清代刘熙载在《艺概》中则说："怪石以丑为美，丑到极处便是美到极处，丑字中丘壑未尽言。"

太湖石最大的特征是石体上布满孔洞，有的甚至是镂空的，看上去"玲珑剔透"，因此被称为"玲珑石"。

"通透"也是太湖石重要的特性之一。太湖石所具备的"通透性"，打破了普通石头的团块状和顽笨的感觉。所谓"嵌空转眼，宛转险怪"，体现出一种奇特空灵之美。

有些天然太湖石由于其表面粗糙，赏玩度不高，某些不良商家就采用比较简单的打磨抛光机器对其表面进行打磨和抛光，使其表现出较为光洁、圆滑的表面特征。为了追求体量，某些不良商家有时会将原本不相关的、体量较小的太湖石进行拼接处理，使其黏结在一起，人为造就成一个整体，从而抬高其价格。

太湖奇石，是渔夫之副业。渔夫水性好，打捞水中奇石的能力强。渔夫打捞太湖石主要是利于渔船航行。"山船"，是运输石头的船只，到岸边，借耕夫之人力，再将石头运往城中筑建民居、园林或点饰道路。

园林构成三要素分别是山水、屋宇和花草树木。《园冶》造园术，以太湖石"叠山"，其中"单点"即"立峰"。贸易获利，太湖奇石来到江南古典园林。

　　园林之曲美,在于景物层次的高低变幻。山的"寿命"比屋宇和花草树木更久,如圆明园远瀛观遗址、大水法寺大石鱼。山是园林之骨。太湖石贵重,黄石假山,黄金色,预示富贵。蓬莱奇石,太湖一勺,半亩园林,即营造出整个江南。

　　苏州古典园林被沪上豪门视为最高品位的居住文化。民国初期,上海华山路(海格路)555号,宁波籍房地产大亨周纯卿建立,即带"庆"字的房产。他按照苏州园林的风格,建造花园洋房"纯庐"。

　　三山岛染坊等手工业,将布料染成蓝色,"蓝文化"成为缤纷多彩的江南文化颜色之一。《红楼梦》第49回提到:"一时,史湘云来了……只见他里头穿着一件半新的靠色三镶领袖、秋香色盘金五色绣龙窄褃小袖……"[1]文中所说的"靠色",是江南织造的一种染色技艺,由蓝色青色变化而来。贵族子弟服装制作所用的染料比民间高级,染料讲究精度,染工也精练,无论色泽深浅,染工精湛,染色牢靠,取名"靠色",染色长久不褪色。江南的女人普遍佩戴白底青花头巾,不仅舒适、遮阳,还能挡住路尘侵扰。

　　江南是"鱼米之乡",同时是"丝绸之府"。"秋香色",是江南特有的经典蓝色,馥郁沉香,更为江南增添华贵优雅的气质,配饰白纱巾,若天国缟仙降临人间。

鹧　鸪　天

李　煜

　　节候虽佳境渐阑,吴绫已暖越罗寒。朱扉日暮随风掩,一树藤花独自看。

　　云鬟乱,晚妆残,带恨眉儿远岫攒。斜托香腮春笋嫩,为谁和泪倚阑干。[2]

　　吴绫、越罗,皆为水乡高档丝绸,帝王、豪门才享用得起的奢侈品。现存留园"五峰仙馆"藏有一幅山水画,即用江南最薄丝绸绘制而成。画幅长约2米、宽40厘米,被折叠之后,可藏身于一个小小的火柴盒内,江南丝绸之精工、技艺高超,可见一斑。

---

〔1〕 〔清〕曹雪芹:《红楼梦》,第465页。
〔2〕 李煜:《李煜全集》,第98页。

《红楼梦》第 78 回"老学士闲征姽婳词 痴公子杜撰芙蓉诔"中,"芙蓉女儿诔"的祭文提到的"冰鲛",为江南丝织品中之上等。对于平民而言,是奢侈品,但晴雯偏偏喜爱。所谓"霁月难逢,彩云易散",因她来自离恨天,"前世"就识得人间珍品。只是阴差阳错,天上极乐、人间悲催,成为"心比天高,身为下贱"之凡体。

江南腹地,"丝绸之府",是丝绸之路的"实"起点,这里丝织业发达。丝绸因为昂贵,富贵人家用作衣料、窗帘。《红楼梦》第 40 回"史太君两宴大观园 金鸳鸯三宣牙牌令"写道:

> 贾母等刚站起来,只见薛姨妈早进来了,一面归坐,笑道:"今儿老太太高兴,这早晚就来了。"贾母笑道:"我才说,来迟了的要罚他,不想姨太太就来迟了。"说笑一会,贾母因见窗上纱颜色旧了,便和王夫人说道:"这个纱新糊上好看,过了后儿就不翠了。这院子里头又没有个桃杏树,这竹子已是绿的,再拿这绿纱糊上,反倒不配。我记得咱们先有四五样颜色糊窗的纱呢,明儿给他把这窗上的换了。"凤姐儿忙道:"昨儿我开库房,看见大板箱里还有好几匹银红蝉翼纱,也有各样折枝花样的,也有'流云蝙蝠'花样的,也有'百蝶穿花'花样的,颜色又鲜,纱又轻软,我竟没见过这样的。拿了两匹出来,做两床绵纱被,想来一定是好的。"贾母听了笑道:"呸!人人都说你没有不经过、不见过的,连这个纱还不认得呢,明儿还说嘴。"薛姨妈等都笑说:"凭他怎么经过见过,如何敢比老太太呢。老太太何不教导了他,我们也听听。"凤姐儿也笑说:"好祖宗,教给我罢。"贾母笑向薛姨妈众人道:"那个纱,比你们年纪还大呢。怪不得他认作蝉翼纱,原也有些像,不知道的都认作蝉翼纱。正经名字叫作'软烟罗'。"凤姐儿道:"这个名儿也好听。只是我这么大了,纱罗也见过几百样,从没听见过这个名色。"贾母笑道:"你能活了多大?见过几样没处放的东西?就说嘴来了。那个软烟罗只有四样颜色:一样雨过天青,一样秋香色,一样松绿的,一样就是银红的。若是做了帐子,糊了窗屉,远远的看着就似烟雾一样,所以叫作'软烟罗',那银红的又叫作'霞影纱'。如今上用的府纱也没有这样软厚轻密的了。"
>
> 薛姨妈笑道:"别说凤丫头没见,连我也没听见过。"凤姐儿一面说,早命人取了一匹来了。贾母说:"可不是这个!先时原不过是糊窗屉,后来

我们拿这个作被作帐子试试,也竟好。明儿就找出几匹来,拿银红的替他糊窗子。"凤姐答应着。众人都看了,称赞不已。刘姥姥也觑着眼看个不了,念佛说道:"我们想他做衣裳也不能,拿着糊窗子,岂不可惜?"贾母道:"倒是做衣裳不好看。"凤姐忙把自己身上穿的一件大红绵纱袄子襟儿拉了出来,向贾母、薛姨妈道:"看我的这袄儿。"贾母、薛姨妈都说:"这也是上好的了,这是如今的上用内造的,竟比不上这个。"凤姐儿道:"这个薄片子,还说是上用内造呢,竟连这个官用的也比不上了。"贾母道:"再找一找,只怕还有。若有时都拿出来,送这刘亲家两匹,有雨过天青的做一个帐子我挂上,剩的配上里子,做些夹背心子给丫头们穿,白收着霉坏了。"[1]

叶圣陶眼里的太湖蓬莱的曲美境界,美在自然、美在清雅:

记游洞庭西山

叶圣陶

出石公寺向右,经过节烈祠门首,到归云洞。洞中供奉山石雕成的观音像,比人高两尺光景,气度很不坏,可惜装了金,看不出雕凿的手法。石公全山面积一百八十多亩,高七十多丈,不过一座小山罢了,可是山石好,树木多,就见得丘壑幽深,引人入胜。

回饭店休息了一会儿,我们雇一条渔船,看石公南岸的滩面。滩石下面都有空隙,波涛冲进去,作鸿洞的声响,大约和石钟山同一道理。渔人问还想到哪里去,我们指着南面的三山说,如果来得及回来,我们想到那边去。渔人于是张起风帆来。横风,船身向右侧,船舷下水声哗哗哗。不到四十分钟,就到了三山的岸滩。那里很少大石,全是磨洗得没了棱角的碎石片。据说山上很有些殷实的人家,他们备有枪械自卫,子弹埋在岸滩的芦苇丛中,临时取用,只他们自己有数。我们因为时光已晚,来不及到乡村里去,只在岸滩照了几张照片,就迎着落日回船。一个带着三弦的算命先生要往西山去,请求附载,我们答应了。这时候太阳已近地平线,黄水染上淡红,使人起苍茫之感。湖面渐渐升起烟雾,风力比先前有劲,也

---

〔1〕[清] 曹雪芹:《红楼梦》,第 377—378 页。

是横风,船身向左侧,船舷下水声哗哗哗,更见爽利。渔人没事,请算命先生给他的两个男孩子算命。听说两个都生了根,大的一个还有贵人星助命,渔人夫妻两个安慰地笑了。

　　船到石公山,天已全黑。坐船共三小时,付钱一块二毛。饭店里特地为我们点了汽油灯,喝竹叶青,吃鲫鱼和虾仁,还有咸荠菜,味道和白马湖出品不相上下。九时熄灯就寝。听湖上波涛声。好似风过松林,不久就入梦。[1]

　　为何总在中式庭院中用三块石头来造景? 我国古代有一种科学造景书法"一池三山","一池"即"太液池";三山,指东海里的蓬莱、方丈和瀛洲三座仙山。三块石头一般是"品"字形摆放,呈不等边三角形,不能放在一条直线上。园林中的植物,也是这种种植方式。主峰一般为立石,次峰为卧石。

　　太湖蓬莱是江南原生态文化之源头,又是古典园林的灵魂栖息地。这里地处太湖湖心,最美的太湖石藏于湖底,而太湖石是江南城建、园林、民居的最重要材料。

　　只有通过审美和科学知识的指导,乱石才能排列组合,形成园艺,所以,太湖蓬莱为江南文化之髓心。

五、海派文化,江南文化之引擎

　　中华大地,海派文化的引力质量与惯性质量颇大。"虹吸现象"因此发生,并具有持续性、单向性和可测量性等特点。

　　海派文化,江南文化之引擎。具体内容至少包括这些:沪上院士之科技创新成果丰硕;海派艺术家之"纳百川"精神;沪上企业家之冒险精神与博弈技巧;沪上工匠,工艺精妙;上海民俗,个性鲜明,天赋精致,民俗中的民乐民歌经艺术家的创意,筛选精炼,申曲、沪剧诞生。

　　海派文化之精髓是先进的科技、高端的艺术和儒雅的生活方式。科技与艺术汇聚成的文化动能供给海派文化以灏灏动力。

---

〔1〕 叶圣陶:《叶圣陶散文》,第265页。

沪城形具神生,浑如艺术品。中国上海,城市儒雅经典,城市布局文化多元,中西合璧。浦江浪奔浪流之旋律,与江畔左岸上的建筑,合成一曲凝固的交响乐。错综起伏的万国建筑群,倒影在江影里,形成高低二声部,演奏着海派文化之创新进取之旋律。旋律激昂中,闪现科学家精神、企业家精神和工匠精神。旋律清明灵秀,若《土耳其进行曲》的节奏。在江南烟雨中,沪上半城浮现的是克劳德·德彪西(Achille-Claude Debussy)印象派之境界。黄浦江流滔滔,涛声潇潇,若《克罗地亚狂想曲》,向世人诉说沪城曲折豪迈之过往。

上海滩上的万国建筑,错落有致,和黄浦江流、黄浦江风、川沙稻浪一碧连天,形成四重奏。和声依软,变幻万般:海鸥高翔,鹭鸶低回,江面鹏鹈踏浪,红鱼弹跳长空观岸。江月引潮,江风延音,美妙交响,广传御宇。

上海地负海涵,具有自然地理优势。她坐落的地方,背倚长三角,面朝太平洋。陆上有苏州河、黄浦江供给沪城人民河鲜湖鲜,东望是蓝蓝的东海,一年四季供给沪城人民海鲜万千。海味山珍,美食也高端。"鱼羹饭稻"养育的一方民众,神力赐予优渥的食物资源,食物为人类生存所必需,食物是人创制文化之第一条件。[1] 海派之源,为"沪"。"沪"是文化符号,又是渔具,渔具形如国宝玉器"卷体玉龙",侧歪于东海之滨,坐享海上送来的美食。

海派文化是多元文化共同体,一个"文化场",海派文化个性的第一特点是人们普遍喜欢讲上海话。上海话是现代吴语,[2]外来语是词汇创新之力。与西洋贸易,让上海话内生出海派文化的个性铧铧,吴语、食味、民俗、艺术等"场媒介"之间,都存在强或弱"相互作用"。[3] 江南各县、区的吴语腔调千差万别,但相互之间沟通顺畅,吴方言是江南经济发展最大的"外生变量"。吴语被人们微分成:上海话、苏州话、无锡话、常州话、嘉兴话、宁波话、半城杭州话。"上海话"最早是吴淞江-黄浦江两岸渔耕者的"方言",两条河流"T"字形交汇于今天的上海黄浦区最核心区域。[4] 海派文化区的人们喜欢以上海话作为

---

[1] 〔英〕马尔萨斯:《人口论》,第5页。
[2] 上海话:侬老后生额、侬思路清爽噢、侬老拎得清额、侬生活清爽咯、侬上路噢,分别对应普通话:你真年轻、你好聪明、你识时务的、你做事真麻利、你讲义气的。
[3] 力,是一种相互作用。一个市场体系内部或一个文化区内的各种物或非物,相互之间天生存在强相互作用、弱相互作用、引力相互作用。力,让物物交换或信息交换得以实现。力,是文化运动变化之因。
[4] 海派文化纳百川,上海话、粤语、北京话、东京话、纽约话、伦敦腔、耶路撒冷话都有,上海是"文化混血"之城。尊重不同的方言,崇尚文化多样性。"文化多样性"会相互碰撞,从而产出文化竞争力,这是促进多元文化共存共荣的动力之一。

生活或生意场上的交流工具,这形成了海派文化的一个鲜明个性。若按"十里不同俗"再微分,浦东、浦西、崇明的原生方言也有明显区别。"上海话"在江南文化共同体内部,富势儒雅的听觉感最为茂盛充足,是"江南文化引擎"的有机组成部分。

沪上土生土长的视听艺术,必须用上海话说唱,"沪剧"名副其实。沪上娱乐场中的所有文艺表演,几乎全部用上海话表达内容。

海派文化,首先听到的是满城上海话。除了上海话在吴语文化中占据重要地位,上海在江南地区的龙头地位还表现在:上海为财富之城、科技之城、创新之城、企业家精神、艺术之都。

财富之城

海派文化,代表江南文化运行的时间箭头。上海,面朝大海,栖身鱼米乡。她是全球最大的港口城市之一,世界上最大的航空枢纽城市之一,世界最大的贸易城市之一,拥有高度发达的金融业,文化产业也处于世界前列。海风弗弗,海浪偈偈,沪上商贾熟谙水路,以舟楫为车,骑浪开拓海外市场,扩大了财富来源空间。而精致儒雅的海派文化,是上海经济加速发展的精神力量。"纳百川"的磅礴豪情与文化魄力,招引全球的优质"生产要素"源源不断地到上海"逐利"。[1]

海派之源,始于沪渎文化。海滨村肆,渔文化特色鲜明。海风有意青睐沪渎,用心簇拥海潮翻滚,给沪人送上丰盛的海鲜,美食乐之。[2]渔业经济为海派文化成长提供最丰富的营养。

上海,江南福地,财富来自地表,财富来自海外。江南社会变迁的力量,给上海更多的资源、资本与技术。

旧年十里洋场、上海外滩的豪气与霸气形貌,是从甬江外滩起航来沪的宁波企业家与冒险家的精神凝固物。

受历史必然性的惯性力的作用,海派文化成为江南文化引擎。上海开埠之后,江南文化与外来工商业文明、宗教文化混血;洋务运动,又给海派文化发

---

〔1〕 受"看不见的手"的力的作用,土地追逐高租金,人力资源追逐高工资,资本追逐高利润,"科学技术"追逐价值最大实现。

〔2〕 沪,如同海边的"龙门阵",鱼儿只能进,无法逃出。沪渎人的原始劳动技巧,集科学、艺术和环保于一体,是上海先民独创的、高度可持续发展的绿色产业。

展提供了新动力。太平天国运动使得长江中下游社会经济体元气大伤。面对动乱,一拨又一拨的江东富豪为追求生命与财产的安全,带着所有的家产逃难至上海租界。江南经济资源的位移之势,若滚滚长江东逝潮。洋务运动给海派文化发展新的示范。新文化运动给海派文化发展再添生机。近代上海,运旺时盛,"胜者全得",机械制造、金融、出版、高等教育和其他文化产业深度融入世界市场。

海派文化强大的引力质量,在远东大地上,独占鳌头。上海市场的辐射力远及中亚、欧洲、北美洲及大洋洲。

上海成长为中国最大、经济文化最发达的城市的历史过程,也是海派文化快速成长的过程。在历史地理学家的笔下,四维时空中的上海是这样的:

上海位于长江入海口以南的黄浦江沿岸。黄浦江是太湖通长江的最大水道。它汇集了太湖东南的一些小水流,从金山区以下始称为黄浦江。黄浦江在上海市区又会合吴淞江,北流至吴淞江口入于长江。长江下游三角洲的河流密如蛛网,而长江又浩森广阔,支流众多。上海正是凭借这些水路交通的发达和长江三角的富庶,再加上和海外贸易的便捷,后来居上,终于发展成为全国最大和闻名世界的经济都会。[1]

至明代。松江的棉纺织业已十分发达。松江的布被誉为"衣被天下",上海一县所产的已销行到"秦晋京边"和"湖广、江西、两广诸路",而海运的发展也使上海的繁荣更为显著。公元 1685 年(清圣祖康熙二十四年),清朝就在上海设置江海关。江海关的设置,标志着上海的发展已进入一个新的阶段,成为全国最重要的海港城市。[2]

江南棉纺是精工产业,被工匠精神引领。棉纺织业不仅是劳动密集型产业,而且对劳动技巧、熟练度要求高于农业。纺织业吸纳闲置的女性劳力。这样,全体江南人民投入的全部社会劳动时间的总量增大,江南社会财富总量必然增加。棉纺织业变革开始于江南松江府,得力于乌泥泾人黄道婆的"错纱、配色、综线、挈花"等纺织技术创新。

〔1〕 史念海:《历史地理学十讲》,长江文艺出版社,2020 年,第 124 页。
〔2〕 史念海:《历史地理学十讲》,第 124 页。

海派文化的创新精神源于"沪渎"时代。"沪",是一种生产工具之创新,其技术含量高。这种定置渔具以竹竿制作,成本几近于零,也无须人力守候。待海潮退潮之后,即可收获锦鳞万千,获取的经济收益取之不尽、用之不竭。"沪"的劳动技巧,使得"投入—产出"之比趋近于"无穷小",稀缺的劳动力资源达到效率最大化。这种原始生业,内涵着实创新的文化精神。这种文化精神,能有效地节约沪上人民社会必要劳动时间,将经济要素的效用达到最大化。

唐朝,上海为捕鱼之地,村民寥寥无几。北宋起,上海凭借港口的地理优势,海运江南米粮至北方。江南棉纺织业的发达和纺织技艺精湛,也是上海商业繁荣的重要支柱。1840 年以后,上海人口暴增,从清末的 140 多万增长到 1920 年 200 多万。1927 年上海变成直辖市,至 1948 年,上海人口超过 580 万。这种现象的背后,是海派文化的巨大吸引力和上海城市旺盛的生命力。上海经济文化繁荣,必然带来人力资源的剧增。内生的本地人丁激增,域外迁徙来的商人和手工业者,带来资本和技术。人口数量的增加,上海的消费市场扩容,消费拉动供给,供需良性互动。

江南的棉纺织业的技术创新以上海执牛耳。而精致细腻、务实创新的文化精神在现代金融业、制造业、服务业、文化产业、信息技术产业等领域,都有不同的表现形式。

科技之城

西学东渐,天禀海派人民的"纳百川"精神,上海培育出一代又一代的自然科学家,科学家多如繁星,数不胜数。他们在各自的研究领域,做出杰出的贡献,成为科技兴国之文化精英。科学巨匠叶企孙(1898—1977),出身于上海的名门望族,物理学家、教育家、中国近代物理学奠基人,清华物理系创始人。代表作《普朗克常数 h 的测定》。

赵元任(1892—1982),江苏武进人,清朝诗人赵翼后人。百科全书式的科学家。

创新之城

最大的创新是科技创新,其次是企业家精神的革新,再次是民间劳动技巧之创新。

100 多年来,沪上企业家怀揣冒险精神和博弈技巧,学习西洋现代企业管理学理论,汇成创新才能。

企业家精神

企业家精神在邵逸夫、边瑞馨、董竹君、周纯卿、厉树雄、黄金荣、杜月笙、姚锡舟等企业家创新创业过程中有充分的体现。海派文化精神,"纳百川"精神附着在旧年过往人与事之中。

近代,是江南企业家成长的黄金时期,企业家的创新精神,形成一股巨大的文化力量。海派文化的引擎作用在沪上的金融业、房地产业、印刷出版业、现代服务业等领域最为突出。

边瑞馨系宁波籍商人。上海愚园路 735 号楼,曾经是全球第一个亿万富豪洛克菲勒的驻地,后来易主宁波商人边瑞馨。边文锦是边瑞馨的父亲,年少时为"棹郎"[1],后凭借优良的品德和艰苦之努力,逐渐发迹。他的儿子则见证了旧上海的一个私人空间内发生的残暴、黑暗,并记录了"洛公馆"的曲折历史。边家多做慈善,重视子孙教育,子孙皆为人中龙凤。

董竹君是锦江饭店创始人、著名的民族企业家。1900 年,董竹君生于上海贫民窟。她经历过青楼岁月,也曾追梦去蜀江水碧蜀山青的天府之国。她曾是四川都督府的偏房,后决意摆脱不幸婚姻羁绊,带着四个女儿回故乡,开锦江川菜馆,生意火爆。川菜美味与江南乡土味结合,锦江饭店由此诞生。她也因此创新了"上海老味道"。

董竹君时代的锦江饭店,在食材、佐料、配菜选择上注重运用营养学、美学知识。厨艺、摆盘、上菜过程也非常注重美学与艺术,饭店迅速声名鹊起。美食浸透故乡的味道,美食刺激味觉、嗅觉、视觉和听觉,勾起所有美好的记忆,美食能蒸腾出爱家爱国的心情。以精致细腻、创新务实的精神经营饭店,是商业上的成功,同时是文化上的创新,董竹君被当时的人奉为同行业之"王者"。

上海滩金融业风云人物厉树雄,为宁波商人的后代。20 世纪他在上海经营房地产和银行业,成为金融巨子。抗战胜利后,厉树雄从洋人手里购买了沙逊大厦,沙逊大厦对大上海的成长与发展做出过重大贡献。

---

[1] 棹郎,是江南水乡的一种职业,如同陆路上的车夫。棹郎身板健壮、撑船的技术高超,熟练掌握所经水路的安危路况,是一种地域性很强的谋生行当。

上海华山路(海格路)555 号,是宁波籍房地产大亨周纯卿民国初期按照苏州园林的风格建造的花园洋房,也叫"纯庐"。古典园林是江南文化精品,园内每一个窗口,都造型各异,即使造型形似,窗外的风景万般变幻。虎皮石道弯弯、花径通幽,若正弦曲线。周纯卿以园林文化结合西洋建筑,这也一度成为沪上权贵、洋人普遍崇尚的居住文化。

先有姚家花园,后有上海西郊宾馆,企业家精神充满"怪屋"以及整个花园。1875 年,姚锡舟出生于上海。他 13 岁独闯江湖,混迹法租界。吃苦耐劳、克勤克俭、努力学习英语。1900 年,他在闸北恒丰路创办姚新记营造厂,参与了外白渡桥的建造。抗战爆发后,他在江南筹建中国水泥厂股份有限公司。在爱国主义精神指引下,姚锡舟的中国水泥厂为当时江南的重大工程做出了杰出的贡献。1929 年,南京中山陵一期工程完成,上海造币厂、茂名路的法国总会等著名的建筑,都和姚锡舟的企业家精神分不开。抗战胜利后,他又在上海创办造纸厂、纺织厂。

明清资本主义萌芽之后,江南区域市场呈现多个中心分布的状况,如苏州、上海、南京、无锡、常州、镇江、芜湖、宣州、杭州、湖州、嘉兴、宁波、舟山、扬州、南通等。这种分布的数学模型像金字塔,上海处于金字塔之巅,引领江南文化飞翔。

上海城内的商品市场,分门别类,精细到每一条街道都有自己的文化特色。生产资料市场,将各种原材料供给江南各市镇手工业和制造厂商。生活资料市场,给江南人民提供生活必需品、便利品与奢侈品。

海派文化引擎的力量,对江南最古老的原生态文化也发挥巨大的引领作用,相当于给江南文化的根部注射新的能量。20 世纪 30 年代,实业部上海统一鱼市场的建立,在中国是首创,以现代化的股份有限公司经营原始业。上海鱼市场创新了原生态产业的经营理念和经营模式,使稀缺的经济资源达到了最佳的运作效率,让古老的江南原生态文化焕发勃勃的生机与活力。

上海市场的力量,将江南名城串联成市场体系。上海工业门类齐全,现代商业发达,房地产、金融、教育、出版、医疗、饮食服务业在全国最前列。

城市功能主要是商贸活动。江南各大名城的市场与域内大小城镇的经贸关系,相当于它们与上海城的经济文化关系。

在江南市场经济体系中,物质和非物质流动的箭头都指向上海。各区域商业中心是域内经济文化吸引力的核心。村镇市场引力形成的箭头则具有无序性。

上海市场,让江南物产和工业品得以对接国际市场,扩大了江南经济的成长时空。海派文化中的工商业经营理念,即企业家才能,突破江南商人和企业家的视野瓶颈,提升了江南工商业文化品级。

艺术之都

"纳百川"精神驱动上海影视产业、娱乐产业发展。海派音乐,博采众长。海派艺术家,放眼看世界,他们紧抱"纳百川"精神,驾驭儒雅精致的历史文化,创新的脚步一刻不停歇。

沪剧是由江南民歌发展而来的。吴淞江和黄浦江两岸渔耕者用劳动歌谣,歌唱征服大自然的勇气,说唱美好的未来。

艺术之城的表现还有吴门画派、松江画派、江南丝竹、影视娱乐产业等。"百乐门"能吸引卓别林来上海进行文化交流。上海满城,市井气浓,沪上市民生活时髦。

邵逸夫祖籍宁波,1907年生于上海,是娱乐业大亨、慈善家和制片人。邵逸夫重视教育,全国多所大学的"逸夫楼"都是邵逸夫捐款建造的。他有爱国爱家的精神,有非凡的创新能力。邵氏家族经营的文化娱乐产业,有世界影响力。邵氏家族巨大的商业成功,得力于他们创新务实的企业家精神。

上海联华影业公司制片、讲述江南渔民生活的电影《渔光曲》,是我国第一部有声电影。当时的电影制作能获得如此成功,充分体现了海派文化的创新精神,《渔光曲》是首次获得国际奖项的国产电影。

吴郡、姑苏、苏州,"苏"是文化符号

苏州最江南,与上海同属吴语区。旧年苏州,城市布局、吴侬软语、苏帮菜、昆曲、苏州评弹独具水乡特色,苏州留存的江南民俗文化原汁原味,没有像上海那样受到西洋文化的强烈影响。

上海开埠之后,苏州、宁波移民上海的人数最多,而且移民大多都富有冒险精神和企业家潜能,这是助力上海成为江南文化引擎的人力资源条件。苏南和浙北的移民,将大量财富带到上海,为上海经济发展增添了资本。一般而言,除了豪门,人们对衣食住行的消费,要数房地产消费占家庭财富总量的比

例最高。移民普遍在上海购置房地产,拉动了上海房地产的市场需求。

伍子胥"相天法地,相土尝水",筑吴国都城,是中国现存为数不多的依然栖身原址上的名城。三横四纵,棋盘状,胥江引水大运河,都城的"给排水"系统若筛子筛水一般,成为科技与艺术的结晶。

江南园林佳天下,苏州园林佳江南。《园冶》全面诠释园林之美和造园技巧。苏州园林堆石"十字诀":竖、飘、叠、拼、架、收、挑、悬、连、券。堆石技巧还有:高低、胖瘦、分离、紧密节奏变幻。立石、平石与树木高度相呼应。"叠石"对比"曲桥"。两块"立石"神态互动,脚下有石"平躺"收边。

苏州是丝绸之都,植桑养蚕是旧年苏州农民重要的副业,手工业艺人刺绣的技艺,达到人类手工技艺的极限。

苏州,艺术之都。音乐、绘画和工艺美术发达,拥有诸多美育教育的乡土素材。千灯古镇,昆曲发源地,也是顾炎武的故乡。

吴歈、吴歌或江南民歌,生于水乡的农业生产和民众生活;书画,以绘制山水和民众生活的状况为主。董其昌主张"传承创新",用笔精细,笔法多变,注重节奏感、韵律感,反对"台阁体"。其中,沈周的《江村渔乐图》,精致细腻,与"浙派"粗糙画风形成强烈对比。姑苏"娄东画派",一统清代的江南画派。范成大的《范村梅谱》《菊谱》为科技专著,培育梅花和菊花的科学方法,以及梅与菊的文化内涵,美学著作。

苏州民间工艺,产品精致细腻。清水红砖、陆慕金砖御用,双塔用砖,生铁塔刹,苏州建的佛塔秀美精致,不再是印度佛塔的形貌。

杭州

炎帝、黄帝时期的武林、虎林,是杭州的乳名。夏商周时代,大禹会诸侯于会稽,舍舟航登陆,称之为禹杭。春秋战国,为余杭。秦始皇统一中国,划为钱塘县。唐代叫钱塘。东汉时,江南雨从宝石山、吴山上面冲刷下来的泥土,将钱塘县的一片海湾与大海永久分隔,这就是西湖的前身。

隋文帝时,开始叫杭州。隋代的皇帝垂涎江南财富,开凿大运河贯通北国和杭州,方便搜刮钱粮和运输军队。靖康之难以后南宋时期叫临安。大元一统江山,从元朝开始,杭州的名字一直沿用至今。

南宋临安城就是杭州。宋高宗南渡至此,改为临安府。实际上就是都城,当时只是称为行在所,以示暂时居留,期想。后返回开封城。临安城位于西湖之东,据说是隋时杨素创建的周回三十六里有余。宋高宗仓皇南渡,自仍其旧贯,无暇再事扩展。西湖之东丘陵起伏,南宋的大内就建在凤凰山上。凤凰山就在城内,城内还有吴山等山。这样的形势使得临安城共有13座城门,东面7座,西面4座,南北两面各1座。城东为便门、候潮门、保安门、新门、崇新门、东青门和良山门。[1]

每年中秋月圆夜,钱江水神带领浊浪滔天,潮水势如风墙阵马,直奔西子湖畔,心潮起伏,魂约"美人凤"。西湖为山水田园,也是中国最大的古典园林。西湖是"四维曲面",因为她有历史:美人凤、施夷光、白娘子、白居易、苏小小、苏东坡、乾隆帝、黄宾虹、张大千、汪猷、胡雪岩、钱谦益等神仙和凡人的脚印或传说都能找见。

长桥,精致的石桥,被认为是情人桥。石头是永恒的,青年男女携手走来走去,相爱到永久。长桥芙蓉白堤柳,芙蓉如面柳如鬓。苏东坡与白居易灵魂沟通,带领当地民众,于湖西堆苏堤,筑六桥,绝水患,繁荣鱼米之乡的农业经济。白乐天、苏东坡在西湖水利建设的"溢出效应"是为西子湖增添了永恒的"苏堤春晓"。人文历史景观是文化财富,能让人爽心悦目。历史文化资源,能给当地带来无穷无尽之财富。

黄公望的《富春山居图》描绘了这一带的江南山水、人居圣境。

西泠河畔、西泠桥南,有钱塘苏小小香冢。乾隆南巡,亦前来瞻仰香冢一番,肯定她的锦绣灵魂。苏小小天生聪慧、才艺双全,她拥有"美人凤"之魂。[2] 用卖艺所得,慷慨资助寒门学子,功德圆满。后因思念情人而病入膏肓,质本洁来还洁去。身处污泥而不染,一抔红土掩风流。[3]

江东第一城,芜湖

芜湖是中国"四大米市"之一,锦绣鱼米乡。

徽学是江南文化资源的重要组成部分,文化资源的不可分拨性的普遍存在,让徽学研究的最新成果不间断地向学术界释放能量。张海鹏、王廷元、王

---

[1] 史念海:《历史地理学十讲》,第100—102页。

[2] 美人凤,飞人,是神仙,传说中的西湖缔造者。

[3] 江南红壤。

世华、周晓光、李琳琦、刘道胜等徽学研究专家,创新江南文化研究。

南通

江城,有观察者在春季潮水初涨时面对大江望月,写下千古绝唱《春江花月夜》。[1] 因为月之引潮力将大江流向略微折弯,若徘徊于北岸的水流汩汩处往东南向观察:"不知江月待何人,但见长江送流水。"一个"送"字,写尽"大江"的爱意;"似流水",目光恋恋不舍地送别春江滔滔。"青枫浦",枫叶菁菁,江风春寒料峭,"愁"的是:"谁家今夜扁舟子,何处相思明月楼?……昨夜闲潭梦落花,可怜春半不还家。……不知乘月几人归,落月摇情满江树。"

米之精为酒,旧年南通精酿,稻香酒香,一盅江南。南通地处大江之坝,蜀江水碧蜀山青的剑南春香,顺着江流,奔向春江潮水涌海平的故乡,滋养稻谷,化身稠醪沉香。

南通,是国家优质商品棉生产基地,这里盛产黄麻、蚕茧,纺织业发达。[2] 小洋口港为海洋捕捞重要基地,出产鲳鱼、鲙鱼、鳓鱼、马鲛鱼等经济鱼类。

张謇,海门人,近代实业家、政治家、教育家、书法家。张謇主政的江浙渔业公司,对渔业管理进行制度创新。他使用机器渔轮应用于渔业,此为中国历史上的首创。

无锡

无锡,旧时称梁溪,"四大米市"之一,近代民族工业主要诞生地之一。无锡轻工业曾辉煌灿烂、驰名中西。

薛福成(1838—1894),生于无锡。民族企业家,洋务运动主要领导人之一,资本主义工商业的发起者。散文家、外交家。薛家与盛宣怀是亲戚,跟无锡的荣氏家族是亲家,跟袁世凯也是亲家。薛家被无锡人称为"薛半城",财富多得惊人。薛福成故居,江南第一豪宅。

顾毓琇(1902—2002),江苏无锡人。国际上公认的电机权威和自动控制

---

[1] 扬州,曾经的"九州"之一,从"庐山烟雨"到"春江潮水连海平"的大江北岸以北的广阔区域,都叫"扬州"。

[2] 人类的工业革命是从棉纺织业开始的,棉纺织业对世界历史产生巨大的影响。中国棉纺织业在封建商品经济中占有重要地位。近代棉纺织业,大量的妇女劳动力进入创造国民财富的队伍,民族经济繁荣。上海、南通、苏州、南京、杭州、湖州、嘉兴等地,人口密度大,这里先进的棉纺织业扩大了劳动人口在区域总人口的比例,消费力提升,市场兴盛、扩容。

理论的先驱。被称为"十全十美中国先生"。他创立了中国第一个航空研究所、创办了中央音乐学院和上海戏剧学院。他第一个把交响乐引进中国。他指定了中国古典音乐的黄钟标准音。著有《禅史》。创作话剧《岳飞》,激励好几代爱国英儿上战场。他培养出钱伟长、钱学森、吴健雄等科学家。他左手娴熟于人文艺术,右手精通数学物理。他是现代电机分析的奠基人。他发明的四次方程通解法,这种思路沿用至今。他是第一个把昆曲的工尺谱翻译成五线谱的戏曲家。

常州

江南鱼米之乡,工商业名城。常州小黄山所产的黄石,是堆积假山的秀美石料之一,呈金黄色,观感富贵。

扬州

广陵,昔时江南经济中心,商业繁荣。徽州商人曾于此经营盐业。趣园茶社、香园茶社、冶春茶社、怡园茶社等"扬州早茶"的美食制作工艺精巧细致,传统饮食文化在扬州取得巨大的创新。

陈正祥在《中国历史文化地理》一书中,讲述扬州历史:

> 扬州最早有记载的城应为邗城,这是春秋末期吴王夫差在被他所灭的邗国的居民点上建立起来的。夫差为了要到中原去和齐国争霸,在周敬王三十四年(公元前486年)同时兴筑邗城并开凿邗沟。据近年的实地调查,知道邗城系筑于蜀岗之上,周长约十二里,是吴国成军的版筑城堡,其东、西、北三面皆环以城壕,而邗沟便在邗城的东南边。乐史《太平寰宇记》卷一二三也说:"城在州之西四里蜀岗上。"邗城所在的地势虽比较高亢,但北面邻近雷塘,给水还算方便。[1]

宣州

此地长于宣纸制作,以鱼米乡的稻草为主要原材料,成本低廉,经济效益高。

---

〔1〕 陈正祥:《中国历史文化地理》,第251页。

南京

南京曾称建邺、建业、建康、金陵、秣陵等名,为六朝古都,中华文化中心之一。[1] 这里最大的科技成就是"建业城"与"阖闾大城"的建筑学实践。最精致细腻的江南文化是"云锦"。

生活在南京并给江南文化刻上深深印痕的有李煜、曹雪芹、陈寅恪、"秦淮八艳之首"的河东君等等。

石头城出土的文物"石辟邪",相貌若虎豹,威武雄壮。

《石头记》和金陵的关系密切,悠悠秦淮河,江东风流地。"甄士隐详说太虚情　贾雨村归结红楼梦"结尾处:

> 那空空道人牢牢记着此言,又不知过了几世几劫,果然有个悼红轩,见那曹雪芹先生正在那里翻阅历来的古史。空空道人便将贾雨村言了,方把这《石头记》示看。那雪芹先生笑道:"果然是'贾雨村言'了!"空空道人便问:"先生何以认得此人,便肯替他传述?"曹雪芹先生笑道:"说你'空空',原来你肚里果然空空。既是'假语村言',但无鲁鱼亥豕以及背谬矛盾之处,乐得与二三同志,酒馀饭饱,雨夕灯窗之下,同消寂寞,又不必大人先生品题传世。似你这样寻根究底,便是刻舟求剑,胶柱鼓瑟了。"
>
> 那空空道人听了,仰天大笑,掷下抄本,飘然而去。一面走着,口中说道:"果然是敷衍荒唐!不但作者不知,抄者不知,并阅者也不知。不过游戏笔墨,陶情适性而已!"后人见了这本传奇,亦曾题过四句偈语,为作者缘起之言更进一竿头。云:
>
>> 说到辛酸处,荒唐愈可悲。
>>
>> 由来同一梦,休笑世人痴![2]

南京中山陵是中国建筑史上的第一陵,也是江南文化之精致遗产。

湖州

湖州乃中国白茶之乡,安吉白茶,"一叶一星"最珍贵。湖州产武康石,是

---

〔1〕　史念海:《历史地理学十讲》,第93—96页。
〔2〕　[清]曹雪芹:《红楼梦》,第1128—1129页。

桥梁、城市建设的优质建筑材料,美观、昂贵,武康石中的拱形石天生曲美。

上海,拥有万里长江、苏州河、黄浦江为主干道的蛛网水系的水运航线,[1]便捷的陆空和海运条件。

以上海为引擎的江南乡土文化,以水为本。东江、吴淞江、娄江三江之源在太湖,江南文化之源在太湖蓬莱。

制造业是现代经济之核心。"上海制造"广销海外市场。海派文化繁荣,得力于科学家精神、企业家精神和工匠精神。所以,海派文化,是江南文化之引擎。江南大地,襟三江而带五湖,商贾顺流而下,财富顺流而下江东。上海港口贸易,带来海外贸易的繁荣,财富逆流而入黄浦江,成就了东方魔都之繁华,生成海派文化之"纳百川"大格局。

六、江南原生态文化年轮

江南文化,万年记忆,镌刻在一叶石镞之上。旧石器时代的太湖石,既是江南先民的生产工具,也是防护猛禽进攻的武器,又是原始武术之要演道具。

江南原生态文化是时间的函数。原生态文化,在层层时空里,构成江南文化史。

碧落坤灵,陨石自长空落入太湖湖心,激起巨型涟漪,一圈又一圈的波纹,为江南文化运行供给初始动力。

江南原生态文化中的物象有玉魄伴彩云,海鸥随鱼洄,稻香和腥香,茶林畦畦伴山麓。

我 的 年 轮

余光中

而秋仍睡在七月的胎里,

归舟仍梦寐在西雅图的海湾,

美国太太新修过胡子

---

[1] 船运,费用低于陆路或航空的运费,水资源的不可分拨性之一。

的芳草地上
仍立着一株挂满牛顿的
苹果树，一株
挂满华盛顿的樱桃。
遂发现自己也立得太久，
也是一株早熟的果树，
而令我负重过量的皆是一些
垂垂欲坠的
丰收的你。
即使在爱奥华的沃土上
也无法觅食一朵
首阳山之薇。我无法作横的移植，
无法连根拔起
自你的眼睫，眼堤。[1]

　　余光中，心藏万千乡愁，文字雅致又沧桑。这一首短诗，可见一斑。"年轮"与"时间数列"只相似，万般变换在实与虚、动与静之间。《我的年轮》不一定真写年轮，诗中的境界和物象变换，皆是作者人生经历之灿烂华章。

　　江南原生态经济运行具有周期性、有界性和单调性的特点。水资源、生物资源和矿产资源，处于"虚"时间之中，如同"人生代代无穷已，江月年年望相似"。而人类征服和改造大自然的科技进步，则运行于"实"时间之中，或前进，或后退，处于变动之中。

　　江南经济运行的长久历程中，因分工不断精细化，所以劳动生产力得到相当比例的提高。精细的分工带来了市场经济的繁荣，上海成了江南市场经济前进的发动机。

　　江南地表资源广泛分布于河海湖荡、矿坑和农田丘陵上，其中的有用产出物随着经济周期的节奏，不断丰富着行业文化。

　　因为水域占有江南一大半以上的地表面积，一万年时空中，渔耕产业成为江南社会经济的基础，渔业和稻作养活了江南人民，创制了江南文化。

---

[1]　余光中:《余光中经典作品》,当代世界出版社,2004年,第143页。

江南河海湖荡上的产业,主要有渔业、稻作、航运、采石、水利、水上娱乐产业等。这些产业的文化特色有:江南水乡一万年灿烂的渔文化,个性独特。渔文化中的科技和艺术,是民间的智慧;江南水田耕作技术与稻种培育技术比中原地区先进,即农业科技成就较高,生产力发达。

蛛网水乡的航运贸易,是以上海为龙头的江南市场运行的重要基础。比起陆运或空运,水运价格最为低廉,并且运输量大,经济效率高。20世纪末,中国进入"市场经济"时代,上海各类市场分类精细,门类齐全,此时上海已相当于江南经济发展的方向盘。

采石业为民居、园林、城市建设提供最重要的经济资源。武康石形状或是平面,或是曲美的弧面,石头做成的水乡桥梁形貌古典健硕。江南采石业与水运业紧密相关,廉价便捷的水运,将天目山山石、太湖湖石,运往江南名城的各大园林中,运往洛阳,运往北京城。江南采石业成就了民居文化、园林文化的发达,满足了文人墨客的审美情趣。

很多奇石,一旦被人类发现,即成为"文化"。比如国宝"肉形石"、"翠玉白菜"、南京石辟邪等。江南太湖奇石产出量大,被运往北京、洛阳、开封建皇家园林,彰显着江南文化之魅力。

经济资源决定文化个性,存在决定意识。水资源、矿产资源和江南原生态生物资源的区域独特性,生出独具个性的江南原生态文化。

江南原生态文化中的科技与艺术成就,在各个历史阶段,体现出不同的创意。一些独门绝技,比如七桅大渔船的制作技术极为高超,可现今已经失传。

江南手工业中还有许多其他的顶尖技艺。缂丝制作、绣娘刺绣、棹郎划船,还有蚕桑娘子、采茶姑娘的技艺,江南各类手工劳动者的特点是:一半是经济活动,一半是艺术创制。

江南商业市镇文化,从远古至今,是一个渐进上升的发展路径。手工业和商业是市镇发展的经济基础。随着江南社会的分工逐渐精细,江南地区形成了成熟的市场经济体系。

吴侬软语、吴歈,是江南原生态文化之一,吴语是江南文化的声音。江南文化的创制者是江南人,但是,"江南人"是一个不断有新"元素"移入的"有限集合"。[1]

---

[1]　"江南人"包括"实"与"虚"两个组成部分,非静止,而是变动的。在江南一万年历史长河中,江南虹吸域外的人力资源,多为技术移民,他们基本不从事初级产业,大多从事科学与艺术创制。

　　吴方言文化资源是江南原生态文化之母体,吴方言密布于江南原生态文化年轮中。胡适之在顾颉刚编《吴歌甲集》中说:"吴歌旖旎温柔情文兼至的风调,总不能不推它为南方歌谣中的巨擘。这一点就足以值得研究文学和国语的人的注意。"[1]

牡丹开放在庭前

牡丹开放在庭前,

才子佳人美并肩,

"姐姐呀!

我今想去年牡丹开得盛

那晓得今年又茂鲜。"

郎听得,

笑哈哈:

"此花比你容颜鲜!"

佳人听,

变容颜,

二目暖暖看少年:

"既然花好奴颜丑,

从今请去伴花眠;

再到奴房跪床前。"[2]

　　歌词蕴含江南物产之美、江南佳人才子性情缠绵。这都是江南文化之毦毦个性。

　　江南原生态文化中的经典主要有范蠡的《养鱼经》、孙武的《孙子兵法》、李煜的《李煜全集》、范成大的《范石湖集》、计成的《园冶》、曹雪芹的《石头记》、费孝通的《江村经济》、陈寅恪的《柳如是别传》等。范蠡《养鱼经》是江南原始生态文化经典之一,是鱼类养殖技术的天花板,是艺术创制,也是中国第一部科技著作。

---

〔1〕　顾颉刚编:《吴歌甲集》,第2页。
〔2〕　同上书,第106页。

　　文化与人类同时运行在一个物理世界中，物理世界的方向性、过程性和一些定律，制约人类的行为，启发人们进行文化的创制。在这一过程中，内生变量和外生变量交互作用，生成一圈又一圈的原生态文化年轮。渔文化、稻文化、门类纷繁的手工业文化、商业文化，一直到现代市场经济，江南文化顺着时间的单一方向运行了一万年，如同滚雪球一般，富势威威、步履矫健。

　　水资源是渔耕文化的物质基础，渔文化是江南文化之髓心。旧年江南，农业人口占总人口的95％以上，渔业和稻作两种原始生业，不仅养活江南人，更有"漕运"送粮北国。水网运输是江南市场体系的最大支撑力，这是水资源的一种溢出效应。

　　"种竹养鱼千倍利"，竹子是江南人民日常用具的材料，可用于制作竹扇、竹床、竹席、竹筐，所以竹子市场需求量大。

　　鱼米乡的人们最爱吃鱼。看《养鱼经》中的科技与艺术：

养 鱼 经
范 蠡

　　威王聘朱公，问之曰："闻公在湖为'渔父'，在齐为'鸱夷子皮'，在西戎为'赤精子'，在越为'范蠡'。有之乎？"

　　曰："有之。"

　　曰："公任足千万家，累亿金，何术乎？"

　　朱公曰："夫治生之法有五，水畜第一。水畜，所谓鱼池也，以六亩地为池，池中有九洲，求怀子鲤鱼长三尺者二十头，牡鲤鱼长三尺者四头，以二月上庚日内池中令水无声，鱼必生。至四月内一神守，六月内二神守，八月内三神守。神守者，鳖也。所以内鳖者，鱼满三百六十，则蛟龙为之长，而将鱼飞去，内鳖则鱼不复去。在池中周绕九洲无穷，自谓江湖也。至来年二月，得鲤鱼长一尺者一万五千枚，三尺者四万五千枚，二尺者万枚。枚直五十，得钱一百二十五万。至明年得长一尺者十万枚，长二尺者五万枚，长三尺者五万枚，长四尺者四万枚。留长二尺者二千枚作种，所余皆货，得钱五百一十五万。候至明年，不可胜计也。"

　　王乃于后院治池，一年得钱三十余万。池中九洲八谷，谷上立水二尺；又谷中立水六尺。所以养鲤者，鲤不相食，又易长也。

　　又作鱼池法，三尺大鲤，非近江湖，仓卒难求。若养小鱼，积年不大。

欲令生大鱼法,要需载取薮、泽、陂、湖,饶大鱼之处,近水际土十数载,以布池底。二年之内,即生大鱼。盖由土中先有大鱼子,得水即生也。[1]

如此经济发展模式于环境损害较小,既有效率,可持续性又强。而市场经济时代,由于唯利益驱动的原因,养鱼人常用化工医药饲养,这虽提高了产量,但破坏了原生态环境,也会影响食用者的身体健康。

范蠡将六亩鱼池的效率发挥到极致。鲤鱼适应性强,耐寒、耐碱、耐缺氧。体长三尺的鲤鱼,处于"鱼龄"的青壮年时期,繁殖能力最强。池中置"九洲",鱼儿周绕九洲无穷,自谓江湖,怡然自乐。怀子牝(雌性)鲤鱼三尺者二十头,牡(雄性)鲤鱼长三尺者四头。怀子鲤鱼排出成熟的鱼卵之后,再有壮年牡鲤鱼交配,这样,一年的时间,让鲤鱼进行自身再生产(繁殖)。到次年春天,得到鲤鱼成鱼数万尾,获利"五百一十五万"。至明年、后年,年复一年,养鱼池的可持续生产力只会增加,不会降低。范蠡懂得生态规律,深谙鲤鱼的生长规律。而且,鲤鱼市价较贵,所以,相同的资本和劳动投入,饲养鲤鱼比饲养其他鱼类,产量更大,获利更多。

将大、小鲤鱼分开饲养也有它的科学性,一池鲤鱼在六亩时空中争夺食物,饲养者投入食物的总量是有限的,而需求具有无限性。三尺大鲤,必须到靠近江湖的地方获取,如果养小鱼,积年不大,则浪费时间。欲令生大鱼,需载取薮、泽、陂、湖,这些渊薮泱泱中,必有大鱼生活。将靠近水边的泥土,运来铺在鱼池底。两年之内,必生大鱼。因为土中已经有了大鱼子,在水中便会出生。这是溢出效应,养鱼者无须购买鱼苗,取土带走鱼卵,这是水乡民众生活中观察到的科学经验。

齐威王请教范蠡养鱼之法,以求富国之道,而鲤鱼在北方是吉祥物,它代表吉祥、富贵和威武,因此北方人民的婚丧嫁娶和一些重大聚食宴会,必备大鲤鱼,有着"年年有鱼""家家有余"的文化内涵。

江南原生态文化年轮,最先开始于太湖蓬莱。渔人飞镞击鱼,水面荡出涟漪圈圈,精美的细浪,供给江南文化第一推力。渔翁捕鱼,既创造了财富,自身也成了江南特色风景:半山半水半云烟中,看见一叶轻舟碧水间,凡尘中的渔翁撒网犹如舞翩跹,凡尘客已变成画中仙。

---

〔1〕[北魏]贾思勰:《齐民要术》,石声汉译注,中华书局,2015年,第762—765页。

除了渔稻文化,江南原生态文化还有舟楫文化、民居文化、丝绸文化、茶文化、玉文化、戏曲文化、市镇文化等,皆浸满乡土文化个性。

"万物并作,吾以观复。"[1]江南物产,水、鱼、稻、茶、桑、林、石是一个生态系统,为江南原生态文化的物质载体。

鱼,是大自然赐予水乡人的美食。漫长的旧石器时代,石器、鱼这两种"器物",与江南民众的生产生活密不可分。[2]

石器承载了一种文化精神和文化基因,代代江南人民箕裘不坠,创新务实。从三山文化到"上海大都市圈"时代,历经一万多年,江南经济与文化之间形成良性互动,也使得江南地区成为中国的文化高地。

除了传统农业的精耕细作,江南手工业比如缂丝、刺绣、核雕、泥人等产业,同样彰显"精"与"细"的文化个性。

江东犁、双季稻的农业创新,拓宽了江南农业经济的生产可能性边界,经济增速超过江南人口增长的速度。这是江南生态环境改善、人民生活水准提高的物质基础。

观察江南原生态产业系统,绿色环保可见一斑。比如人们饲养的鸡、鸭、猪、鱼,自然组成一个食物链。动物排泄物是为稻田提供生物肥料,又可用作鱼类养殖的饲料。

江南民歌是起源于中国江南地区的传统音乐,以歌唱为主要表现形式,反映了江南地区的社会生活、民俗风情和人们的情感体验。江南民歌的前身是"吴歌",又称"吴声歌",是中国吴语地区民歌民谣的总称。江南渔耕者边劳动边唱歌,具有浓郁的地方特色和历史文化内涵。

江南民歌最早可追溯至古代吴越时期。吴歌作为南朝乐府的一种歌体,是江南民歌的典型代表。江南民歌的题材内容十分丰富,主要包括爱情、劳动、风景、传说等。其中,爱情歌曲占据了很大的比例,反映了江南地区人民对爱情的独特理解和追求。按照乐种分,江南民歌的演奏乐器以丝竹为主,如二胡、小三弦、琵琶、扬琴、笛、箫、笙等。江南民歌的类型非常丰富,包括小调、山歌、号子等。其中,小调是江南民歌中最具代表性的曲种之一。此外,江南民歌的演唱形式也有很多种,如独唱、合唱、对唱等。

---

[1]《老子》,饶尚宽译注,中华书局,2006年,第40页。
[2] 这里指渔具、炊具、岩居、石春、石臼、石锅、石床、砧衣板、石井等生产生活的必需品。

江南民歌细腻柔婉、清雅秀丽，音乐清新、柔和、抒情，旋律优美、流畅，常用宫调式和徵调式。

江南民歌，节奏平稳，速度较为缓慢。曲调、音色、节奏和表现手法，都与当地的自然地理和精神地理之间，存在本质必然联系。

江南民歌的传承方式主要是口传心授。在古代，民歌的传承主要依靠家族传承和师徒传承。然而，随着社会的发展和现代化进程的加速变化，这种传承方式已经面临困境。

江南民歌是中国民乐之组成部分，具有特别的艺术价值和历史文化意义。通过解析吴歈，可以发现这种民间艺术里面储藏着丰富的科技与美育的内容。

第二章
历久弥新之原生态文化

　　江南文化,生于水与阡陌之间。旧年江南,渔耕者日夜在旷野、水面或山岗劳作。水乡田园,曾经留存有"农场宗庆后"之脚印。泽国江乡,也听过一拨"知识分子"上山下乡的年轻歌声。江南出产的新鲜鱼类和沉香之米粮,满足了江南人民生活之"第一需要"。没有渔耕者的江南,就没有"江南文化"了。

　　旧年江南,渔耕者除了生产鱼稻,还创造民歌民俗,民歌民俗又发展成昆曲、申曲、沪剧、越剧、锡剧等达成了艺术上的创新。

　　一方水养一方人,一方百姓助推一方经济。农耕时代的江南社会,渔耕者是社会生产力主体,他们为社会而生产。农业经济发展推动江南文化的发展与创新,比如渔具的改进、稻种的改良、民歌的诞生。

　　江南渔稻文化是民俗、科技与艺术之"并集"。江南渔民长久观察身外之大自然,会发现自然物之间本质的必然联系或非本质的偶然联系。经渔耕者的心会神通,民俗文化不断增添新的内容。比如,范蠡心系渔耕者,传给渔耕者创造更多物质财富的知识;黄道婆传播棉织技术,拓宽了江南渔耕者财富来源之路;园艺家计成之园冶术,经江南民力,由理念变成了"一园江南";艺术家曹雪芹《石头记》,充溢着江南民俗之文化气息;社会学家费孝通的《江村经济》,是旧年江南文化经典。

一、渔耕者之科学与绝技

　　江南鱼米乡,科技最初源于渔业经济活动之中,然后有了耕作、采矿、采茶、手工业和制造业中的科技进步。

泛宅浮家的渔夫，劳动绝技像艺术。

七桅渔船造船术，是科技与艺术之合体。

江南渔歌，是民俗，内藏科技与艺术。

江南婚俗，江南大地数千年的美好记忆。

水稻种植术和水利灌溉术，是泽国水乡之重要生产力。

粳米酿酒制酱术，是精加工江南经济资源的乡土科技。

江南手工，经数千年行业文化积累，创造了令世人惊奇的无数精品，世袭传承。

泛宅浮家，水上漂遥的水乡泽国，数造船技术最经典。

远古的水乡，人们观落叶以为舟。竹筏、木筏、草筏的出现，让人们得以行于水上。从筏到今天的造船术，这也是一种技术创新。

20 世纪 20 年代，音乐家娄树华创作的《渔舟唱晚》，意境则源于《滕王阁序》，饱含浓郁的水乡情。

渔船是太湖渔民的"住宅"和捕鱼、储藏补给的仓库，渔船对于渔民来说至关重要。建造渔船需要高超的制作技巧，也有很多"讲究"（民俗）。造渔船时渔民往往事先选择吉日，配合船主的生辰八字，以图吉利。

江南渔船的船身，有的要以几百年树龄的柏树为材料，因为这样的树木质地细密结实，耐腐蚀，不容易开裂、变形。

水乡渔民每造一条船，船主一般要置办三次酒席：第一次是"开工酒"，宴请造船工匠；第二次是"定星酒"，在造好船底，上船梁时设宴，如同农村造房屋；第三次是"下水酒"，在渔船下水时宴请宾客。最后一次酒席最为隆重，宴请的亲友客人也最多。届时，在新船的船头上钉上一排 4 只"利市钉"，挂上红绿绸，贴上书有吉祥寓意的红对联。

据有关口述记载，江南新船下水时，[1]内部装饰华丽，选好吉日良辰，供奉猪头、猪尾、鲤鱼、鸡蛋（绝对不用鸡，因船民生病时医疗不方便，常采取杀鸡祭神的办法来驱除病魔，所以认为供鸡是不吉利的）以及馒头、糕点等物品。此外，还有一个聚宝盆，一般由脚炉代替，盆里堆放用米粉捏成的鲤鱼、石榴、

---

〔1〕　参见昆山市政协文史征集委员会、昆山市文化馆编：《昆山习俗风情》，《昆山文史》第 12 期，1994年 12 月，第 17 页。

佛手、桃子、万年青、竹笋等实物,以祈求生活幸福万事如意。在爆竹声中徐徐推船下水,来吃酒水的亲友都要送馒头(取其发)、定胜糕(意为安定如意)、甘蔗(取其节节高)、米花团(寓意眯花眼笑)、赤豆糯米饭(取其甜甜蜜蜜)等礼物祝贺,船下水以后,便宴请宾客。[1]

江南渔民制造的渔船有五桅、六桅、七桅三种,这些渔船古称"罛船"。七桅大渔船是太湖中最大的渔船,船体肥硕,船行伾偬,七桅渔船与小渔船组成一个系统,分工协作,这是千年不变的文化。

江南渔民以船为家,妻女同载,父子相承,过着泛宅浮家的生活。他们有的自称是岳飞水师的后裔,崇拜岳飞,结婚拜堂前都要先敬南元帅(岳飞元帅)。据传,南宋绍兴十二年(1142年)岳飞含冤而死,岳家族人目睹朝廷官员昏庸无道,便纷纷解甲归田。有的水师进入太湖继续抗金,后因粮草断绝,水师将士无房无田,仍严守"冻死不拆屋,饿死不掳掠"的军纪。他们将战船改成渔船,靠撒网捕鱼度日,从此在江南繁衍生息。如今太湖渔民中的金、蒋、张三姓,占太湖大船渔民总数达73%,都是岳家水师后裔。

渔船虽经800多年改装,仍有战船特征,特点是船型头方低平,船身浅宽,这样,渔船就能多装桅帆,增加船体拖力,能适应江乡气象水位与湖盆实情。再如渔船船头上隆起的一道横板"铺面头",俗称"箭板",箭板的宽度正好一箭宽,能在弓弩手射箭时放箭镞。

船帮宽,船帮高,人站在舱堂内,船帮齐胸,若遇到突发事端,船员们攻战或守备时,弯腰行走即可代盾避箭。船尾的墁艄,三面都是一人高的挡板,为指挥和掌舵的掩体。

在河里穿梭往来的船上往往有一条狗、一只猫、一盆大蒜、一盆葱、一盆万年青,这五样"船家之宝",是渔民日常必需的,也成为水上流动的风景线。

万年青是四季常青的植物,在民间被视为吉祥之物,常言道:"天有不测风云。"船民行船操舟最怕怪风和龙卷风,太湖渔民认为万年青和一盆葱能够镇妖辟邪,保佑渔民一帆风顺,万年好运。而且,万年青的种子和根虽然是有毒的,却是一味良好的药材,有着强心的作用,中医常用来急救和治疗毒蛇咬伤,

〔1〕 马祖铭、何平:《太湖渔家风情录》,苏州市地方志编纂委员会办公室、苏州市政协文史委员会编:《苏州史志资料选辑》第29辑,第285页。

当然这一点鲜为人知了。[1]

　　猫是老鼠的天敌，水乡的老鼠既健又硕，常常爬到船上偷食渔民的米粮或啃咬物品。有了猫咪，老鼠自然逃之夭夭。狗先天性是人类最忠实的伙伴，到了夜晚，人们劳累了一天后在船上睡眠休息，狗起着警卫作用。猫狗这两样宠物，渔民们对之特别喜爱，它们终年陪在主人身边。猫狗也是维护渔民财产安全和人身安全的"武器"，如果渔家妹子一个人留守渔船，有敢于偷盗、欺负妇幼者，绝不敢贸然登船侵犯。还有，船民全家老小长年累月吃住在船上，日常生活非常单调而枯燥，饲养猫狗多少能给他们增加一点生活乐趣。

　　在江南生态文化共同体内部，不同的物种共生共荣。

　　江南渔耕者，为江南人民产出鱼米和其他食物，满足人们的"第一需要"，也为手工业者提供初级生产资料。渔耕者还创作江南民歌，产出民间的科技与艺术。

　　江南渔耕者，耕海，耕湖，耕水田旱田梯田，他们是江南人力资源之主体，传承与创新江南文化之主力。江南渔耕者、手工业者、商贾，构成一个区域市场体系，是江南原生态文化共同体之主体。

　　江南大地，有舟山渔场、长江口渔场，红土沃壤，稻花千里香。渔耕者的科技与绝技，彰显了文化个性耕耕。

　　江南渔耕者劳技精湛，他们从东海、河湖、矿坑矿山、土地中直接开采地表资源。为江南民众提供食物，也为手工业者提供生产资料，是传统商业的忠实消费者。渔耕者的精神生活洽然与江南自然地理环境相适应。

　　渔夫不大懂地球自转，月亮引潮，但是他们懂得水文变化规律，以农谚、渔歌传承。

　　人力资源、自然资源、资本形成及技术变革与创新，是经济发展的四个基本要素，人们便于操纵的只有技术变革与创新。有了科技创新与管理创新，作为"第五要素"的"企业家精神"才能得以彰显。

　　域外的经济要素，自然资源、资金、技术和人才被引进域内，必然促进域内经济增长。域外的文化元素比如艺术、音乐元素引入域内，也会促进本土文化的传承与创新。

〔1〕马祖铭、何平：《太湖渔家风情录》，苏州市地方志编纂委员会办公室、苏州市政协文史委员会编：《苏州史志资料选辑》第29辑，第291页。

渔耕者、渔户、农户经营初级产业，可被视为"企业"，户主即企业主。

江南劳动人民的科学家精神在各行各业都有体现。渔耕者深谙生物资源之新陈代谢的规律，用观察法总结科技知识，以民歌世代传承。

改革开放之前的万年岁月，渔耕者是江乡人口之主体。"鱼食饭稻"，渔耕产业是江南百业之本。

旧年江南，无处不渔耕。[1] 碧水滋养的绿油油的稻田之上，点缀着星星点点的城郭。稻田紧紧包裹着市镇，城墙之外，飘来的是渔歌唱晚与稻花香风。小船悠悠，渔耕者借助便捷的水运，将最新鲜的食物送至市场，交易时效提升。

江南水乡，借势欧亚大陆，吞吐东海，怀揣太湖，江南地表最富饶的自然资源是水。与水紧密相关的经济活动有渔业、稻作、水利、灌溉、航运贸易、捞石等，水上文化活动是渔夫的娱乐休闲，必须以水为载体。

鱼、米、水生植物、石、桑、棉、茶、竹、名木、茭白、佳果等水产、矿产和土地上的经济资源，经渔耕者的劳动，变成江南人民的食物与生产资料。渔耕者的劳动是江南文化运行的原动力。

江南水资源的利用，尚未达到效用最大化，扩大蛛网水乡未尽之"生产者剩余"，是研究的价值之一。

20世纪末之前的江南，水乡所有农民，唯渔民的劳动技巧最具科学性、艺术性与可观赏性。渔夫须在两种"聚集态"中完成作业，比耕作、打猎、游牧的劳动难度大。一群人创造物质财富的过程，其"溢出效应"则是给观赏者送来精神愉悦和美的启迪。

农耕时代，开采江南地表资源的劳动总量，至少有 95% 是渔耕者付出的。[2] 渔夫和耕夫日出而作、日落而息。鱼米之食与生产资料通过市场传递至手工业、商业领域，江南原生态文化系统生成并运行。鱼、米也是生产资料。海鲜湖鲜能制作鲊、鲞、鱼子酱。大米酿酒，是江南酒文化的物质载体。对于旧年江南民众而言，若一顿没吃大米饭，就等于没正式用膳。

---

[1] 渔稻产业，具有"极限互补性"。渔、稻产业的依托是水资源，一片土地上种植水稻，可以同时在稻田养鱼、鸭。鱼鸭喜欢吃稻花、虫子，为稻田增加肥力。手持弯月刀收割稻谷，保留秸秆完整。秸秆可用于制作席子、板凳、扫把等工艺品。"生产者剩余"达到最大，同时绿色环保。如同江南稻草制作宣纸一样，纸香墨香。

[2] 江南地表资源主要有海湖河荡、水生动植物、石、桑、棉、茶、竹、名木、茭白、佳果等。

渔业对于本国的食物供给、水产科研、海防安全、海洋观光的意义与价值，呈现多层面性。江南面朝茫茫太平洋，有取之不尽、用之不竭的渔业资源。外来入侵势力，多来自海洋，他们瞄准富庶江南。江南渔业对于民生国防都有重要意义。

旧年上海城郊，陆家嘴东望，川沙、南汇稻浪滚滚、渔帆片片、渔歌唱晚。上海城内，静安的桃浦、大场，普陀的彭浦，都关联着当地的主要生业。苏州人民桥南桥头的苏纶厂，门口对着护城河南岸的肥沃稻田。人民桥之南、平门之北、吉庆街往西、葑门往东，全是渔耕者的世界。江南大镇乌镇，胡羊呵斥声声和着渔歌、稻花香风灌人耳鼻。宁波、舟山大街小巷性的餐馆，更像海鲜市场，农贸气息浓郁。

旧年江南地表资源分布状况。东海蓝蓝，渔火烁烁。蛛网水系，粼粼荡漾，清溪东流，滔滔不回。河湖塘荡，切割出畦畦水田，稻花喷香。渔稻产业历史悠久。[1] 水、农地、矿坑，经过渔耕者的劳动，变成社会财富，生成"饭稻羹鱼"的特色文化。

江南民歌民谣是原生态文化资源，水面之上、矿坑之旁、农田深处，人们一边劳动，一边说唱。江南渔夫捞珊瑚礁、湖石，农夫采武康石，扩大农闲或休渔时段的"生产者剩余"。

吴歈·车水民歌

伊旺！伊旺！

车水人腿里酸汪汪，

伊旺！阿旺！

街浪人里床翻外床。（锣声，唥……）

伊旺！阿旺！

田底崩坼稻苗黄，

伊旺！阿旺！

车水人眼里泪汪汪。（锣声，唥……）

---

〔1〕 江南采石者，多为渔夫和耕夫。在他们生产生活的"境界"中，出于对自身的经济利益的特别关注，渔耕者往往更能熟练地找到湖石、山石、山珍佳果等珍贵的地表资源，形成副业，从市场获利。

伊旺！阿旺！

别人家里面衣两面黄，

伊旺！阿旺！

伲的点心勿着扛。（锣声，呛……）

伊旺！阿旺！

水息牛入水就起水，

伊旺！阿旺！

车水人勿及水息牛。（锣声，呛……）

伊旺！阿旺！

六人轴浪只有三个人。

伊旺！阿旺！

八仙桌浪无空档。（锣声，呛……）〔1〕

吴语的"街浪人"，是指住在市镇里的有钱人。"面衣"，江南农家手工制作的一种薄饼，也叫点心。"勿着扛"，没着落。水息牛，即水车。

吴语说唱，"半音"唱得越准，农夫的心境越悲催。吴歈说唱，星月缠绵，唯邓丽君之吟唱能与之比柔美。

吴歈·十根扁担

第一根扁担开菱花，清早到太湖里捞水荙，

水荙捞来喂猪罗，长大仔东家讨媳妇。

第二根扁担开灰堆，开出灰泥臭冲天，

灰泥臭来一时还忍得住，受东家咯罪比黄连苦。

第三根扁担两头尖，挑仔河泥去垩田，

垩出稻谷浆水足，东家吃白米我吃粞。

第四根扁担挑黄秧，黄秧根根五六寸长，

黄秧在田里自由长，人比黄秧比不上。

---

〔1〕　笔者 20 世纪 90 年代在乡间采风中听到的。

第五根扁担日头晒,车水耘稻忙勿转,
东家清早坐茶馆,下半天回来看干活。

第六根扁担稻上场,日夜割稻打稻忙。
颗颗稻谷有长工咯汗,担担挑进东家的仓。

第七根扁担忙种麦,一把一把小心撒,
撒得多仔东家骂,撒得少仔要停生活。

第八根扁担摇勒摇,一百斤白米仔两头挑。
挑到街浪去卖脱,东家新年要做丝棉袄。

第九根扁担忙停当,我找东家去结账。
结出黄米三石三,扣脱生病两石两。

第十根扁担两头翘,一年三百六十日做到梢,
东家过年吃鱼肉,倪吃南瓜麸皮粥。[1]

水荬,水生植物,可食用。"开灰堆",吴语意思是说进入猪圈、羊圈、牛棚、马棚里面清理动物粪便。倪,吴语是"我""我们"的说法。粞,碎米。此民歌中的"物象"和声音,只有江南水乡才会有。

采石、采茶、养蚕、植棉、伐竹等经济活动,都是渔耕者完成的。渔耕者最熟悉自己乡土的资源分布。人们靠山吃山、近水捕鱼。他们凭借独特的劳技,采石水中央,采石在山巅,为古典园林、道路桥梁、城建提供石料。

有一种独具水乡特色的职业"棹郎",他们能熟练驾驭各种行船,完成渔业生产和商业贸易活动。

东海渔民和太湖大船渔民只会水上"耕作",而岸上的耕夫普遍会捕鱼。海洋渔民捕捞珊瑚礁,太湖渔民捕捞太湖石,他们的辛勤劳作,帮助创造了古典园林和江南名城。江南渔耕者群体,产出精美的食物和有文化内涵的生产资料。

渔稻文化构成江南原生态文化之主体。讲吴语的人民亦是"以食为天",

---

[1] 笔者 20 世纪 90 年代在乡间听到的。

江南渔耕者创制的原生态文化,是江南文化精神之基因与母体。[1]

江南大地,只有渔夫的苇舟孤槁能进入曲美江南的每一个角落,他们必须当天售罄手中的渔获物。渔夫的"市场"或在岸边、在桥头、在城镇的小巷水港,窄短小街口的鱼市场。渔夫唱着歌谣,敲击木器和声。这是江南经济的一个特点。

渔耕者是江南泼墨山水画中人,是画面上的重要"物象"。江南山水画中总有渔夫或农夫的踪迹,他们或渔、或耕,或见茅椽数楹,也有穆穆君子、风流雅士。江南山水田园中,农夫生产生活的"境界"与他们民歌民谣中的"境界"相似。渔耕者既是画家笔下的风景,又是江南民间艺术创制者。渔耕者的生产、生活是艺术家绘制山水画的素材。

乍到江南的域外人,很难听懂吴歈说唱。吴歈为渔耕者之歌谣,与江南丝竹、江南戏曲同属于江南民俗文化的范畴。

江南文化基因孕育于最古老的产业之中。食物是生命的第一需要。渔耕产出美食,养活全体江南民众。江南渔耕发达,社会分工精细。畜牧业、手工业和商业的繁荣,得力于渔稻产业的发达。

江南渔民的独门绝技和艺术独创,人们叹为观止。勤勤的生活,与他们清欢的生命构成"和声"。他们终身唱着僝僽内蕴辗然之渔歌,渔歌是民间艺术,又是"教材",富含鱼类学、环境科学、天文学、气象学、生态水文学等自然科学知识,渔歌中还有美育知识。渔耕文化,实为江南文化之根。

渔耕者讲吴方言,软语绵绵,友好万千。顾颉刚先生编的《吴歌甲集》的"胡序"中有这样一段话:

> 最近徐志摩先生的诗集里有一篇"一条金色的光痕",是硖石的土白作的,在今日活文学中,要算是最成功过的尝试。其中最精彩的几行:
>
> 　　昨日子我一早走到伊屋里,真是罪过!
> 　　老阿太已经去哩,冷冰冰欧滚在稻草里,
> 　　野勿晓得几时脱气欧,野吭不人晓得!
> 　　我野吭不法子,只好去喊拢几个人来,

---

[1]　旧年江南,水生动植物为江南民众食物的主要来源。水稻是水生植物。水生动物包括一万多种海鲜湖鲜,此外还有海藻、水八仙等。

有人话是饿煞欧,有人话是冻煞欧,

我看一半是老病,西北风野作兴有点欧。

这是吴语的一种分支。凡是懂吴语的都可以领略这诗里的神气。这是真正白话,这是真正活的语言。[1]

江南物产来自渔耕者的劳动,经工人技术加工,产出手工业品、便利品和工具。江南民歌经艺术家创新,产出申曲、昆曲等,供人们享受精神产品。

中国江南呈网格状地貌,像棋盘,又像压扁的银河,举世无双。锦绣的自然地理产出灿烂的原生态文化。

渔夫在大海中采摘珊瑚礁,在湖中打捞奇石,要求劳动者既要熟悉环境,又需要掌握特别的技术。江南渔耕者的副业,给他们带来"生产者剩余"。湖石作为生产资料,成就了古典园林之瑶池境界。所以,江南园林是各级人力劳动成果叠加的产物。耕夫采武康石、常州黄石、昆山石,也体现出他们劳动技巧之精湛。江南渔耕者农闲采石,扩大了财富来源。他们的劳动,让江南的城市、道路、桥梁、民居文化独具特色。

旧年江南,渔民以观察法总结自然科学知识,以吴方言歌谣代代传承。渔民的习俗、信仰,是渔民在生产生活实践中创造的知识体系。

江南拥有茫茫大海和陆地上的蛛网水系,大自然养育的海鲜、湖鲜是人类至美佳肴。江南先民最早在太湖蓬莱渔猎,他们是水乡生态系统的组成部分,深谙水族之性。在数千载的岁月里,江南原生态先民凭借先天的劳动技巧、熟练度和判断力,即能获取充足的食物。捞鱼、采撷水八仙,他们绿色健康地活着。

江南渔夫深谙水性,此为渔夫天赋的独门绝技。鱼和渔夫的关系如同老鼠和猫的关系,鱼鹰、渔夫、鱼是一个自然生成的食物链。

渔家居住的空间狭窄到极限,他们世世代代生活在水面上,在最狭小的时空里,获取最大的身心自由。他们让稀缺的资源达到效用最大化。

渔稻产业是江南文化之基石。渔、稻两种产业的互补性极强,共享水资源。水面上能植稻,稻田可以养鱼,稻花随风雨飘洒进入河湖水中,成为淡水鱼类的美食。水田能实现立体种植,螃蟹水稻,一地双收,稻田深处还有泥鳅、

---

[1]　顾颉刚编:《吴歌甲集》,第3页。

黄鳝、甲鱼、黑鱼等其他物种可以生存。

从全球视野观察，人类四大古文明无一不源于水：长江—黄河文明、尼罗河文明、两河文明和印度河—恒河文明。旧石器时代，与狩猎相比，原始人更容易捕获和烹饪鱼类，鱼鲞、鱼干便于储存，从而延长了美食存放的时间，增添了"消费者剩余"。全球所有大都市的原生态文化，似乎都和渔文化紧密相关。当今所有靠近水边的世界名城，全部源于渔村，渔文化是这些名城原生态文化之髓心。

渔文化为江南文化之髓心，孕育了精致细腻的江南文化精神。稻谷出现之后，渔业和稻作两种产业完美互补。渔、稻依托取之不竭、用之不尽的水资源，全球最美鱼米乡在中国江南形成。自三山岛文化出现至 20 世纪末，江南人民经营初级产业的人口众多，市镇人口占总人口的比例小。第一产业所占的水域和农地面积，超过江南地表总面积的 95％，这是饭稻羹鱼强大的物质基础。

江南所有的原生态文化中，渔文化的个性最为鲜明。无论是海洋渔民或淡水渔民，他们创造财富的过程，也是产出科技和艺术的过程。

劳动对象的特殊性，给渔夫的劳动增添难度，生存环境让他们练就了获取财富的独门绝技。"泛宅浮家"中的渔民并不懂得抛物线方程，也不懂得光学、空气动力学、牛顿力学，但是，他们在撒网、叉鱼、射击鱼的劳动过程中所展示的科技与艺术水平，登峰造极。渔夫站立于摇摇晃晃的船头，将一卷撒网抛向上前方，渔网的口圆圆地张开，若中秋的一轮圆月，圆的面积越大，捕获的鱼类越多。渔夫手腕拴住缆绳，将鱼叉抛向长空，能精准地插进几十米之外的水下鱼脊，然后收叉。射鱼，岸上渔夫目光看见的水中游鱼的位置，往往测不准，但是，他们能凭借感觉定位，以代代传承的娴熟的技巧，精准击中目标。渔夫捕鱼的手法和贝多芬弹琴手法颇有相似之处，不用眼睛观察，指尖也能精准地黏结着劳动对象。

渔业资源既有极强的不可分拨性。陆地、水域和空气三种聚集态，水源清洁是保证人民生命健康的核心力量。水从雪域高原来，流经蜀山幽谷、庐山飞瀑，在芜湖折身东北流，绕石头城，逝者如斯，脚步一刻不停留。所以，水污染会迅速破坏水流所及之地的地表生态系统，并慢慢地向空中释放污气，对区域生态系统的破坏性最强，一国的污染物排入大海，洋流会将污染物无限扩散，危害全球生态系统健康。大气污染随风散发快，土地污染传染慢。水资源不仅和渔业关系最密切,和所有的生命都关系密切。

鱼群在水域中洄游觅食,与生产要素必然追逐市场好价钱有同样的目的。鱼群努力奔向碧藻菁菁、水流泂泂处游弋,目的是选择食物干净和休息安全的地方。因而,对于渔民而言,渔业资源存在流动性和生产存在不确定性。渔民的劳动技巧、熟练度与判断力,必然受此影响。鱼类选择生存环境和渔民的生存条件之间,存在一些本质的必然的联系。

"鱼在在藻,依于其蒲",如同"王在在镐,有那其居"一般的悠然自得。藻、蒲,为水生植物资源,藻为鱼食,也是鱼衣,鱼儿集中在藻丛中睡觉最有安全感。海藻如旆,湖藻羋羋,蒲风烈烈,霞光晳晳,绿色的藻类,受日光照射,受光合作用产出更多的氧气。这是江南宜居的物质条件之一。菖蒲,在江南巧匠的手中,能制成精致的扇子、席子等生活用具,器物精细,凝结工匠精神。

藻、蒲等水生植物和野生鱼类自成一个和谐的原生态系统,传统渔业是环保产业,江南渔文化是江南最古老的原生态文化,渔稻文化为江南文化之根基,由此不断丰富江南原生态文化系统的内容。

"蘇",江南原生态文化符号。艹、鱼、禾,三个组成部分,有两部分与渔业有关。"艹",是"水八仙"、茼蒿等可食的水生植物资源,是江南人民非常珍贵的食物,也是江南特有的水生植被系统。水八仙中的"鸡头米",清香浅甜,市价昂贵,是"鱼米之乡"最珍贵的米。艹、鱼、禾,都是江南经济资源,三者组合成一体,自成一种乡土文化个性。

全球各地的渔民,都有自己的群体文化,这是由各地的经济资源和人文历史决定的。不同区域的渔文化,独具个性,而纷繁多样的个性统一于共性之中:水上居民的一切心理追求、禁忌、祭祀、信仰等精神生活,都以追求自身的生命与财产安全为目的。渔民有"鱼鹰"的捕食技能,半是天生的,他们也是水域食物链的一个环节。渔民又是草根艺术家,他们的劳动技巧普遍高于一般的农夫、矿工和采摘者。

沪,是一种捕捞技巧,起源于东晋时代。当时黄浦江尚未形成,浦东依然是一片大海,苏州河直接注入东海。[1] 苏州河两岸的渔民,于海滩上置竹竿,以绳相编,面向两岸张两翼,这种编竹即"沪"。沪,潮水来时即没,潮落时,鱼

---

〔1〕 川沙、南汇,是长江冲击泥沙而形成的陆地。

儿被竹编留在其中。在唐代,江南沿海地区,沪是主要的捕鱼工具之一。

皮日休有诗生动描述这样的捕捞技巧以及观看者的愉悦感。《奉和鲁望渔具十五咏·射鱼》对江南渔民传统捕鱼技巧的经典总结,文采风华,乡土味足。

射　　鱼

注矢寂不动,澄潭晴转烘。

下窥见鱼乐,恍若翔在空。

惊羽决凝碧,伤鳞浮殷红。

堪将指杯术,授与太湖公。[1]

唐以前,江南渔业处于原始阶段。安史之乱后,中原先进生产工具随着流动人口来到水乡,江南农业经济提速发展。此时,生产工具有了明显的创新。比如网罟,是四边形的巨大网衣,三只角系在岸上三根大木桩上,第四只角系在岸上的"轮轴"上,利用杠杆原理,人力起放,张捕鱼类。[2]

手工机械提放网具,节省人力,又提高捕鱼经济效率。这样的捕捞方法,一般在河流汭汭处作业。"鱼过千层网",网眼足以让小鱼漏掉,而且网衣起降都需要时间,当地水域生态系统的平衡得以保证,也不影响渔业生产。和流动的渔船不同,静态捕捞作业,观赏性极强。

钓　　车

得乐湖海志,不厌华辀小。

月中抛一声,惊起滩上鸟。

心将潭底测,手把波文袅。

何处觅奔车,平波今渺渺。[3]

到了宋代,更发展为船罾。从故宫博物院馆藏画《宋人捕鱼图》中,能明显

〔1〕[清]彭定求主编:《全唐诗》,中华书局,1960年,第 7043 页。

〔2〕用一段粗壮的木制轮轴,轮轴两端打眼,安装两个细长的木棍,这样,一个人的臂力就能旋转起千斤渔网。很多渔具,都利用杠杆原理。

〔3〕[清]彭定求主编:《全唐诗》,第 7045 页。

看出这种船虽体量巨大,也用轮轴起放。宋代江南出现大莆网,这是一种张网。用两只单锚将锥形网具固定于浅海中,网口对着急流,借力流水,冲鱼进入,是江南近海捕捞大黄鱼的重要渔具。

南宋时,空钩延绳钓这种渔具的结构形式近似现代的延绳钓。在根干线上结附许多支线,在各支线上结附鱼钩,敷设在江河、海底层鱼类徊游通道上。当鱼儿路过钓具时,钓钩即绕于鱼体之上。这种渔具,钓捕江中大鱼鲟鳇最适宜。渔夫联合数舟合力作业,每当鱼儿上钩,须候其缓急,急则纵,缓则收,随之上下,当大鱼力乏,引而取鱼。

江南渔民驯养禽类捕鱼,说明古代的渔夫对水鸟的习性有深刻的认识。鸬鹚是一种水鸟,能钻入深水取鱼。宋以后,鸬鹚捕鱼广泛被江南渔民采用。

"声响捕鱼"是利用鱼类的听觉和发声的特性,进行探鱼、捕捞。最早出现于西晋的"鸣榔"渔法,即借助这种原理。鸣榔是"以长木叩船发声",鱼儿惊恐,便于用网捕捞。

唐宋时代,江南造船业迅速发展。宋代所造船只,船体庞大,排水量能高达1 500吨以上。造船业的发展,促进了海洋渔业的进步。

秦汉至唐宋,统治阶级十分重视采珠业,将其视为重要财源。晋武帝司马炎时,交州刺史陶璜建议以"上珠三分输二、次者输一"的税率课税。五代十国至宋初均在合浦设媚川都,大力生产珍珠,产量前所未有。公元972年,宋太祖平岭南,废媚川都,禁民采珠,一度对珍珠资源采取了保护政策。

罩

芒鞋下苲中,步步沈轻罩。
既为菱浪颭,亦为莲泥胶。
人立独无声,鱼烦似相抄。
满手搦霜鳞,思归举轻棹。[1]

钓车、射鱼、钓筒、罩、渔梁、沪等传统捕捞技巧,彰显着渔人追求人与生物的生存平衡,因为渔人是水域生态系统的组成部分。

---

〔1〕[清]彭定求主编:《全唐诗》,第7045页。

范蠡《养鱼经》的"溢出效应",到中晚唐时期,在江南淡水养鱼业又发生了突破性进展。从传统的、单一的养殖鲤鱼,到增加了青、草、鲢、鳙等鱼种,鱼苗捕捞装载业应运而生。养殖业与鱼苗捕捞装载业互相促进,为江南文化增添新内容。

明朝洪武、永乐和清朝康熙、雍正以及乾隆时期推行了一系列振兴产业的政策。在资本主义萌芽和商业繁荣的背景下,江南渔业在捕捞、养殖、加工等领域,都出现了新的进展。渔具和渔法有了更大的进步。

海派文化引领江南渔文化创新发展的最大亮点,是上海统一鱼市场的建立。现代市场管理模式的运作,促进了渔业经济效率提升。统一的上海鱼市场,对江南渔业经济的生产、交换、分配和消费,以及渔文化再生产,都产生了积极的影响。渔业生产方式的变化,给江南渔民生活方式增添了新的文化元素。

渔民的气象学

江南渔民长期摸索太湖水面风力、风向等信息后,总结出一套有利于渔业生产发展和渔民生存安全的科学知识。太湖渔民总结出全年有 20 个"风信"的规律,与太湖渔民民间信仰和祭祀活动相关,这些风信除了谷雨、立夏、立冬、小雪和大雪等以公历报日期,其他均为农历日期。

正月十"开印报"。

正月半"三官报"。

二月初二"土地报"。

二月初八"大帝报"。

二月十九"观音报"。

二月廿八"老和尚过江"。

三月初三"芦青报"。

三月廿三"娘娘报"。

四月二十"谷雨报"。

五月六日"立夏报"。

九月初九"重阳报"。

九月十三"皮匠报"。

九月十九"观音报"。

九月廿六"一头风"。

十月初五"五风信"。

十月半"寒潮报"。

十月三十"利星报"。

十一月八日"立冬报"。

十一月廿二"小雪报"。

十二月七日"大雪报"。[1]

渔民天生具有环保精神,他们懂得水资源的珍贵性,也懂得鱼类的生长规律,按各种鱼类的"鱼龄"捕捞或放生。渔民更懂得善待自己的生存环境,因为这里是他们祖祖辈辈的生命载体。他们在江南水乡生活生产一万余年,能一直保持人地和谐,代代传承渔文化。他们以渔歌口耳相传科学技术和对生活的认识。

江南渔民信仰多种神灵,普遍具有慈善的心理倾向。渔民卖鱼用斗不用秤,无须客户市场上买菜求增,大大方方的贸易手段,这是企业家精神。渔夫通过观察法和精致细腻的江南文化精神,创制科学与艺术。渔民造船、织网等劳动技巧较高,这是工匠精神。渔民的工匠精神,还表现在制造大渔船如七桅、六桅渔船,技艺精湛,船形完美,是科学与艺术交融的产物。

渔夫视觉中,地表资源和艺术"境界"是这样的:湾头茱萸红十分,湖中鹭鸶白一群。依船纵入采菱队,不湿青青荷叶裙。碧绿柳依依,翠袖飘飘,罗衣从风,长袂交错。渔夫的生命,与这样的境界高度统一。

作为人力资源,渔民是渔文化创制的主体,是渔文化发展的核心力量。渔民的一切经济活动,具有独特的文化个性。他们心系水面,不愿上岸,身心安处才是家。泛宅浮家,骑浪的人生路,信仰、灵魂,歌唱生命和生活。渔家的生活画卷中,渔民是水面上的艺术家。

如果将近代中国江南社会分成若干群体,那么,恐怕没有哪个群体的生命力超越水乡渔民的了。即使一苇孤舟东去西来,几片破渔网,祖孙三代摇摇晃晃,他们也能世代繁衍生息。到渔家参观一番,渔民任何的生活细节都令世人

---

[1]　观音报,即"观音菩萨圣诞日"。娘娘报,即天妃娘娘。

惊奇不已、叹为观止。

江南水乡自"三山文化"始,一万余年,渔民世代以捕鱼为生,栖息于这美丽的水乡泽国。他们精通各种鱼类的习性,能以渔歌为"教科书",传承他们的生存技巧,表达他们对生活的热爱。在贫穷、窘迫和三百六十五日的飘飘荡荡中,尽管物质生活水平极低,但他们顽强地与风雨、疾病和不公平作抗争,维护自己生命不息的尊严。他们深爱乡土,这是他们赖以生存的时空。

江南渔民活着好像就是为了含辛茹苦。与江南贵族相比,曹雪芹笔下的宁荣二府里的公子红妆,每日饮甘餍肥、奢侈任性,还是普遍弱不禁风、体弱多病。江南渔民一辈子生长在风浪中,撒网摇橹练就身板健硕。渔民生命力之顽强度高,求生本领超过任何陆地居民。或许全球各地渔民的生存的自然环境都是秀美清新的,但是因为他们经营的是人类的原始生业,他们靠体力、劳动的熟练度和毅力,彰显渔文化精神。俄罗斯维克托·阿斯塔菲耶夫的《鱼王》一书由 13 个内容相对独立的"叙事短篇小说"组成,围绕人与自然的关系,深入细致地描绘了充满神秘诱惑的西伯利亚以及生存在那里的人们,他们关于生活的沉思。荒凉苦寒的自然环境,同时又是大自然尽显壮美广袤富饶之地,人类的足迹在其间如雪泥鸿爪,却又带着生命不息的尊严。作者认为,渔民与自然界抗争,虽然几乎付出生命,但维护生命尊严比维护生命安全更重要。

……战前,每到仲夏季节,埃文基人、谢利库朴人和恩加那善人就沿着叶尼塞河下游地区锥形兽皮帐篷,用冰下鱼钩捕捉各种鲟鱼。鱼钩上装一块熏过的泥鳅作钩饵。单凭傻乎乎的鲟鱼连钩子带泥鳅一口咬住不放这一点看,这种鱼饵的味道大概是够美的了。[1]

人们终于钓到一条大鱼,用渔船撞翻这条大鱼,"鱼儿翻了个身,腹部朝下,它用竖直的脊鳍试试水流,用尾巴掀起浪头,迎着水冲撞,差一点把人从船舷上硬扯下来,差一点连指甲和皮全扯掉,好几个钩子一下子就折断了。鱼儿接二连三地用尾巴翻打,终于挣脱了排钩,身上的肉被排钩一块块扯了下来,身体里还扎着几十个致命的钩子游走了。"

这条暴怒的鱼虽然身披重创,然而并未被制服,它在一个地方扑通一

---

〔1〕〔俄〕维克托·阿斯塔菲耶夫:《鱼王》,夏仲翼等译,广西师范大学出版社,2017 年,第 263 页。

声,杳然而逝,卷起一个阴冷的漩涡,这条脱钩而去的神奇的鱼王已怒不可遏。"去吧,鱼儿,去吧! 我不向任何人说起你的行踪,尽情地活下去吧!"捕鱼人说到,感觉如释重负。身体感到轻松是因为鱼不再把他往下拖,不再像铅块那样吊在他身上,内心感到轻松是由于一种非理智所能透悟的解脱的感觉。[1]

食客笔下的渔文化,或是寄托乡愁,或是回味人生。尽管距离渔民的凄苦生活很远,但他们舌尖上收获的味道,丰富了他们的人生经历。西晋文学家张翰曾借口思食鲈鱼归隐江南故乡,苏东坡也曾怀念四腮鲈鱼,终生不忘。

亚当·斯密认为:"劳动生产力最为重大的进步,以及人们不管往何处引导或在何处应用劳动生产力,所展现的大部分技熟练度与判断力,似乎都是分工的结果。"[2]随着社会进步,产业分工的扩大,当渔民成为一个相对独立的社会群体,渔业专业化程度会不断提升。渔业经济的专业化强,职业转换难度较大,陆地居民想进入这个产业和渔民转换成陆地的农民,可能性都极小,所以渔文化的形成具有自然形成的"垄断性"。江南渔民群体又可以微分成若干小的群体,而各个群体都有自己的一些特殊的"行话"和肢体语言,这也构成江南文化的特色。

江南渔民是江南土著民,是江南原生态文化的初始创造者。江南渔民的劳动专业化强,捕捞、养殖、驾船等技巧代代传承并创新,藏有好多独门绝技。江南渔民抗贫困的能力超强,"平江渔艇瓜皮小,谁信罴船万斛宽"。一家三代人可以居住在一叶扁舟上,日为衣食所累,还是坚强、乐观地活着。他们热爱自己的水域,他们大多数人几乎终生没有受到正规的学校教育,竟然能创造出灿烂的渔文化,辐射出江南文化精神。

江南渔民又是一个文化群体。大部分渔民,终生以船为家,生活条件艰苦,饥则以臭鱼烂虾为膳,渴则以灌愁海湖水为汤。冬季是破袄不挡朔风寒,夏季则蚊虫叮咬日夜间。但是他们不愿意上岸,在风雨飘摇中,唱着渔歌追逐理想中的生活。

江南渔民生产、生活各个环节都在体现"渔文化"。[3] 余秋雨在《何谓文

---

〔1〕〔俄〕维克托·阿斯塔菲耶夫:《鱼王》,夏仲翼等译,广西师范大学出版社,2017年,第288页。
〔2〕〔英〕亚当·斯密:《国富论》,"总序",第1页。
〔3〕李勇:《太湖渔稻文化述论》,《安徽史学》2013年第5期,第125—128页。

化》中分两个部分回答"文化"：第一是生命的回答；第二是学理的回答。生命的回答指"考古学家告诉我们，文化最原始的意义，是人类生命的痕迹"。学理的回答指"文化是一种精神价值、生活方式和集体人格，因此在任何一个经济社会里都具有归结性的意义"。[1] 经济发展过程同时是一个文化过程，经济活动从起点到终点，然后再生产，全是文化的创造。

渔业经济活动是渔文化的起点和终点，然后再形成和消费，这是渔文化发展的轨迹，也是人类文明发展的轨迹。

田学斌在《文化的力量》中指出：文化，是人类在漫长的历史实践中的精神积累，一代一代的人生下来，长大、变老、死亡，又从这个世界上消失了。之后，留下来的东西就是文化。文化会形成一定的思想，改变人的观念，而观念汇聚会形成人的价值观，价值观决定人的动机，不同的动机会产生不同的行为。[2]

渔民的文化生活对渔业发展有强大的反作用。他们的日常生活习惯、鱼俗、祭祀活动、信仰、参与抗击倭寇也都有一番文化的意义，渔民生活习俗、信仰等对渔业经济发展能提供一定的文化动能，"渔文化"是太湖经济发展的文化引擎。

江南渔民禁忌很多，因为贫穷、捕鱼作业风险大，他们需要虚幻的世界寄托希望，祈求并相信有一种力量能给予他们人身和财产安全，即人们需要的安全感和依靠感。

渔民追求和谐、安全，他们在长期的生产劳动中创造了很多"渔俗"：渔船制作之程序、风报（风信、报头）、禁忌等，都有特定的文化内涵。

渔民信仰神鬼、英雄等，表面上看非常迷信。他们相信必然存在一种超越人力的"神力"，这种神力，能给太湖渔民带来福报，趋吉避凶。

在渔村里特别是在渔船上，渔民洗鱼、做鱼羹、烧饭，总要用打水的小木桶从淡水舱里打水，或往大海里打水。但渔民却称呼这打水的小木桶为"吊亮桶"，忌讳叫"打水桶"。"水"与"输"谐音，渔民只盼望出海年年有盈余，忌讳输。

渔民对妇女的日常举止禁忌颇多，他们轻视妇女，表现在生产和衣、食、

---

〔1〕 余秋雨：《何谓文化》，中国友谊出版公司，2013年，"自序"，第2页。
〔2〕 田学斌：《文化的力量》，新华出版社，2015年，第1—2页。

住、行诸多方面。女孩一出生都是以"只"称呼的,谁家添了女婴就说生了"一只丫头"。

生产生活的重大问题都是男人决策定夺,女人不允许"干政"。男人请客吃饭时,女人也不能上大桌的,只能凑在小桌边吃便饭。

渔船上搁在船头的便于上下自家船只的跳板有两条,其中的一条叫"龙门跳",只允许男人走,女人只能走侧面的那一条。

渔民每家的渔船后篷都放着菩萨神像,船上的女人无论何时也不能进入后篷,更不能冲着"神仙老爷",她们只能从左右两边入内。即使是在盛夏炎热的天气,女人也不能穿着短裤,否则被视为"不正经"。

新婚未满月的女人,不能随意上到别人家的船上,因为她们被认为是"火脚",容易引起火灾,若有这样的女人无意闯入,船主只能燃放鞭炮以驱散晦气。

如果是正在生病的船民碰到别人家的花粉娘子(即新娘),那病人就会一直病下去。

旧年江南,大船上的妇女一概被称为"后半只",她们一般只能在船的后半部活动,否则就被视为犯了"船艄上前"的禁忌,对船主全家都非常不吉利。

江南渔民日常生活中的禁忌还有:渔船船头不能随意大小便,否则就是对神的不敬。太湖渔民还认为若在船头大小便会吓走鱼虾,影响生产,后患无穷。

江南地区的内河渔民,若看到已经去鳞的黑鱼逃入河中,必将其捕回方休,因他们疑其会变成毒蛇,伤害他人。[1]

江南渔民特别禁忌"浮尸"二字,据说渔民看见有人落水也不肯相救。他们认为人落水就是替水鬼讨得替身,落水鬼在水中,平时可以替渔民将鱼赶入网内。渔民若是救了落水人,那么,水鬼就找不到替身了,它以后就会将鱼从网内赶走,渔民必然因此捕不到鱼。

江南渔民非常忌讳说"翻"或者"翻身"之类的话。渔民终年四海漂泊,风里走、浪里行,他们特别希望保平安,图丰收,于是将船视为自己性命之所系,养家活口之所依,所以特别忌讳说"翻"字,他们更希望年年岁岁,生生世世,都绝不会遇到船"翻"的事件。

---

〔1〕《浏河镇志》编纂委员会编:《浏河镇志》,中央文献出版社,2002年,第487页。

渔民整日忙于生产,难得有时间上街买佳肴享用,渔民日常只吃鱼,只有逢不吉利的事以及斋菩萨活动时才买肉杀鸡。渔民吃鱼的时候往往按照从上片到下片顺序着吃,忌讳将鱼翻身,一旦给鱼"翻"身,就很容易引起人们"翻船"的联想,不吉利。东海近海的渔民,虽然素以豪爽、好客闻名于世,但在吃鱼这件事上也避免一个"翻"字出口。

再则,渔民视船为"木龙",而龙又是鱼所变,所谓"龙鱼""鱼龙"之说,就是这个意思。渔船不能"翻"、"木龙"不能翻、吃鱼不能随意将鱼"翻身",皆因"鱼"和"龙"紧密相连,而且又事关渔民的生命财产安全和一家人的生计所在,故而"吃鱼不能翻鱼身"也就成为一道约定的俗规,被所有太湖渔家人所认同和严格遵守。《韩非子·解老篇》曰:

> 故以理观之,事大众而数摇之,则少成功;藏大器而数徙之,则多败伤;烹小鲜而数挠之,则贼其泽;治大国而数变法,则民苦之。是以有道之君贵静,而不重变法。故曰:治大国者若烹小鲜。[1]

所谓"数挠之",即多次翻动。所谓"贼其泽",即鱼翻烂了,伤害了鱼的光泽。也就是说,煎小鱼不能多次翻动,治国家不能朝令夕改,有道之君要虚静无为,不要变动治国之道。

新客上渔岛,进渔家作客,老客首先把这个特殊的风俗习惯告知新客须遵行无误;如果客人主动遵守渔家这个习俗,渔家会对来客更加敬重。如果客人不小心将饭碗中的东西打翻了,也只能说"泼落",东西翻身只能说"涨身",盛饭说"添饭",因为"盛"与"沉"谐音。[2] 吃饭时,羹匙不能背朝上搁置。在渔船上或渔家作客,渔家人在吃羹或汤食中,所用羹匙,都是背朝下平放在桌上或碟中,而决不会将匙背朝上搁在羹汤碗沿。只因渔民及其家人一辈子最忌讳"翻"船之类的现象。[3]

苏东坡生于水乡,他应是很懂江南水乡的民俗文化。也可能因为他常以

---

〔1〕《老子》,饶尚宽译注,中华书局,2006 年,第 146 页。
〔2〕马祖铭、何平:《太湖渔家风情录》,苏州市地方志编纂委员会办公室、苏州市政协文史委员会编:《苏州史志资料选辑》第 29 辑,第 289 页。
〔3〕参见昆山市政协文史征集委员会、昆山市文化馆编:《昆山习俗风情》,《昆山文史》第 12 期(1994年 12 月),第 18 页。

舟为交通工具,所以也同样忌讳"翻"字。林语堂在他的英文版《苏东坡传》里写道:

> 苏东坡善于做菜,他做鱼的方法,是今日中国人所熟知的。他先选一条鲤鱼,用冷水洗,擦上点儿盐,里面塞上白菜心。然后放在煎锅里,放几根小葱白,不用翻动,一直煎,半熟时,放几片生姜,再浇上一点儿萝卜汁和一点儿酒。快要好时,放上几片橘子皮,趁热端到桌上吃。[1]

苏东坡烹制鲤鱼的方法比较独特,煎炸过程中,"不翻动"鱼身,和江南渔民烧鱼、吃鱼的讲究相似。

江南渔家吃饭时,按水浒山庄排座顺序罗列盘盏、端上饭菜。鱼头须放在老大(舵手)面前,鱼尾放在挡橹(舢板小老大)处,谁敢动鱼头,船老大必然怫然不乐,因为他捕鱼经验最丰富,也最有资格发脾气。下肩舱(鱼捞手)吃鱼的中段,也有的说望风的吃鱼体的中段。

这种约定俗成的民俗是渔民灵魂里收藏的"文化",是礼仪,是文化黏性,是身份象征和面子问题。从经济层面分析,渔民向来生活贫困,食物供给不足,渔船上食物分配必须尽量公平。

江南渔民吃饭的筷子不能随意横搁碗上,与羹匙不能背朝上搁置一样。渔船或渔民家里,筷子横搁碗沿上,是大忌,意味着渔船搁浅。

"筷"字的演变和渔民的忌讳有很大的关系。古代人称筷子为"箸"和"筯",《韩非子》里记载有纣王用象箸;《世说新语》中有王蓝田食鸡以筯刺之的记载。因为"箸"与"住"同音,而渔民最忌讳渔船停"住"了。明清时将箸改为"快儿",是行动快速的意思,与"住"音相反,形成新字。[2]渔民与大陆城乡的一般民众不同,大陆居民将盆中的鱼吃完了,就说鱼吃完了,或是鱼吃净了。可是江南渔民不能这样说。无论是在渔船上,还是在渔民家里做客,或是在饭店和渔家人一起聚餐,不允许说"鱼吃光了""鱼吃完了"之类的话。

江南渔民冬天取暖的脚炉被称为"聚宝盆",取吉利的意思。渔家女儿出嫁,都脚踏脚炉,称为"脚踏聚宝盆"。

---

〔1〕 林语堂:《苏东坡传》,张振玉译,陕西师范大学出版社,2009 年,第 196 页。
〔2〕 江苏省太湖渔业生产管理委员会编:《太湖渔业史》,江苏省太湖渔业生产管理委员会,1986 年编印,第 71 页。

在艺术家的眼中,捕鱼场景美在实与虚幻之间:

钓 鱼 诗
李 贺

秋水钓红渠,仙人待素书。

菱丝萦独茧,蒲米蛰双鱼。

斜竹垂清沼,长纶贯碧虚。

饵悬春蜥蜴,钩坠小蟾蜍。

詹子情无限,龙阳恨有馀。

为看烟浦上,楚女泪沾裾。[1]

这首诗是"虚拟"的,叙说诗人游江南见烟浦之上,有怨妇望水垂泪之景。仙人、素书,坐观垂钓者,徒有羡鱼情。

二、泛宅浮家,西棹东帆

箬笠竹竿,以钓于淞。泉源在左,淞江在右。淞江溇溇,桧楫松舟;浊浪沄沄,锦帆镰镰;渔夫世代,泛宅浮家,断梗飘蓬,驾言乐游。

渔民自称"四民之外",他们天性以渔为乐。可以推断,渔民的世界里,一半是烟火,一半是清欢。一半是清醒,一半是释然。

渔民泛宅浮家,凡遇见炊烟冉冉处,或在渡口,或在水之湄,必有岸上人守株待兔,渔夫趁鲜,鬻出渔获物,[2]换取岸上人的白米。这是江南市场繁荣的基础力量。财富因交换而增加,这是江南流动的"微市场"。

吴语软绵,渔歌也婉转,当晨雾霭霭蒸腾,渔歌从遥远处随风飘来,水心百家村民,如同知了鸣响一般,渔歌互答、此起彼伏,乐音和着波光粼粼、船底潺潺一片锦绣江南。

一般而言,人们驾驭什么样的生产方式、生产什么、如何生产、为谁生产,

---

[1] 黄世中评注:《李贺诗选》,人民文学出版社,2005年,第170页。

[2] 渔夫捕捞,不仅捕捞鲜鱼,也顺带捕捞可食的水生植物,他们逮野鸭等美味技巧独特。这都是渔夫的"副业"。

必然对应相关的生活方式。渔民于浪花中求食，与岸上农家、猎户怀揣不一样的生存技能，物质与精神生活境界自然独具特色：

江南水乡渔家乐

茫茫浸薮汇三州，青螺点点水上游。
掉郎野饭饱青菰，自唱吴歈入太湖。
几日湖心趑风起，朝霞初敛明月沉。
十岁痴儿两手梳，渔娃不放柁楼居。

谁将横笛叫苍烟，鸕鹚一惊群溜远。
船头腥气滤鱼篮，船尾女儿十二三。
小姑腕露金跳脱，帆脚能收白浪间。
染得指甲红纤纤，新霜爱晕洞庭柑。

那堪青春付流水，莫将烂泥窥朱颜。
未若罛船入赘婿，千金不羡陆家姑。
青盖惊飞白鹭闲，丹枫未老黄芦断。
水仙逢迎掺修袄，红鱼翻滚戏红莲。

浸薮永教分震泽，四民之外乐为渔。
遗将六扇移家俱，尽与渔郎觅食衣。
天风纵横浑无惧，桨橹踏浪轻飞行。
牵得寻囊多饱满，北昂山顶献头鱼。

浸薮、巨区、震泽、雷泽，是不同历史时期太湖的名字，内含太湖成因。青螺，水产肉类。青菰，水生可食植物。柁楼，渔船操舵的后舱室、工作室。北昂山，在北太湖，渔民献头鱼祭祀水神的圣地。[1]

渔民终身活在葭葵揭揭、蒲风猎猎、渔歌唱晚、霜鳞腥鲜的环境中，他们每日享受的是香风甘露，距离海鲜湖鳖最近。即使旧甑闪风、破灶烧湿柴，飘飘的生命亦饱含清欢。月出皎兮，寒江涣兮。水心渔村，百家腔兮。因职业的原因，渔民终生乐于骑浪漂泊。

---

〔1〕 江南渔民定期举行祭祀活动，祭祀他们崇拜的神灵，祈求神保护他们的生命与财产安全。

渔民社会，人们相互学习劳技，自幼练就独门绝活，生活方式和精神也雷同，即使异乡孤舟的渔夫来到江南，也能迅速地融入当地的渔民社会。

渔民普遍信仰神灵，也有宗教信仰，而信仰是一种神力，给水上漂的群体心灵以充足的安全感。

卢梭在《论人类不平等的起源》中说道：

> 更不幸的是：人类越进步，他与自然状态的距离就越远，我们越积累新的知识，反而去掉了越多获得最重要的知识的途径。就这样，从某种意义上说，我们努力研究人类，反而使我们变得更不能准确地认识人类了。

> 很明显，我们应该从人类体质连续的变化中，寻找区分人类各种差别的最初根源。

> 大家都承认，人与人本来都是平等的，就像凡属同一种类的动物，由于各种不同的生理上的原因使他们发生种种变化，这些变化还能够观察得到和区分之前——都是平等的一样的。不管这些最初的变化是怎样产生的，我们却不能认为这些变化能够使人类同时、同样地发生变化。实际上是有些人变得完善或者变坏了，他们获得了一些原本不属于天性的，或好或坏的素质，而另外一些人则长期停留在他们的原始状态。这就是人与人之间不平等关系的起源。但是，这样笼统地指出比较容易，而要确切地解释这一问题却并非易事。[1]

"原始的状态"，就是江南渔民生活的普遍状况。或许渔民无法想象豪门贵族之奢侈生活场景，但是，他们时常苦中作乐：

吴歈·渔家乐

黄金难买眼前春，又届重三祓禊辰。

妾向湖干挑荠菜，泥郎权作绿蓑人。

粥香时节卖饧天，临水桃花相映妍。

莫说游情都烂熳，阿侬偏爱五湖船。

---

〔1〕〔法〕卢梭：《论人类不平等的起源》，张庆博译，陕西人民出版社，2012年，第2页。

野桃开遍浴蚕天,春涨晴波鸭绿妍。

听遍离言泥滑滑,要郎辛苦灌湖田。

雉尾莼生一寸强,船娃情好作羹汤。

恐郎不识乡风味,浓淡还教取次尝。[1]

渔民以船为家,终生飘摇在碧波粼粼的湖面上,浊浪沄沄,弄潮清欢。吴侬巧制玉玲珑,翡翠虾须迥不同。万缕横陈银色界,一尘不入水晶宫。劳将素手卷虾须,琼室流光更缀珠。丝网梦梦沐春风,锦鬣辑辑满渍笼。

渔民常年颠簸于风口浪尖:秋冷冬寒,赤脚鹑衣。胼手胝足,樯橹磨旋。空庖煮寒菜,破灶炖糟鱼,少油缺盐。粗陶瓷碗,豁口连绵,刮唇漏饭。老渔夫的皮肤被长长久久的风打日晒涂抹上深深的铜色,摇橹撒网,双手勒出深浅不均的瘢痕,瘢痕无一处是新的,和沙漠风暴常年侵蚀留下的痕迹一般古老苍凉。江南渔民靠风行船,实是"靠风吃饭"、靠天吃饭。

江南渔民的生活境界,在余光中《舟子的悲歌》中是这模样:

一张破老的白帆

漏去了清风一半,

却引来海鸥两三。

寂寞的海上谁作伴?

啊!没有伴!没有伴!

除了黄昏一片云,

除了午夜一颗星,

除了心头一个影,

还有一卷惠特曼。

我心里有一首歌,

好久,好久

都不曾唱过。

今晚我敞开胸怀舱里卧,

不怕那海鸥偷笑我:

---

[1]　[清]范广宪,《太湖渔歌》手抄本,第63页。

　　它那歌喉也差不多！
　　我唱起歌来大海你来和：
　　男低音是浪和波，
　　男高音是我。

　　昨夜，
　　月光在海上铺一条金路，
　　渡我的梦回到大陆。
　　在那淡淡的月光下，
　　仿佛，我瞥见脸色更淡的老母。
　　我发狂地跑上去，
　　（一颗童心在腔里欢舞！）
　　啊！何处是老母？
　　荒烟衰草丛里，有坟茔无数！[1]

　　作者有感于凄苦渔民日常生活的凄凉和寂寞，与自己的悠悠思念共鸣。若未遇见舟子凄凉的生活意境，《舟子的悲歌》怎么可能写得出来。

　　元丰在《天堂歌谣》中有渔歌《网船夫妻苦凄凄》：

　　水上去唷，浪里来唷，
　　披星戴月把渔网撒唷，
　　夜夜孤灯守渔舟唷，
　　白日只拖着三斤小鱼虾唷，
　　晚上盼着大鱼小鱼来上钩唷，
　　明晨上镇能把白米换唷。
　　唉唷咿唷……[2]

　　风雨飘摇的渔家，小渔船随风飘荡。

〔1〕　余光中：《余光中经典作品》，第128—129页。
〔2〕　元丰：《天堂歌谣》，百花文艺出版社，2010年，第181页。

吴歈·常州渔歌

小小舢板湖中荡，
朝朝夜宿芦苇荡，
起更撒下鱼虾网，
船里无不充饥粮。[1]

吴歈·张家港渔歌

天下只有三样苦，
打铁摇船磨豆腐。
打铁赚头三寸对，
摇船难摸橹桩头，
你朝前，我朝后。
我朝前，你朝后——
肚皮哈到背，
哭龙浜（两裤腿间）里滴汗水。[2]

"摇船难摸橹桩头，你朝前，我朝后。我朝前，你朝后肚皮哈到背，哭龙浜（两裤腿间）里滴汗水。"渔船飘摇的所有动作，都在这几句歌谣中。

渔家成员

江南"渔家"分"大家"和"小家"。"大家"，是在捕捞作业过程中结成的相对稳定的群体，实际上是一个渔业生产共同体，既可以是血缘群体，也可以突破这一界限。"小家"，则是由渔民直系亲属构成的血缘群体，是"渔民家庭"的简称；渔家"小家"可以不论，以渔家"大家"而言，其成员构成有"老大""看风"等，他们各有分工，各司其职，是一个自然的社会组织结构。

"船老大"简称"老大"，是一船之主、大渔船的舵手。"每船老大一人，主持一切。"[3]船老大是捕鱼能手，他熟悉捕捞水域的地形，对影响渔业生产的气象变化基本了如指掌，即使是在黑夜中也能带领渔船明辨行动的方向，从而保

---

〔1〕 过伟：《吴歌研究》，古吴轩出版社，2011年，第13页。
〔2〕 过伟：《吴歌研究》，第14页。
〔3〕 曹仲焘：《嵊山之拉钓渔业》，《水产月刊》（复刊）第1卷第5期，第35页。

障航行和生产的安全。船老大还非常懂得鱼群的洄游规律,能准确地判定下网地点,[1]有助于捕捞鱼类。

由于船老大掌握着全船渔民生命和财产的安全,所以他可以得到全船渔民的尊敬与拥护,船老大下达的命令没有人敢违拗,他的报酬是全船最高的。

江南渔民渔船上的第二把手叫"看风",是"看风锣"的简称。这个职务必须实践经验丰富,一般由退役下来的"船老大"担任。职责是当老大将下网地点确定,网具全部下湖后,"看风"的工作就是看网位正不正,风力大不大,航速快不快,方向对不对。捕捞时候,"看风"必须日夜值班,稳坐舱面,聚神注视判断正确,使渔船绕过明山暗礁,保证渔船和网具的安全。他的报酬仅次于船老大。

看风"歌谣"

坐惯船,吓大胆,三级风浪小白菜,
一橹压倒六级风,八级回港把鱼卖,
追着风尾捞一网,浪里白条满船载。

帮人撑大船,四圈无山见,
活动眠床礴,水到床头垫。
仰转看青天,有柯无柯随其便。[2]

江南文化,源于渔耕者的手脑与心口。手脑创造食物和生产资料,心口溢出语言文字,然后形成江南民歌、民谣、民俗、民乐。农谚就是渔耕者的"语言",他们的劳动技巧、生活方式咸集其中。江南民众以吴歌为语言沟通的工具,对外来方言极具排斥性与融合性。[3]民歌,统称"吴歌",包括水面上的渔歌,田间的民歌,丘陵谷里回响的山歌。

---

〔1〕 马祖铭、何平:《太湖渔家风情录》,苏州市地方志编纂委员会办公室、苏州市政协文史委员会编:《苏州志资料选辑》第 29 辑,第 287 页。

〔2〕 过伟:《吴歌研究》,第 16 页。

〔3〕 不懂吴语的外来经商者,很难在江南民间社会立足。外地人和江南人通婚,他们的方言、生活习惯必须改变,这是江南文化的强势力量的作用。

吴歙·崇明渔歌

台风吹得树干抖,大海捕鱼真担忧;

无得吃穿去拼命,壮大胆子浪里兜。[1]

江南渔民的气象谚语,内容与"老大"和"看风"掌握的自然科学知识有紧密的关系:

东北风,雨祖宗。

九月东南二日半,十月东南当日转。

四季东风四季下,只怕东风起不大。

六月西风随时雨。

天旱东风不下雨,雨涝东风天不晴。

久晴西风雨,久雨西风晴。

日西夜东风,明日好填空。

开门风,关门雨。

春风头一隔夜,要吹十七、二十八夜。

日落西风止,不住刮倒树。

日落胭脂红,没雨便刮风。

三朝雾(迷)露发西风。

热极生风,闷极下雨。

南风吹到底,北风来还礼。

晴不晴,看星星。

满天星,明天晴。

星星眨眼,离雨不远。

黄梅天星光,不久雨更狂。

明星照烂地,落煞落不停。

明星照烂地,天明披蓑衣。

秋天怕夜晴,夜晴还要阴。

---

〔1〕　过伟:《吴歌研究》,第18页。

天上起了炮台云，不过三日雨淋淋。

天上云头鲤鱼斑，明天晒鱼不用翻。

云交云，雨淋淋。逆风行云天要变。

天上鱼鳞斑，大水翻过。

日落乌云涨，半夜听雨响。

天上起来钩子云，三天五天雨淋淋。

太阳落山乌云洞，明天晒得腰背痛。

若要晴，望山青；若要落，望山白。

早阴阴，午阴晴，半夜里阴不到明。

小暑不见日头，大暑晒干石头。

东吼（虹）日头西吼（虹）雨。

有虹在东，有雨是空。

有虹在西，出门带蓑衣。

朝霞不出门，晚霞行千里。

月枷（晕）风，日枷（晕）雨。

月亮生毛，大水淹桥。

月亮生毛，大雨滔滔。

连起三场雾，小雨落不住。

春雾雨，夏雾热，秋雾凉风冬雾雪。

霜后暖，雪后寒。

夏寒多旱，夏雾多雨。

夏雾雨来，秋雾阴，冬天有雾霜紧跟。

早晨地罩雾，尽管洗衣裤。

迷露（雾）不开就是雨。

雨雪年年有，不在三九在四九。

雪晴不消为等伴。

小雪封地，大雪封船。

大雨不过七月半。

白露日落雨，路干即雨。

天黄有雨,人黄有病。

冬冷多晴,冬暖多雨。

重阳无雨一冬晴。

上看初二三,下看十五六。

干净冬至邋遢年,邋遢冬至干净年。[1]

"挡橹",是摇舢板的小老大,这个职务大部分由船上的中年渔民担任,是"船老大"的储备,这个职位很重要,因为风对于捕捞成果的影响非常大而言。

"下肩舱"是起网的渔捞手,力气活,一般由青年渔民担任,如果干得好,之后会升迁为"挡橹"。

"挡橹"和"下肩舱",经常在大船后面的一条小舢板干活。在舢板上干活是要花大力气的,不管风大浪高,不管晴天雨天,不管白天黑夜,只要渔船在牵网,舢板就要下湖,挡橹和下肩舱就得干活。"挡橹"负责摇橹,"下肩舱"负责撑篙,二者必须节奏合拍。双方都练就一手捕鱼绝招,因为网具在湖里牵了一段时间后就要用小舢板载人到网袋里取鱼。当小舢板正在泻向太湖的一刹那,他们便从左右两个方向用最快的速度跳进已经悬空的舢板里,连船带人飞向100多米远的湖面,如果稍不小心就要摔伤落水。

"半粒头",是指刚参加捕捞作业的青年渔民,他们通常干些杂活,如冲洗舱面、洗刷舢板、分拣鱼虾、搓绳补网等。

每艘船有2至3名女工,她们负责全船的伙食和夜餐,空下来时结结网拣拣鱼。在嵊泗列岛,妇女在家除操持日常生活,管理家务外,大都无事可做,[2]和淡水渔家的女工相同。

水乡渔民群体虽然"分工明确",当涉及下网、起网、扯篷等重大渔事活时,全船渔民便在船老大的指挥下齐心协力,团结战斗。[3]

渔民在弧形水面上的沟通绝技是"渔家篷语"。这是一种在渔业生产作业时通过渔船篷帆的升降完成船与船之间的联络的独特"语言"。"对船"或两条

[1]　《吴县水产志》,上海人民出版社,1989年,第332—334页。

[2]　江苏省立渔业试验场编印:《嵊山渔村调查》,上海市立图书馆藏,1935年,第14页。

[3]　马祖铭、何平:《太湖渔家风情录》,苏州市地方志编纂委员会办公室、苏州市政协文史委员编:《苏州史志资料选辑》第29辑,第288页。

以上的渔船联合作业时,因渔船间距较远,湖风浪大,所以用渔船的帆、篷升降作为"信号",如同古代战争场排兵布阵后指挥官的手势一样。一对船作业过程中,"作主人"渔船的"招篷"落下,则告知对方"预备起网";"作主人"船尾的二艄篷落下,即"开始起网"。"下樯缆网"、"下小兜网"以及起网都有明确的篷语告知对方或帮内的渔船渔家。

"渔家篷语"还有报警求救的功能。如果有船家将船头上的"招篷"扯下来了。并吊起拖把一只,则说明家里有人突然生病需要求助急救。江南渔民这特殊的沟通工具,是语言,生于特殊的生产劳动中,是飘荡在太湖水面上的文化。

水乡民众普遍信仰多种神灵,这是他们精神生活的特色。旧年江乡,民众居住或出行,终身离不开舟楫,人身常处于风口浪尖之上,水神最能保护他们的生命与财产安全。这是文化之暗能量,指引渔夫的行为。

关于信仰的力量,马歇尔在他的《经济学原理》中有这样的阐释:

> 经济学是对财富的研究,也是对人的研究。这是因为人的性格形成于日常工作及由此获得物质资源的过程之中。除了宗教思想的影响之外,任何其他影响都不能塑造人的性格;而且塑造世界历史的两大力量就是宗教和经济。虽然对于武力的崇尚或对艺术精神的热爱在各地也曾经盛极一时,但宗教和经济的影响仍居第一位,这在任何时候、任何地方都从未被取代过,而且它们几乎总是比所有其他的影响合在一起还重要。宗教的动机比经济的动机更强烈,但是宗教动机的直接作用却不如经济动机对人类生活影响广泛。因为,一个人在心情最好时,在大部分时间里想的都是有关谋生的事情;在这段时间里,他在工作中运用才能的方式以及由此产生的想法与感情,还有他与同事、雇主或雇员之间的关系就塑造了他的性格。[1]

渔耕者生产劳动与生活场景进入江南艺术家的眼里,泼墨山水画就诞生了,这是墨香中的鱼米乡之魂。

---

〔1〕〔英〕马歇尔:《经济学原理》,廉运杰译,华夏出版社,2012 年,第 3 页。

吴歈·车水山歌

东天日出树荫遮,小姐妮打扮去踏车。

臂膊要拿手巾缚,浏河草帽须头挂,

帽顶罩头辫发绿,鲜红玑珠攀下巴,

杨树都板三丫杈,毛竹车桁姐来扒,

脚踏车榔头步步踏莲花,车轴飞转飘水花,

雪白衣裳背上披,桃花裤子金莲遮,

风吹罗裙两边飞,水花溅湿罗裙纱。〔1〕

罩头,江南妇女的蓝头巾,草帽则戴在罩头上。辫发绿,绿头绳结辫发。玑珠,草帽带上的装饰品。丫杈,木制水车。车桁,水车上的横挡,竹制,抽水时人卧倒在桁上,增加车桁的压力。车榔头,即轮槌,位于水车横轴之上,脚踏水车,一档又一档,犹如榔头一般。李贺《后园凿井歌》有云:

井上辘轳床上转,水声繁,弦声浅。〔2〕

"床",井上围栏,竹子制作。与田间的水车是一样的科技原理。车桁似床,人卧其上,提高效率。

昔年江南,田园中的物象有蓝天、红壤、金色稻浪、帆船、水车、风车、蓝印花布头巾下的阿婆、稻草垛齐整整。渔歌、山歌、劳动号子、操着吴侬软语的勤劳汉子。被"鳝血黄泥土"和翻飞稻浪包围的江南名城,阛阓半斟稻花蕊。〔3〕

三、婚丧嫁娶中的民俗学

人类文明运行在两个强相互作用的生产线上,即马尔萨斯《人口论》中的"两个公理":食物是第一需要;男女情欲的存在,保证人自身繁衍,即人力资源之更新。

---

〔1〕 石湖老农唱的歌谣,为笔者在采风中记录。
〔2〕 黄世中评注《李贺诗选》,第145页。
〔3〕 鳝血黄泥土,红黄色,江南地区特有的水稻土,富含腐殖质。

旧年江南，水乡的结婚过程非常复杂，婚俗独具特色，从“无谎不成媒”开始，再进入婚配环节。旧年青年男女，无法自由恋爱。所以，媒婆、适婚男女、两个家庭，存在缘分深浅之联系。

吴歈·渔歌

万顷湖光似镜开，螺鬟几簇碧崔嵬。
欢心更比侬心切，肝胆相披两不猜。
湖水生波弄好风，可怜花放水流东。
欢心似水终难定，安貌如花枉自红。
临湖当镜照蛾眉，湖面山如髻子垂。
妾意如山无撼动，郎心若月有时亏。
山遥水远每怀思，击楫相逢喜可知。
正好湖中风浪静，劝郎结网网西施。
荡湖蝶子两头纤，差喜鲜花价亦廉。
小朵斜簪渔女髻，临流帽影恰齐詹。
八面风来水半淹，杷楼酪卧正恹恹。
阿侬生长浮家里，软笠轻蓑两不嫌。[1]

进入青春，渔家妹子眉蹙春山、眼颦秋水、面薄腰纤，袅袅婷婷。满艄情思萦逗，缠绵固结。对面船艄上健硕的棹郎与妹子目光交接的瞬间，只有渔歌最能传递她的心动。

吴歈·渔家乐

日浴威池说古今，风波险恶是湖心。
一高测到湖心坎，犹恐郎心不及深。
诸山寒色冻如眼，湖上昏黄飏冷烟。
侬自听冰郎钓雪，不同情趣却同船。
渔家乐事戏迎年，节物关心预买全。

〔1〕光福渔民许阿根演口述。“西施”，鱼名，旧年江南的一种淡水鱼，十分美味，因此被捕捞过度而濒临灭绝。

楫柮频添煨芋栗，负喧儿女话摊钱。

十丈山船曳夕阳，帆樯六道破苍茫。
似闻隔岸鸬鹚笑，又为消寒特地忙。
渔娃娇小惯梳妆，私语终身自主张。
不嫁多金洞庭贾，年来要赘棹船郎。

南湖儿女北湖郎，好日偏多嫁娶忙。
水路不须呼摆渡，同舟安稳载鸳鸯。

两舫相违一丈余，嫁期报道在冬初。
盛装怵意蒙头坐，要借银盘当彩舆。[1]

　　泛彼柏舟，在彼中河。蓁首蛾眉，巧笑倩兮，香腮玉面，美目盼兮。髧彼两髦，实维我特。当樯帆樯林缀斜阳，归舟慢慢，相约埭滩渔歌唱晚。㫱彼晨风，郁彼北林。但是，缘分必须经过媒婆的考验。

　　江南婚俗中，下层民众的婚丧嫁娶最复杂，但又最为典型，是原生态文化，也充满担当和道德的内容。

　　和陆地居民一样的成长节奏，渔家子女到了十二三岁的年龄，开始求偶，以渔歌为媒介，展示他们独特的沟通技巧。当他们看到有情投眼缘的异性，便唱起来，倾诉爱慕，随着渔歌辐射着青春气息。渔家子女自幼跟着长辈学会了渔歌，其中有表达爱情的段子，与山区民众的山歌类似。渔歌的内容基本全部从渔民的生产、生活中产生的，内容丰富。

　　渔家男女虽然文采寒碜，但人们对爱情炽热的情感追求不因贵贱而有差异，一般而言，贫困子弟比豪门子弟更珍惜爱情和婚姻，因为他们娶亲太不容易，所以，渔民青年鲜有私订终身的，只能面临居住空间狭窄的尴尬。

　　渔民青年吟唱渔歌如同朗诵情书，或在春风里咏桑寓柳，或在鱼儿在水中嬉戏时设言托意，这是渔民追求爱情的一种特殊的文化媒介，渔家男女一旦在渔歌共鸣的瞬间双方心灵发生共振，而后男方家长拜托媒婆，喜事即告

---

〔1〕范广宪，太湖渔歌手抄本。吴歈，也叫吴歌：包括渔歌、山歌、民歌、渔夫、山民、农民的劳动歌曲，由吴语演唱，像昆曲的"念白"，但是，江南民歌内含气象学、民俗学、农学、地理学、历史学等内容。吴歌，是下层民众教育子弟的"教科书"，是他们代代传承劳动技巧和文化知识之工具书。

成功。

渔歌悠扬缠绵，和着清风碧波，夹带着青山绿水和鱼汤的香醇，别有一番风味，所以杜荀鹤有"乡思在渔歌"之诗歌给以赞美。

渔民的歌谣没有《诗经》里青年男女追求爱情那般高雅，但平民的歌谣内含鲜活的乡土文化。

吴歈·赛过山东甜水梨

> 姐在田里练荸荠，
> 拣着一个大荸荠，
> 汰脱烂泥剥脱皮，
> 轻轻塞到郎嘴里，
> 问荟俫郎啊"啥滋味"？
> "赛过山东甜水梨。"[1]

《采红菱》，菱角是"水八仙"之一，满腹藏那爱意似流水，"两脚菱"最能将爱情传递。

吴歈·鲜鱼成双能容易

> 姐在河头汰席爿，
> 一双鲜鱼游拢来，
> 鲜鱼成双能容易，
> 小姐妮成双能烦难。[2]

因终年风吹日晒，渔家姑娘长相鲜有玉面云鬓，对比陆地上的富家小姐，她们衣食无忧，每日涂脂抹粉，靥笑春桃、云堆翠髻、腰肢一把，即使在大渔船上也是找不到这模样的。渔家姑娘劳作终日，胼手胝足、毛手毛脚、嗓门高高，即使结婚当日盛装华服，也无法打扮得唇吐樱颗、榴齿含香、珠翠辉辉、满额鹅黄。

渔家姑娘从童年到婚龄的那一段不上不下的漫长时光里，因为没有校园

---

〔1〕《汉语大词典》苏州市编写组编：《吴歌新集》，苏州市文学艺术界联合会，1979年，第134页。
〔2〕汪榕培等编译：《吴歌精华》，苏州大学出版社，2005年，第182页。

书卷气熏陶,就算冰清玉润、天生丽质、秀发鬈鬈,也难抵朔风干冷、烈日炎炎,长大了还是荒草满头、春秋垢面、皱纹密繁。

张晓风散文《浪掷》里有对渔家姑娘的印象:

> 我于是想起一段三十多年前的旧事,那时流行一首电影插曲,大约叫《渔光曲》吧,阿姨舅舅都热心播唱,我虽小,听到"月儿弯弯照九州"觉得是可以同意的,但对其中另一句大为疑惑。
>
> "舅舅,为什么要唱'小妹妹青春水里流呢?'"
>
> "因为她是渔家女嘛,渔家女打鱼不能去上学,当然就浪费青春啦!"[1]

旧年江南,陆地居民,农家女很少被送去学堂读书,渔家孩子上岸读书更加不方便,渔家子女加入劳动力队伍恐怕比任何群体里的未成年人都早得多。渔民青年男女因为大多数没读过书,所以也没有城中饱读诗书的公子红妆那样的文采写情书,只能以渔歌来传递爱意。

劳碌和物质贫困,渔家姑娘无法长成城中校园里的书卷姑娘。但她们能经得住风雨日晒,身板健康,热爱劳动,像曹雪芹笔下的"二丫头",与富家小姐弱不禁风有鲜明的对比。

吴歈·睃

思量与你好得场睃,
弗用媒人弗用财。
丝网捉鱼尽在眼上起,
千丈绫罗梭里来。[2]

吴歈·等

栀子花开六瓣头,
情哥郎约我黄昏头。
日长遥遥难得过,

---

〔1〕 张晓风:《张晓风散文精选》,长江文艺出版社,2013年,第26页。
〔2〕 汪榕培等主编:《吴歌精华》,第122页。

双手扳窗看日头。[1]

吴歈·月上

约郎约到月上时,

那了月上子山头弗见渠。

咦弗知奴处山低月上得早?

咦弗知郎处山高月上得迟?[2]

吴歈·网船上阿姐搭艄棚

北风吹起竹园响嗖嗖,

网船上阿姐顶难受,

郎啊,早起里撒网姐抬头,

蔷薇藤采花难落手。

东南风吹得阵阵凉,

网船上阿姐搭艄棚,

郎啊,闪白格子汗巾环勒棚头上,

十八里水路奶花香。[3]

吴歈·唱支山歌探郎心

隔河有个小知心,

姐在对岸看得清,

丢块石头探深浅,

唱支山歌探郎心。[4]

吴歈·山歌唱给知音听

太阳一出红喷喷,

---

〔1〕 汪榕培等主编:《吴歌精华》,第 124 页。

〔2〕 汪榕培等主编:《吴歌精华》,第 125 页。

〔3〕 苏州市文学艺术界联合会编:《吴歌新集》,第 165 页。

〔4〕 苏州市文学艺术界联合会编:《吴歌新集》,第 121 页。

满天都是五彩云，

我唱山歌响铜铃，

山歌唱给知音听。[1]

吴歈·无心无意望花流

一条河水绿油油，

有朵梅花顺水流，

妹妹有心捞花起，

无心无意望花流。[2]

　　渔民的生活时空窄短，青年男女社交范围极小，所以他们嫁娶的范围大多局限于本帮或渔家内部，具有"内婚制"的风俗习惯。

　　渔民子女一般不和陆地上的男女青年通婚，因为他们的生产方式和生活方式有很大差别，日常相处也很难和谐。而且大小船男女之间的婚配泾渭分明，一般不允许跨帮定亲结婚。一般而言，渔家青年只有在本帮内实在找不到愿意嫁或愿意娶的人，而后才会考虑与别的渔民或农民青年通婚，这是长期在帮内群体生产、生活形成的"情感黏性"。渔船上的生活习惯一旦形成，与陆地上的农民生活习性会有冲突，即"文化碰撞"。这种婚姻形式具有浓郁的血缘姻亲色彩。

　　清末民初，民风渐渐开放，渔家子女到一定年龄，有的不一定非要托媒婆介绍，也可由父兄托亲友代为媒，介绍人被称为"冰人"。渔民子女订婚必须由父母做主。定亲后和结婚前，男方都要送给女方重礼。大船渔民子女有的在童年时就定亲了，"配亲"的年龄一般6岁，16岁完婚。

　　相亲合意后，男方送帖子，女方送八字。男家占卜，女家求签，吉利则允，不吉利则退。占吉后便是送聘礼。聘礼视男家自身境况而定。中等人家，一般从10元到百元不等。上等人家则二三百元左右。此外还有开门费、择日费等种种项目。"冰人"提早为两家说通，择吉日送盘。送盘就是定亲。盘中是金银首饰，有的全金，有的半金半银。盘中无非是如意、手镯、耳环、戒指等物

〔1〕　苏州市文学艺术界联合会编：《吴歌新集》，第121页。
〔2〕　苏州市文学艺术界联合会编：《吴歌新集》，第123页。

件。其中又有一求字、呇眷帖子、茶叶若干。[1]

江南渔民多早婚,早婚是为了在体能最健壮的年龄繁衍劳动力,以维持渔业再生产,所以婚姻是渔民一生最重要的事情。[2] 嵊泗列岛的渔民,"乾宅聘礼极丰。吉期谓之'好日',并须遍宴亲朋,故耗费甚大"。[3]

江南水乡一些地方的渔民青年在定亲后,男方须马上向女方家送礼物,被称为"小盘"。一般有胡桃 5 斤,红枣 6 斤,袋袋糕 12 包,每袋上有五彩印八仙;公母鸭一对,鲜猪肉 6 斤 4 两;金耳环、银镯各一副,若不送金银器也可折钱。

渔民到结婚那年,男方按每年送白米一石即 150 斤为礼金;临近结婚的一两个月,男方还要向女方送袋袋糕 16 包,胡桃 5 斤,公母鸡一对,银镯、银耳环各一副。若女方收下了金银器,则每年 150 斤的白米礼金总数可以折半。[4]

因渔民男女订婚较早,从订婚到上门一般需 6 年以上,所以大概估算,到成婚那年,男方一般送女方至少 6 石(即 900 斤)白米,或折送 30 银元以上(20世纪 30 年代前期大概 5 个银元能换得一担大米)。如果是 6 岁定亲,到 16 岁完婚,男方则要送礼金 50 元或白米 1 500 斤,以此推算,价值不菲。

渔民青年从订婚之日起,无论大船或小船渔民,在每年的春节、中秋节、端午节、重阳节或冬至节等节日前都必须往女方及其亲属送礼,这是江南婚俗文化的内容之一。

中秋节所送礼物主要是月饼和苹果,男方要用比较珍贵的礼品来孝敬岳父母及其亲属,以博得他们的欢心,尤其在新婚的当年送给女方的月饼和苹果,要比平常送得更多。送礼物时,凡是女方的直系和旁系亲属,每家都有一份,月饼每份数量在 10—20 只。这样,总计起来,男方每个中秋节一般要送给女方家族 200—300 只月饼,也很昂贵。

自结婚后的第二年起,男方送礼只需给女方的直系亲属了。他们婚后因生儿育女,经济负担增加,送礼的数量逐年递减。婚配时,渔民嫁女一般只陪嫁两条被子和一只锁桶。如果女方家庭经济困难,也可以随心意出陪嫁品。

---

[1] 林成:《清末民初苏州婚俗散记》,苏州市地方志编纂委员会办公室、苏州市档案局、政协苏州市委员会文史编辑室编:《苏州史志资料选辑》总第 19、20 辑(1992 年第 1、2 合辑),第 207 页。

[2] 相对于长江以北的人,江南民众日常生活相对来说更节俭,但凡逢儿女结婚喜事,他们比北方人大方多了,宴席讲排场,食材讲究,烟酒的档次也是尽自家经济实力的极限准备,现在的江南婚俗"盛席华宴"还是如此,与北方人操办子女婚事的排场明显不同。

[3] 江苏省立渔业试验场编印:《嵊山渔村调查》,上海市立图书馆藏,1935 年,第 13 页。

[4] 袁震:《太湖渔俗考察》,《苏州大学学报·哲学社会科学版》1993 年吴文化研究专辑,第 71 页。

经济条件较好的大船渔民的女儿陪嫁品有很多：矮橱一只，皮箱一只，小管箱一只，脚桶一只，粉桶一脚炉两只，被子两条，藤匾两只。比较起来，渔民结婚花费男女实际上不对等，至今仍然如此。

江南渔民结婚，时间一般选择在春天，正月初三或初五。他们结婚时不仅要做道场、隆重祭祖，还要请神祭菩萨。婚礼请神或祭祀菩萨时，新郎和新娘都需行跪拜礼，有的还要向被称为"码子"的五相公和五夫人画像叩头。渔家婚庆持续时间从一天一夜至三天三夜不等，翩翩连连、张灯结彩，热闹非凡。但举办婚庆，视家庭的财力和社会影响力而定。极端贫困的渔家，也有选择"哭亲"的，这种"哭亲"的前提条件是男女方父母必须有一个已经去世，或正是因为父母不全才导致贫穷。男方或女方一人戴孝哭泣，买一个猪头，再点燃一对香烛跪拜，哭到家门口后，卸掉孝服即算成婚了。

渔民婚宴时，男方家庭会为来客中的女宾每人发一个红绒花，这项任务一般都由新娘的妹妹担当，名曰"发喜花"。女宾将花佩戴后，整个新春中都不拿下来。每吃一次喜酒增加一朵喜花，直到一个月新春过后才摘去，保留喜气。

渔民庆祝婚宴时，数船联排一起，渔夫娱乐的日子，渔船也赚足了悠闲。各船上遮有篷布，宾客全部在平基板上围成一圈席地而坐，人数少的也有八九个，多的有十五六个。他们背靠大桅杆面朝船头的座位是上座，按渔俗，这个位子一般是娘舅才可以坐的，称为"娘舅靠打墙，姑夫倚二墙"。外甥结婚时，娘舅送给外甥脚炉，即"聚宝盆"。新婚当天，娘舅的位置非常重要，甚至超过父亲的重要性。结婚喜庆酒席的饭菜品种从四五十样到七八十样不等，果蔬佳肴、大鱼大肉、鲜花着锦，盘碗似似，蚀魂酥骨，美味满仓满艄，樯旗飘舞添喜昇。

小船渔民青年结婚，一般只办三四桌酒席，或仅吃个团圆饭。家庭财力雄厚的渔民则会相互攀比，每样饭菜都用中碗装到七八成，等客人吃完后碗不拿掉，由主家点碗数。用渔民的话说法，看看喜庆婚宴时，来客吃了几十只碗，碗数越多就表示酒席越丰盛。

他们婚后第二天叫"待新亲"，男方家庭盛宴邀请女方的父母兄妹及姑舅等长辈来家做客。当天不论来客多少，东道主都是只准备四桌，取"四四如意"之意。四桌酒菜丰盛，但忌讳上淡水鱼，否则视为对女方家人大不敬。若女方家里来人太少，酒桌不能满客的，男方的亲戚仍然不能坐上去。

渔民男女结婚后住所的安排也不同于陆地上拥有住宅的农民。渔船的后舱中间是"正房",渔家长子结婚,父母需将这个铺位让给儿子和媳妇。若娶了第二第三房儿媳妇时,按照哥(橹)前弟(橹)后的顺序安排。新媳妇过船后,全船(家)的饭菜和汤饭(夜餐)就由她负责了,直到弟媳妇进门后,烧饭做菜的任务才会由新进船的媳妇承担,以此类推;最后进门的媳妇要一直坚持到长房娶孙媳妇后才将烧饭的任务交出去。[1]

渔民贫困一生,衔口垫背时也有特殊的仪式,这是他们的丧葬文化。

太湖渔民办理丧事时,一般将对船联结在一起,死者尸体平卧在前船平基板上,以示对过世者的哀悼。离船入葬时,一般要放爆竹三个。如果没有爆竹,要用钵头或碗来代替,以此驱赶野鬼,为全船渔民保太平。主人家对来吊唁者发放白布,白布上面都用白、黄绒花点缀,直系亲属戴白花,旁系亲属戴黄花,丧礼持续戴到"断七"(七七四十九天)才可终止。三日起经七日发引——玄孙由红臂章代替黑花,表示是喜事了。渔民举丧日,主家准备膳食招待亲友,称为"吃豆腐饭"。在举丧后,每"七"要用不同膳食祭奠亡灵,渔人有"头七团子二七面,三七糕,四七混饨五七饭,六七圆子收七酒"的风俗。

海洋上的渔民,如嵊泗列岛的渔民,衔口垫背之后停灵柩于正室,头朝左脚朝右,由僧尼诵经,入殓成服。出殡时,"灵柩所经之处,户前多倒插扫帚一把,谓能阻止阴魂侵入"。[2]

百年托命在浮舟,物化偏能遂首邱。湖上青山好埋骨,羞他水葬用绵兜。樵夫招隐指岩阿,捍首船头不一陵。漫说此屯堪架屋,怕他平地有风波。渔人死后往往在山边置地下葬,或窆于圬草菁菁处,或瘗贫穷之躯入椟椟古木下。他们的子孙每年清明上坟祭奠,并用米粉做成红、黄、青、白各色小团子,用竹子扦后插在坟上,要让小孩子们来抢,小团子被抢得越快,主家将来发得越快。还有的渔民因为太贫穷而买不起坟地,死后就安葬在泊船所在地的"化人台"上,这样,清明就不用上坟,节日也不用祭祀了。[3]

---

〔1〕 江苏省太湖渔业生产管理委员会编辑:《太湖渔业史》,江苏省太湖渔业生产管理委员会 1986 年 6 月印行,第 70 页。

〔2〕 江苏省立渔业试验场编印:《嵊山渔村调查》,第 13—14 页。

〔3〕 参见昆山市政协文史征集委员会、昆山市文化馆编:《昆山习俗风情》,《昆山文史》第 12 期(1994 年 12 月),第 19 页。

四、勠勠相和清欢的生命

人文社科与自然科学研究的目的,殊途同归,那就是人类一直都在努力探索存在与生命的价值和意义。

一个"四民之外"的弱势群体,他们在水上施展出来的劳动技巧、熟练度与判断力,让陆上的人们叹为观止。江南渔民为江南人民提供海鲜湖鲜、水八仙、海藻,他们为陆地上的人们制造园林提供最精美的湖石山石、斑斓珊瑚。

漏透瘦皱之太湖奇石,是江南渔业的副产物。岸上人眼里的宝物,是渔民行船之障碍物。旧年江南,渔民结帮作业,四船为一个组织,身轻体小的两船前面探路,因为木船就怕被水中的石头撞出"泰坦尼克号"悲剧。休渔季节,渔夫副业采石,卖给"山船",扩大了生产者剩余,也成就了古典园林。

朝阳落日中的渔夫生活剪影,满脸挂着苦涩的海风。望远愁多莫纵目,岸上人看到的渔民,感觉他们生活在无何有之乡,但渔夫却认为自己什么都不缺,无怀葛天。闲时渔家,偶会见到老鼠直线走船舷,脚不沾地,只怕遇见猫咪。渔夫呼吸着江南大地上最富含养分的空气,看着埂上垂柳齐斩斩,欣赏水面杨花溶荡荡,饮浊醪玉液也如品金波邀明月。

陆地上的人们认为渔夫活在梦幻世界里,有李煜《渔父》诗"浪花有意千里雪""一棹春风一叶舟"为证。

当年轻的渔家男女从睡意深深,清冷如洗的夜中醒来,他们的情感需求顺着吴侬软语娓娓道来:

清荡荡来白荡荡

清荡荡来白荡荡,
荡荡么河里好风光,
船要么风光双次头橹,
姐要风光来两个郎。[1]

---

[1]　汪榕培等主编:《吴歌精华》,第170页。

江南雨季，旋转的风吹着细且柔的密雨，尽向舳头卷来。篷布破旧下坠的垂条若秀发飘散舞动，渔火、渔夫共睹浮云散、明月照人还。

小船渔民使用着露筋的桌子，劳累休憩的时段，陪伴渔夫的是几口沸烫的粗茶、一管浓辣的水烟。受日光反照和固体表面吸附力的作用，渔夫的脸颊大多呈朝阳色，色健体壮。

渔夫苇舟长槁，看离恨天边离群的孤雁，饮浊醪唱渔歌，消遣疲倦。吴歈是渔夫的精神食粮，传承着江南渔民生产经验和劳动技巧。

吴歈·六桅渔船风情

六桅渔船骑浪行，巨区汪洋若蛟龙。
餐风宿水等闲过，委身江湖居无定。
百年托命在浮舟，物化偏能遂首邱。
十叶传承渔世业，故家乔木又何多。
尔汝相呼问寒暄，半是朱陈半弟昆。
带带往来争唱晚，水心烟火百家村。
匪风忽发五更时，湖心放脚似马驰。
旋折六帆骑浪奔，使船事本属吴郎。
左右帆开势拍张，牵拖九九起鱼忙。
酉过稍后西风尽，行帐船来便上行。
芦花浅渚难泊舟，便携舴艋好送迎。
一年生计三冬好，吃食穿衣望有余。
每凭云气卜阴晴，风角占来老大精。
试问天文都不省，满湖星斗任纵横。
婚男嫁女费商量，当网完成也不妨。
看日过船歌却扇，便将翁媪叫爹娘。
几家骨肉一家人，泥饮船头任率真。
礼法岂为吾辈设，无妨蓬跣对尊亲。
儿曹识字亦何求，读得毛诗也便休。
事业只知渔利息，功名世上等浮沤。
扯索看篷仗阿婆，元妻把舵去如梭。
兴来自唱渔家傲，不学吴娃荡桨歌。

寻衣觅食利希微,仗得神明水上飞。[1]

　　江南人民,没有哪一个群体比渔夫更懂得享受阳光、月光、星光与波光了。他们享足了亚热带的季风,淋足了江南雨,他们是水域的主人,他们最爱自己的衣食来源地。

吴歈·江南渔歌

月头风起知消息,天气犹留十里惶。

渡头时击晚潮鲜,舟作人家水作田。

且喜岁阑渔税薄,催租吏少扰湖编。

姓氏编排次第呼,侬家祖籍占中吴。

年年纳税终难免,笑问官衙可要无。

结群联舸水成澜,撒绸回船下急湍。

西涨东坍浑不定,沧桑小变惯曾看。

罟船不怕浪花粗,见惯风波在具区。

岁暮时中挝腊鼓,渔榔调腔唱吴歌。

渔家久住太湖边,郎自唱歌侬踏船。

携得太平箫一管,泥郎共过太平年。

辅轩一费搜张罗,鸥国鱼天乐趣多。

写与榜人娱寂寞,何妨鼓枻当山歌。[2]

　　渔夫劬劳,见碧纱窗下水沉烟,恍若仙国。绸缪束楚,三星在户。肃肃鸨羽,集于苞栩。谁能亨鱼,溉之釜鬻,唯江南渔夫。

　　北风其凉,雨雪其雱。朔风泠泠,舱外濂濂。隰有苌楚,猗傩其枝。夭之沃沃,乐子之无知。

习习谷风,以阴以雨。

施罛濊濊,鳣鲔发发。

---

〔1〕 作者于20世纪90年代游历江南时耳闻,记录下来的。
〔2〕 范广宪,太湖渔歌手抄本,第43页。

> 渔家爷孙，黾勉同心。
> 湜湜其沚，鲈鳜哼喋。[1]

当渔歌唱晚，桂魄流光铺满艄，月送归舟渔歌起。泥碗款斟浊醪饮，酒香荇香魂陶醉。

湖风薄醉，杨花趣趄。渔民的梦田中，满是流浪的白云、掉队的行星，自由清欢地为自己活着，泛若不系之舟。

鲁迅在《范爱农》中写到的江南水乡"浮水好手"范爱农，不禁船儿的摇晃，溺水而死：[2]

> 一天，几个新的朋友约他坐船去看戏，回来已过夜半，又是大风雨，他醉着，却偏要到船舷上去小解。大家劝阻他，他不听，自己说是不会掉下去的。但他掉下去了，虽然能浮水，却从此不起来。[3]

绍兴黄酒，酒力不重，即使喝得有点晕乎，江南水乡生长的人乘坐舟楫习惯了，也不至于落入河里。范爱农虽然是凫水好手，但是脚步无法像渔民那样能"粘贴"在船舷上。

对于渔夫而言，无论船体如何摇晃，他们都能在船舷上快速行走，犹如人船一体。渔民的身躯与船体不可分离，似乎是渔船的组成部分，所以他们不愿意上岸，宁愿一辈子摇摇晃晃。或许，他们也没有到过豪门，脑海中无所谓"富裕"，只是感觉自己米粮欠缺、铜钿太少，无法进行扩大再生产。

近代江南渔民几乎是江南地区最贫穷的社会阶层。风晨月夕，祖孙三代，一条破船，上下颠簸，左右摇晃。无聊时或对唱渔歌，冬季里摇船打鱼类都得抱着肩忍受寒风的侵袭。即使面对侵肌裂骨的朔风凛凛，也得拉起破烂的风

---

〔1〕 罛，渔网。湈湈，撒网入水声音。鳣，大鲤鱼，或大鳇鱼。鲔，鲟鱼，或鳝鱼。发发（bo，音平），亦作"泼泼"，鱼被打捞出水，千尾摇摆，锦鳞汕汕一满罾，让人精神愉悦。

〔2〕 渔民行走的脚步与船舷之间的关系，如同山民爬陡峭的山崖，看似摇摇欲坠，他们还是稳稳当当地上山去了；海边采摘椰子的果农，不仅爬椰子树健步如飞，还有人在两颗椰子树之间悬线来回走动，以节省时间采摘椰果。这类例子还有好多，观察者感觉很玄乎，而渔民、山民、果农等生来就得学习谋生本领，到他们的青壮年时期，掌握的生产技能娴熟，四肢几乎能像猿猴那样随心所欲地游走在自己的生存空间之中。"猴子身轻站树梢"的觅食本领在很多行业中有不同形式的存在。

〔3〕 鲁迅：《鲁迅经典》，云溪主编，中国华侨出版社，2015年，第298页。

帆。小船渔家，缠绕在他们桅杆上的船帆看上去也是冷冷的。

近代江南渔民是中国农民阶层中的赤贫群体。渔家因为资金非常稀缺，船帆破了，渔民经常用他们实在不能再穿的破衣服在船帆上打上大大小小而颜色不一的补丁，扬帆起航时漏着湖风，好像是一面永远失败的旗帜。风穿越破洞发出凄凉的响声，似乎在为渔民凄冷的生活配乐。

鬓角谯谯，刘海翛翛，这是船艄上"老浜瓜"的中年婆娘，深目高颧，脸失红晕，沪语叫"老菜皮"。

朔风凛凛，侵肌裂骨，醉魂酥骨的浊醪，泥引，渔夫酒意醒醒、笑意蛆蛆中"幸福"幻觉，也有过去、现在和未来。

上海嘉定县《渔民谣》

一条破船挂破网，
常年累月漂江上，
朝天困看见满天星，
侧转困看见杨树根。
祖孙三代住一舱，
吃的全是糠菜饼，
穿的全是布条筋，
渔民苦处说勿尽。[1]

近代奉贤渔民，大多是全家老小拥挤在一条小破船上，东飘西荡。渔谚："一只破船一个网，日里捉鱼夜补网，吃了早顿无夜顿，渔霸逼债卖儿郎。"[2]

宝山县沿海、沿江的村民，鱼汛期就在近海，沿江捕鱼，因船小、渔具设备差，捕获量不高，万一遇到大风大浪，还会面临生命危险。休渔季节或捕捞淡季，很多渔民甚至靠乞讨度日。为生活所迫，有的渔民冒风出渔，时常有全家丧身鱼腹的惨剧发生。[3]

内河捕捞的专业渔民，一部分终年生活在网船上，俗称网船户；另一部分

〔1〕　金健康主编《太湖渔歌》，上海文艺出版社，2014年，第1页。
〔2〕　上海市奉贤县县志编纂委员会编著：《奉贤县志》，上海人民出版社，1987年，第392页。
〔3〕　上海市宝山区地方志编纂委员会编：《宝山县志》，上海人民出版社，1992年，第987页。

居住在陆地上,叫做杂作渔民。青浦有渔民 1 000 多户,历来都是一叶孤舟,以船为家,漂泊江河,以野生捕捞为主,单家独户生产,日出捕捞,日暮宿船,依靠自产自销维持生计。1949 年,青浦全县淡水鱼产量仅 1 215 吨。[1] 他们长期用传统网具,浊水布网,清水叉鱼。鱼簖、蟹场等基地大多为渔霸占有,普通渔民要向渔霸缴"河港费",否则上市鱼货会被盘剥,这也导致渔民收入甚微,生活十分贫困。[2]

这些渔民的劳动生活状况可从以下渔歌中窥见一斑:[3]

吴歈·披星戴月把网撒

水上去,浪里来,

披星戴月把网撒,

大鱼小鱼才上网,

明日上街换米粮。

吴歈·泪落水面盖星星

太湖深,太湖清,

太湖水面点点星,

一颗两颗无数颗呀,

数来数去数勿清。

渔民苦,渔民恨,

渔民眼泪似水深,

一滴两滴无数滴呀,

泪落水面盖星星。

吴歈·网船上娘姨苦凄凄

网船上娘姨苦凄凄,

---

〔1〕 上海市南汇县县志编纂委员会编:《南汇县志》,上海人民出版社,1992 年,第 356 页。
〔2〕 上海市青浦县县志编纂委员会编:《青浦县志》,上海人民出版社,1990 年,第 237 页。
〔3〕 资料来源:据太湖三山岛、镇湖、吴江、宜兴周铁等地老渔民口述整理记录。渔民因为文盲太普遍,所以渔歌、渔谚没有固定的韵律、节奏,所述的内容各地也很不一致。

夜夜困块冷平基，

日里张鱼拖虾网，

夜里还要捉田鸡，

捉着三条臭鳑鲏，

一早上市换麦粞。

吴歈·披渔妇怨

红娘子来子红娘，

埋怨奴家爹和娘，

三十六行倷不给，

把奴许配给网船郎。

吃得是个无米汤，

困的是个无脚床，

坐的是个无脚凳，

走的是个暗弄堂。

奴头顶芦菲脚踏船舱，

眼泪汪汪烧锅腔，

偑在前头把个网来撒，

奴在后头把个桨来挡，

取起个鱼来给偑去卖，

奴在那船上补个破渔网。

　　旧年常州渔民生活清苦，流传着"担鱼好求，斤米难得"之民谣。他们白天顶着筐，鬻数斤小鱼，从市集换得米粮，撷着回家。过着"晴天穿草鞋，雨天赤着脚，一杆秤，一条裙，生死由天论"的生活。因政治腐败、兵匪横行、税重捐多，往往过一个地方交一次税，遇一次兵付一次鱼。就拿丫河（滆湖）到常州而言，二地仅距20余里，日伪时期就有大小哨卡18道，解放前的几年里还有6道。[1]

---

〔1〕　常州市水产公司编：《常州市水产供销史》（审核稿），常州市水产公司编史办公室，1984年11月内部编印，第2页。

　　昆山石牌地区有渔家30余户,条件最好的有一户,有2只渔船,极个别的渔户拥有昂贵的柏树船。其余渔民生活一般是早籴新鲜米,夜打活树柴。他们通过莆网、污鱼寞、杠网、张箑、牵大网、戳杨扦、钓黄鳝方式获得很少的鱼虾,卖掉换米,仅能糊口,平均生活水平低于一般农民。[1]

　　1950年以前,玉山地区的渔民生活很不稳定,贫富悬殊,绝大多数的贫苦渔民一家蜷缩在一条小木船上,靠每天捕捞得来的鱼虾到集市换取柴米度日,过着漂泊不定的生活。[2]因为捕鱼工具落后,鱼产量极低,一户渔民一年捕鱼产量仅200—300千克。[3]因为贫困,难得洗澡换衣,致使"(渔民中)十个有九个半身上有虱子"。每逢正月初一到初五,渔民一家老小便进城、上村乞讨,将讨来的"叫化团子"集中在船篷盖上晒干,可吃上十天半月。[4]

　　渔民因长期吃不饱饭,日久便习以为常,连"节日"都会遗忘,即便剩一点对节日的期盼,那也是借"节日"的人气而乞讨。在昆山,每逢春节,渔民穿村走巷,沿门乞讨年糕,成为过年的惯例。渔民一般不买坟地,死后绝大多安葬在泊船所在地附近的"化人台"上。所以,清明不用上坟,节日也省得祭祀。

　　渔船上虽也供奉如来、观音、关帝、玉帝、王母等泥望菩萨或纸印神像,但因经济拮据,一年到头也很少烧香点烛。水仙、龙王此类的庙宇及庙会活动极少,仅锦溪有水府庙一座,周市有水仙庙一座,陆家有龙王庙一座,蓬朗有龙王庙一座,并在八月十八日举行庙会。

　　旧年江南,唯亭镇渔民散居船上,以放鸟(鸬鹚,俗称水老鸦)捕鱼、耥螺蛳、拖虾为生,生活困难。如遇风雪、暴雨等恶劣天气,便无法捕捞,生活无着,有的只好靠乞讨弥补。[5]昆山石浦渔民以船为家,以捕捞为生。渔具破旧,收入微薄,食难图饱,衣难御寒,还要受渔霸欺压剥削和当地匪徒的敲诈勒索。一到寒冬腊月,小孩赤脚单裤,受寒挨冻,无一儿童上学读书。如遇到连续刮风下雪,河江冰封,不能捕捞,只能乞讨。[6]

〔1〕《石牌镇志》编纂委员会编:《昆山市石牌镇志》,上海科学技术文献出版社,1995年,第230页。
〔2〕《玉山镇志》编纂委员会编:《昆山市玉山镇志》,上海科学技术文献出版社,1996年,第309页。
〔3〕张浦镇人民政府主编:《张浦镇志》,西安地图出版社,2003年,第104页。
〔4〕《宜城镇志》编纂委员会编:《宜城镇志》,上海人民出版社,1991年,第653页。
〔5〕唯亭镇志编纂委员会编:《唯亭镇志》,方志出版社,2001年,第387页。
〔6〕沈姐妹主编:《石浦镇志》,中国华侨出版社,2003年,第401页。

"解放前夕,物价飞涨,渔民更是民不聊生。"[1]昆山锦溪的渔户,捕捞工具落后,所获极微,水产品上市,又遭受牙行中间剥削,大部分渔民过着半饥不饱的生活。

在吴县,木渎紧靠太湖,境内河道纵横交错,渔业资源丰富,捕鱼网船也较多,历来是鱼虾等水产品集散地之一。清末民初,镇西安桥处的姜潭是个天然避风港,是渔船群的落脚点,经常有二三十只网船每日傍晚停泊于此,次日晨在此出发,开往太湖和其他河港捕鱼,然后上市出售鱼虾,成为全镇历史上水产业的大本营,供应水产品的基地,并成为木渎十景之一。

清代诗人吴溥写有《姜潭渔火》诗一首,"晒网船头近残阳,夜来篷底话团圆。自缘怕涉风波险,只守寒灯傍旧滩"。描述了姜潭渔火景观和旧社会渔民艰辛的生活情景。解放后,此景观因渔民上岸定居而不复存在。[2]

吴县胜浦,内河捕捞主要由来自苏北和山东的渔民流动作业,他们日夜在江河港浜中捕捉野生鱼类,维持生计。沿用传统的渔具,如张丝网、张麦钓、牵大网、扳纲网、建鱼簖、张滚钓、夹大夹网等方法捕捉。有的农民为了自食在农闲时也用扳罾、鱼叉等捕捉野生鱼,晚上用灯捕捉稻田中的黄鳝(俗称捉火鳝)。[3]

民国时期,跨塘渔民都以船为家,靠捕鱼度日,但鱼价低,物价高,湖匪横行。渔具又简陋,以网捕为主的渔船会遭遇"船漏水,网漏鱼"的窘境,大多数渔民缺吃少穿。如遇风雪、暴雨等恶劣天气,无法捕鱼,生活便极度困难,有的只能以乞讨弥补。当时流传着一首民谣:"四季破衣裳,露宿小船舱。风雨来飘荡,最苦网船郎。浑身鱼腥气,沿河日夜闯。吃的薄粥汤,新年讨饭郎(新年上岸讨年糕)。"[4]

在吴江七都,渔民以船为家,以捕捞为生。由于部分水域或为私人产业,或受渔霸控制,渔民捕捞受到种种限制。加之捕捞工具简陋,收入微薄,渔民子女较多,家庭负担沉重,经常捡野柴生火做饭,捞菜叶、瓜皮当菜。冬天,一家人挤在船舱里,靠一条破被挡风御寒,生活较农民更困苦。[5]

―――――――――――

〔1〕《城北镇志》编纂委员会编:《昆山市城北镇志》,上海科学技术文献出版社,1995年,第65页。

〔2〕《木渎镇志》编纂委员会编:《木渎镇志》,上海社会科学院出版社,1999年,第95页。

〔3〕胜浦镇志编纂委员会编:《胜浦镇志》,方志出版社,2001年,第122页。

〔4〕跨塘镇志编纂委员会编:《跨塘镇志》,方志出版社,2001年,第322页。

〔5〕吴江市七都镇地方志编纂委员会编:《七都镇志》,江苏古籍出版社,2001年,第376页。

太仓浏河乡来自苏北的渔民,大多聚居在龙王湾南岸,宝应、高邮、兴化籍的渔民则随渔船而停泊在老浏河口至网船渡一带,渔民在江、海捕鱼,因船小风浪大,时有丧生的惨剧,平时又遭渔霸盘剥,生活困苦。[1]

在镇江、扬中的渔民受牙行、帮头的盘剥和土匪、官府的欺压,生活十分困苦。牙行与帮头勾结,控制水口,压价收购。渔民捕鱼不得上街自卖,如卖给牙行,则只能获得实际价值的50%,故有"鱼半段"之说。帮头还利用封建迷信骗取渔民的钱财。每年的四月初八挂轴祭神,搭台唱戏,向每户渔民收米2—3斗,以中饱私囊。渔民还常受匪害,1948年,渔民张大洪、肖长元、肖长礼遭土匪抢劫,肖长礼被土匪打得身受重伤。[2]

东海渔民的生活状况同样不如意,《嵊山渔村调查》资料记载,嵊山渔民"出渔时之生活,艰苦异常,渔场距离本岛有百里之遥,夜半治饭理具,黎明鼓浪出海,忍饥耐寒,操作于四望无垠之海洋,与波浪为伍,危险殊甚。故偶遇大风浪,渔夫家人,皆集庙跪祷,祈神默佑。……如遇逆风,则不易前进,甚因力竭而随流飘去,不知所终,船货固属无望,渔民亦存亡莫卜"。[3]

1937年,国民政府派员调查江浙海外渔业时,在上海鱼市场董事会任职的唐承宗亲临嵊泗列岛以后写下这样的话:"嵊泗列岛鱼产极丰富,渔民生活极困苦,此实为不应有之矛盾现象。"[4]唐朝诗人王建《海人谣》中,海洋渔民的贫困可见一斑:

> 海人无家海里住,采珠役象为岁赋。
> 恶波横天山塞路,未央宫中常满库。[5]

渔民贫困化削弱了他们抗御自然灾害的能力,不安全感让他们什么都"怕","怕风、怕雨、怕水、怕旱、怕病"。渔民自己口头描绘的日常生活是:"橹板头干铜钿完","天晴图张嘴,天雨饿肚子"(吴语押韵)。

[1]《浏河镇志》编纂委员会编:《浏河镇志》,中央文献出版社,2002年,第481页。
[2] 扬中县地方志编纂委员会编:《扬中县志》,文物出版社,1991年,第597页。
[3] 江苏省立渔业试验场编:《嵊山渔村调查》,第71页。
[4] 唐承宗:《嵊泗列岛特辑·引言》,《水产月刊》第4卷第1期,第15页。
[5] [清]彭定求主编:《全唐诗》,第1923页。

渔翁得利人人晓，哪知渔人吃西风；

鱼儿死后不瞑目，捕鱼人儿世世穷。[1]

在《嵊山渔村调查》《太湖渔业史》《江苏省志·水产志》《太湖渔俗》等资料中，还有更凄婉的反映苏南渔民贫困生活的渔谚、渔歌（吴语说唱）：

吃是吃个呒米汤，困是困的呒脚床。

网网见现钱，一世不发迹。

坐是坐个呒脚凳，走是走个暗弄堂。

太湖渔家贪早晚，四季撒网不停闲。

天是棺材盖，地是棺材底。

渔网空有千只眼，阿看见侬吃子早顿呒夜饭。

太湖八百里，摇来摇去在棺材里。

鱼眼乌珠不眨，渔民一世不发。

落雨钻桥洞，吹风搁岸滩。

烂泥一搭，砖头一压，绳捆蔑扎，一摇结夹，摇仔半日，不满百尺。

冰有尺把厚，赤脚上船头。

橹板泼泼水，刚巧度张嘴。

三百日好过，六十天难熬。

农民卖米箩担挑，渔民买米手帕包。

湖水涨一寸，粮价跳三跳。

十二月初八还好过，十二月十八急似火，十二月二十八无处躲。

吃了早饭无夜顿，半饥半饱度黄昏。

一条破网团团牵，早夜饭米勿连牵。

日当衣衫夜当被，落雨还要当蓑衣。

一舱点灯三舱亮，祖孙三代宿一舱。

春尴尬，夏讨饭，秋瘪三，冬小开。

船漏水，网漏鱼，篷漏风。

头戴帽子开花顶，脚上鞋子无后跟，身穿衣裳经挂经。

[1] 黄振世：《漫谈渔业》，《水产月刊》（复刊）1946年第1卷第6期，第3页。

　　渔民的贫困生活在电影艺术作品中有着更生动形象的表现,如近代中国第一部在国际上获奖的影片《渔光曲》(蔡楚生编导、联华影业公司 1934 年摄制)。《渔光曲》以江南渔民的现实生活为题材,以贫苦的渔民徐福为经典形象。青年渔民徐福在下海捕捞时不幸葬身鱼腹,撇下老母,留下一对双胞胎儿女。失去儿子的徐母被迫进入船老板家当仆人,受到船老板家的少爷子英的同情,但好景不长,在她一次做家务时,不慎打碎船老板家的瓷器,因而被船老板赶出家门,之后祖孙三人只有流落街头过着流浪的凄苦生活,成为当时社会上的多余人。后来子英从英国归来,在街头巧遇他们祖孙三人,并资助徐母100 元生活费,但他们却被警察误作抢劫犯逮捕,徐母在惊吓和慌乱之中打翻自家的油灯,被油灯引燃的大火活活烧死。历经人间冷暖,双胞胎儿女终于长大成人,回到渔村,哥哥在一次捕鱼时身受重伤,因为无钱医治不久即死去,留下更加孤苦伶仃的妹妹,这时的妹妹只能望着哥哥的尸体号啕呼喊……

渔 光 曲

(C 大调,4/4)

云儿飘在海空

鱼儿藏在水中

早晨太阳里晒渔网

迎面吹过来大海风

湖水升,浪花涌

渔船儿飘飘各西东

轻撒网,紧拉绳

烟雾里辛苦等鱼踪

鱼儿难捕船租重

捕鱼人儿世世穷

爷爷留下的破渔网

小心再靠它过一冬

东方现出微明

星儿藏入天空

早晨渔船儿返回程

迎面吹过来送潮风

天已明,力已尽

眼望着渔村路万重

腰已酸,手也肿

捕得了鱼儿腹内空

鱼儿捕得不满筐

又是东方太阳红

爷爷留下得破渔网

小心还靠它过一冬

乐曲旋律起伏,若心冷的感觉。乐曲节奏悠扬、徐缓,诉说着江南渔民生活的艰辛和忧愁。

《渔光曲》作曲者任光,生于嵊泗列岛,童年时期就目睹现实生活中渔民的艰难困苦。他采用温顺和蔼又激情饱满的 C 大调,引子旋律起伏跌宕,开头从 c 忽降到 g,然后又复升至 d,再降到 g,又由 g 落到 d,使用纯四度、纯五度和弦音,增加凄婉动人的听觉效果,乐曲如泣如诉,意境空阔寂寥。这是主人公对自己凄苦生活的理解,也是主人公的心灵之音。《渔光曲》的作词者安娥是抗日救亡歌曲的著名词作家。[1]《渔光曲》中的"江南",面朝大海,加上东海专属经济区,水域面积占江南总面积至少 70%。《渔光曲》是东海渔民的生活,也是当时江南渔民的生活写照。

影片创造了当时最高上座率和连续上映时间最长的纪录,并在 1935 年莫斯科国际电影节上获荣誉奖,成为中国第一部在国际上获奖的影片。聂耳曾经评价说:"《渔光曲》轰动的影响甚至形成了后来的影片要配上音乐才能够卖座的一个理由",它的成功不是"偶然的侥幸",歌曲内容的现实和哀怨,"以及它配合着影片现实的题材等都是它轰动的理由"。[2]

《渔光曲》是近代中国渔民绝望和贫困生活的真实写照,反映出 20 世纪二三十年代的中国社会阶级矛盾尖锐化一个侧面。

近代江南渔民贫困的原因有很多,主要有市场失灵、政府失灵、渔获物保

〔1〕 孙继南、周柱铨主编:《中国音乐通史简编》,山东教育出版社,1993 年,第 324—325 页。
〔2〕 梁茂春主编:《20 世纪中国名曲鉴赏》,安徽文艺出版社,2006 年,第 57—58 页。

鲜技术落后、鱼类产品的市场完全竞争性、渔霸盘剥以及渔民遭受高利贷者的金融控制等。[1]

近代江南渔民的贫困化已是不争的事实,而造成渔民贫困的原因很多,有来自自然界不可抗拒力量的破坏,如自然灾害给渔民带来的灾难,有来自社会上的恶势力、旧的反动政府的苛捐杂税,高利贷的层层盘剥、海盗以及外力入侵等。

导致渔民贫困的主要消极力量来自社会恶势力,如俗称的渔民头顶"三把刀":奸商、地痞和强盗。在青浦县,"一般的岔河小港,均有渔图控制渔权,这种渔图多为农村中的地痞流氓恶势力者,他们以潮水的去来方向及取蟹的便利为标准,把河港分成段,每段长达二里三里不等,一般产蟹百斤左右,大渔图都占有好多的段。出租给渔民时,每段每年索租米八斗。"[2]恶势力独占渔权,以此出租给渔民,直接榨取渔民的血汗。

吴歈·渔民贫困苦难当

水上渔霸像豺狼,

渔民贫困苦难当,

勿交塘钱命来偿,

算盘一响网上梁头。[3]

正因如此,渔民的命运无法由自己掌握。虞山十八景中有"藕渠渔乐",其来历就很能说明问题。明朝嘉靖年间,一到黄梅季节就容易水淹田没。这时水面到处筑坝封口,渔民无处捕鱼捉蟹。他们驾着渔船,四处寻找生路,终于发现了一条畅通的小河,名叫库浜。谁知渔船刚进河塘,还没来得及撒网,岸上涌出一帮人,凶神恶煞般把一条条渔船拖上岸,收去所有渔网,一把火烧光。原来库浜被一个恶霸占为私有,渔民被断了活命之路,忍不住放声痛哭。哭声传到白茆塘,恰好有条官船路过,官船上坐的是巡抚大人海瑞。原来海瑞正到常熟库浜督办白茆塘的开拓工程。渔民纷纷诉说恶霸罪行后海瑞立即传来恶

---

[1] 李勇:《近代苏南渔民贫困原因探究》,《安徽史学》2010年第6期,第36—40页。

[2] 华东军政委员会土地改革委员会编:《江苏省农村调查》,1952年内部印行,第17页。

[3] 苏州市文学艺术界联合会编:《吴歌新集》,1979年,第38页。按:渔民在渔霸霸占的湖塘范围内捕捞,渔霸以强权逼迫渔民缴纳"塘钱",若捕获物缴不起塘钱,渔网就被渔霸抢去挂在梁上。

霸,亲自审理,并当场判他八个字:"私占官河,欺压乡民。"罚他包饭包钱,开凿藕渠塘,接通白茆塘。恶霸不敢违拗。一年后,海瑞再来巡视常熟,官船过藕渠塘,看到渔民撒网捕渔,渔歌悠扬,轻口赞道"藕渠渔乐",从此,虞山风景又多了一景,即"藕渠渔乐"。[1]

除了黑恶势力盘剥,地主和其他社会势力也会对渔民征收的苛捐杂税,税费名目繁多。据档案资料记载,苏州渔民有"七苦十五捐",七苦是指渔民遭受的七种苦:东洋鬼子、国民党反动派、土匪抢劫、封建坝头、鱼行和高利贷者剥削,还有居高不下的物价。十五捐:船牌捐、鱼箦捐、人头捐、挑板捐、卡子捐、壮丁捐、跑鞋捐、枪米费、保甲费、水面费、许可证费、良民证费、水落拍照费、年节费和过水费。"七苦十五捐"造成渔民家破人亡。

据渔民诉说,他们过去没地方可以停靠船只。"停在街上怕拉夫,停在乡下怕土匪。如(昆山)殿东区(渔民)唐大妹父亲被土匪打死,正仪区俞永林父亲被土匪打死,母亲嫁人,二个弟不得不送给别人,不久也被凌辱致死,结果弄得家破人亡。正仪区渔民沈见发在生产船上被日寇打三枪,一枪未打着,一枪打在仓里,一枪打在妻脚上,医治无效身亡。后沈自己气死家中,留五个小孩寄居亲戚家,五个孩子后来流亡。"[2]

渔民出售水产品要交纳渔业税(俗称荡湖税),长年捕捞的每户交纳5斗米的荡湖税,季节性捕捞的每户交纳1—2斗米的荡湖税。渔民生活艰难,正如渔民所说:"橹板泼泼水,难糊一张嘴。"[3]

吴歈·渔歌·太湖茫茫跨三州

太湖茫茫跨三州,
难容渔家一叶舟,
亲爷亲娘眼泪流,
我唱山歌解解愁。[4]

渔政官员比起城里的肥缺显得砢碜、宦囊羞涩,他们就眼盯着渔民捕获

〔1〕钱钟联:《常熟掌故》,江苏文史资料编辑部,1992年,第302页。
〔2〕苏州市档案馆档案,全宗号C41,目录号2,案卷号47,第43页。
〔3〕娄葑镇志编纂委员会编:《娄葑镇志》,方志出版社,2001年,第183页。
〔4〕苏州市文学艺术界联合会编:《吴歌新集》,第79页。

的美味。渔业生产受到天气的影响较大,收获的不确定性强,而渔政官员,连渔民油锅里的钱他们都想全拿。到了近代,一些高利贷者如鱼行、富商等往往趁渔民资金极端缺乏之时掳掠渔民,使本已赤贫的渔民日常生活雪上加霜。

据档案资料记载,在嵊泗列岛,当地鱼行抓住渔民资金短缺的弱点,"向甬、沪鱼行钱庄贷款,转放渔民,取利甚厚"。[1] 这种贷款的办法有二:一是"抵押贷款",抵押品如金银首饰、渔具、房屋、地产,利息三分至五分,"每年一转,到期无利,照契管业";二是"渔获物预抵借贷",如泗礁方面,以营海蜇业为大宗,每到鱼汛时,一般渔民将本年鱼汛可获海蜇假定数目,以最低价格向资本家抵押预取贷款,到销售时,若市价高涨,则一切的盈余均归债权人。嵊山方面,以经营带鱼、墨鱼为大宗。每届年终时,均须预付来年渔夫薪水若干,在此期间,资本缺少的渔户,又不得不高利向资本家借贷。

高利贷者以向渔民借贷为手段,控制渔民的买和卖的全过程,如青浦渔民沈金福因为资金短缺,不得不向典当行借贷,典当行借贷利息率竟然"按月壹分五厘起息"。[2] 渔民受高利贷盘剥的程度由此可见一斑。

东海嵊泗列岛的鱼商和渔绅对于普通渔民的剥削,可谓"无微不至。"[3] 其中,最可恶的是放"行头钱",利息超过二分。并且单方面规定,借贷人第二年必须以最低价格将渔获物全部卖给债权人。所以渔民,特别是能力薄弱,所处环境较恶劣的渔民,一旦受到债权束缚之后,"除不幸而为风浪所覆灭外,更将终身为债权人之牛马"。[4]

渔民还会受政府的"不作为"或"难作为"所累,比如渔政废弛。根据抗战前渔牧司对江浙渔业的调查,认为"我国渔政废弛已久,为政者只知征税抽捐之权利,不负保护及提倡之责任,任其自然消长,此为我国渔业不发达之最大原因。加以鱼商鱼行垄断市价,外货倾销夺其消费。渔村

〔1〕《视察嵊泗列岛报告书》,《视察嵊泗列岛报告及乡保专座记录以及经纪人公会章程》,上海市档案馆档案,全宗号 Q464,目录号 1,案卷号 150。
〔2〕《(渔民)沈金福借据(民国九年阴历桂月望日)》,上海市档案馆档案,全宗号 Q244,目录号 1,案卷号 561。
〔3〕王白石:《发展嵊泗列岛渔业之注意点》,《水产月刊》1937 年第 4 卷第 1 期,第 16 页。
〔4〕同上。

崩溃日甚一日"。[1]

吴畎·江南渔歌

鱼虾价贱野蔬廉，

山僻困储贵米盐。

远客来迟应宥怨，

盘飧市早味难兼。[2]

渔民每天辛勤劳动的成果是极易腐烂变质的鲜鱼，捕获水产品一般必须当日出售，很多渔民因为家里没有余粮，往往当日出售捕获的鱼，然后到市场上换取米、盐等生活必需品、日用品。

渔民出售渔获物，因为时间成本、保鲜等原因，他们一般只能在离他们附近的小镇子、小集市出售劳动成果，不可能"长途跋涉"到县城或比较大的城市出售，所以，他们捕获到再名贵的鱼，也只能被渔霸们低价拿下。即使鱼市场上鱼价格突然增高，增加的利润也无法回流到渔民手中，因为中间有渔霸、荡霸、鱼贩子收成利润等原因。如果市场上鱼价下降，渔民肯定迅速遭殃，因为他们每天都要吃饭，再便宜也得卖出去。

外来入侵势力特别是日本帝国主义势力进入中国东海、黄海海域侵渔，他们用军舰捕捞海产，攫取渔业资源，同时又向中国倾销鱼产品，这是造成海上渔民贫困和中国海洋渔业衰落的最重要原因。"因为国力不济，渔民呼喊抗议无效，只得任其侵略……又以剩余鱼货，利用籍民，勾结奸商，向各地市场，贱价竞售，尽刮其渔利而去。"[3]故而邓胜裕认为中国渔村衰落的原因主要有三，分别是"外力之侵入"、"捐税苛重"和"海盗横行"。[4]将外力入侵视为造成我国渔业和渔村衰落的第一原因。他认为："我国东黄各海渔场，称为世界三大渔场之冠，出产之富足，渔利之丰厚，久为外人所赞赏，尤以东邻，垂涎最深，觊觎最久，乘我渔业幼稚，挟其雄厚资本，精锐机械，组织大渔船队，深入我

---

〔1〕《渔牧司调查江浙渔业计划》《派员调查江浙沿海渔业实况》(1937 年 2 月)，中国第二历史档案馆档案，全宗号 422(8)，案卷号 58。

〔2〕资料来源：据太湖三山岛、镇湖、吴江、宜兴周铁等地老渔民口述，按后整理记录。

〔3〕邓胜裕：《中国渔村衰落之原因》，《水产月刊》1934 年第 1 卷第 2 期，第 1 页。

〔4〕同上。

领海、沿岸渔猎,已非一日。"俄、法、日、美等帝国主义势力对中国的渔业资源和水产市场都曾进行侵略,而以日本帝国主义侵略最甚。[1]

日本自光绪三十一年(1905年)起,每年分春秋两季在我国沿海调查渔业。日本人并凭借海军为后盾,侵入我国领海捕鱼。及至1929年,日本又开始以大批渔轮强行在我国领海捕鱼,北起辽宁,南迄广东,无处不有其渔轮的踪迹。至1930年,其侵略气焰更为嚣张。中国政府屡屡提出严重抗议,屡次与日人交涉,均无结果。

1931年5月,中国政府为抵制日本侵略,下令全国海关,凡100吨以下的外轮,全部禁止进口,若有运鱼货进口的外籍渔轮,一律视为货船,按照进口税则征收渔税。

日本渔轮仍然不时侵入我国领海。偷捕所得,或者先运至大连转口来沪,或者借华商的名义,在口外用驳船运入,以避免被征收渔税。据载,中国旧式帆船渔业,一直受日本机械渔轮的压迫,加以沿海盗匪、天灾的夹攻,"事业衰退,以至不堪言状"。另一方面,我国市场之鲜盐干制水产物,日货殊占多数,每年外溢之利,数亦可惊也。[2] "日渔轮以进步的技术,任意侵鱼,损害我渔民的作业;并且贬价倾销,致国产鱼货的销路,更受打击"。[3]

"八一三事变"后,日本侵略者侵占无锡,并进行蚕食掠夺,渔业亦不能幸免。1939年,日商到无锡开办渔牧公司,他们驱赶渔民,强占鱼池。当时沿梁溪河北岸,从红桥塅的"亭子池"开始,直到荣巷摆渡口的"长池"为止,以及无

---

[1] 法国殖民主义者对中国渔业的侵略手段多样,除了派遣军舰强行在中国东南和南海海域侵渔以外,还对上海的水产业进行控制,甚至建立渔业银行,进行金融掠夺。根据档案资料记载,解放前夕,上海法公董局代表人代表法国与上海的渔业公所签订合同,即《上海市公用局关于十六铺鱼行码头处理情况的报告及市政府批复》,该《批复》规定,上海的鲜咸渔业公所、敦和公所等租用十六铺的黄浦江边的法租界,必须每年付给公董局租金12 000两白银。参见〔法〕CONTRAT(合同),《上海市公用局关于十六铺鱼行码头处理情况的报告及市政府批复》(1949年8月),一方为"上海法公董局代表人督办范用弟"、一方为"上海鲜咸鱼业公所、敦和公所、得所堂代表人杜月笙、瞿鹤鸣"(副本)。上海市档案馆档案,全宗号B1,目录号2,案卷号393。再如法国建立"中国渔业银行""大发银行"等金融机构,控制中国东南地区的渔业,并赚取利润和利息。参见《建立中国渔业银行的报告》(REPPORT)(20 Janvier 1942),《中国渔业银行、大发银行开办情况》(敌伪政治档案案卷,法帝警务处政事部)(自1935年4月30日起至1942年1月20日止),上海市档案馆档案,全宗号U38,目录号2,案卷号846。俄国对中国渔业资源和鱼市场的侵占主要在中国北方地区,而对苏南影响不是很大。

[2] 《日本渔轮之侵我领海》,载张梓生等主编:《申报年鉴》(1934年)。

[3] 盛毓骏:《怎样复兴浙江渔业》,《水产月刊》1936年第3卷第5、6期合刊,第8页。

锡市水产研究所实验场的鱼池在内,共有连片鱼池 400 余亩均被日军侵占。渔牧公司设在荣巷东边的张巷上,有"平木""洪腊"(译音)两个日本人负责掌管。[1]松江县金山嘴渔民在白山大洋山一带张网捕鱼,"抗战期间,日军于民国二十六年十一月在金山嘴一带登陆,渔业设备因遭破坏——被掠夺、沉没、焚毁等共损失渔船 19 艘,每船除船主外,平均有附渔户 12 户,共计为 247 户,每户以 5 口计,共约 3 000 余口"。[2]还有的汉奸为虎作伥,与侵略者共同搜刮渔民。如 1947 年 5 月 22 日,江苏省政府致电国民政府行政院称,"查本省嵊泗直属区署渔业警察第一中队自二十六年八月勾结倭寇纵火,渔民不得不组织自卫队"。[3]

外来入侵给中国渔业带来巨大灾难,渔民人数锐减,渔船和渔港遭受战火焚毁严重。据统计,江苏省战前渔业人数为 56 402 人,1947 年降至 13 600 人,失业渔民 12 400 人;战后渔轮仅上海存有 15 艘,木渔轮由战前的 6 150 艘降至 3 300 艘,[4]以至"鱼汛时期,长江口虽然帆船聚集,但是因为(渔)港太少,(港口)设备落后,致使千万渔船和无数的水产物随暴风雨白白流失"。[5]

除了掠夺水产资源,日本帝国主义还对中国进行水产品倾销,曾一度几乎独占我国的水产品市场。1923—1924 年,由日本输入中国的水产物每年就达日金 3 000 万元,合国币约 4 500 余万元。1930 年,输入 1 418 万余元,合国币 2 800 余万元。1931 年虽受抵制,但输入仅减少日金 7 万余元。[6]此后逐渐扩大,据《上海市水产经济月刊》记载,1934 年,"日货鱼介海产品,输入我国激增,海参、咸鱼、虾米等,均较去年增加,尤以未列名咸鱼输入,较去年增加四倍

---

〔1〕 窦厚培:《解放前无锡郊区的池塘养鱼》,中国人民政治协商会议江苏省无锡市委员会、文史资料研究委员会编:《无锡文史资料》第 21 辑(1989 年 3 月)。

〔2〕 江苏省松江县渔会呈行政院善后救济总署:《呈请拨发渔船救济渔民并利建设由(卅五年八月十七日)》,《江苏省松江县渔会请拨渔船案(1946 年)》,中国第二历史档案馆档案,全宗号 21,案卷号 25980。

〔3〕 《(江苏省政府)为电报本省嵊泗直属区署渔业队潘招财缴械情形由》,《江苏省崇明县属嵊泗列岛渔业警察叛变抢劫情形》(1947 年 5 月至 1948 年 1 月),中国第二历史档案馆档案,全宗号 2,案卷号 6033。

〔4〕 《(农林部)战前战后中国渔业统计(表一)》,《(农林部)水产》(敌伪业务档案案卷),中国第二历史档案馆档案,全宗号 23,案卷号 1431。

〔5〕 《农林部普及渔业知识计划》(PROJECT NO. 25—POPULARIZATION OF FISHERIES KNOWLEDGE),《(农林部)普及渔业计划、改良渔业计划、淡水渔业救济计划、清岛(长江口)渔港改善计划》,中国第二历史档案馆档案,全宗号 23,案卷号 1533。

〔6〕 河北省立水产专科学校编印:《水产学报》1936—1937 年总第 3 期,第 100 页。

余,故最近我国渔业市场日货充斥"。同年,"日货海参输来激增",当年 11 个月海参一项共进口 18 877 公担,值关金 1 220 246 元,内日货 4 031 公担,值关金 455 554 元,较去年同期之 277 565 元,增加几及一倍。11 月份一个月,共进口 1 760 公担,值关金 112 749 元。日货进口 1 298 公担,值关金 43 241 元,占各国进口之第二位。当年咸青川鱼共进口 107 372 公担,值关金 719 141 元,日货进口 22 446 公担,值关金 129 183 元,较去年同期之 121 410 元,显有增加。11 月份一个月日货物进口 1 454 公担,值关金 8 207 元,占各国进口之第一位。未列名之咸鱼本年日货共进口 46 989 公担,值关金 413 903 元,较去年同期之 103 774 元增加四倍有余,在中国占据首位。当年,中国的海介海产也被日独霸。仅虾干、虾米蛾米二项,"本年共进口 82 433 公担,值关金 685 195 元,内日货进口达 113 020 元,较去年同期之 94 384 元亦有增加。11 月份上列二项货物,日货输入 433 公担,值关金 20 727 元,占进口之第二位。此外未列名鱼介海产品,11 月份共输入关金 586 178 元,内日货输入 480 078 元,占全数十分之八,为各国进口之第一,几独霸我市场云"。[1]

渔民简单再生产、生活成本趋高,也是渔村经济衰退和渔民贫困的原因之一。据上海档案馆档案资料记载,20 世纪 30 年代嵊泗的渔民经济,呈逐渐衰落之象。渔民捕鱼,每年有春、夏、秋三季。每一船出鱼,须费 2 000 元(老大 1 人,薪工 120 元,二副 1 人,薪工 40—100 元,伙友 4 人,每人薪工 40—70 元,米 10 担,约百余元,租船费须 240 元,尚须盐约 30 斤及网、杖、竹、木、顶等)而所得之鱼,每水最多仅有 250—260 担,少者仅 50—60 担(每季六水),所以有时有折本之虞。

导致渔民贫困的经济和社会原因还有:渔民生活资源太受制于自然条件,他们居于农、林、牧、副、渔等初级产业的最底端,靠天吃饭。

英国古典经济学家亚当·斯密关于人类社会两种原始生业渔业和狩猎的论述解释了渔夫和猎人为何贫穷:

> 钓鱼与打猎,是人们在原始社会时期两种最重要的行业,然而社会进步了以后,它们变成人们最喜欢的两种娱乐。人过去不得不做的工作,现

---

[1] 上海市市立渔业指导所编:《上海市水产经济月刊》1936 年第 3 卷第 11 期,第 2 页。按:关金 1 元合国币 1.966 元。

在自己高兴才去做。所以,在文明进步的社会里,任何人如果把别人的消遣娱乐当做自己的职业,一定会变得很穷。例如,自从西奥克里特的时代以来,渔夫便一向很穷。在法律没有严格禁止偷猎的国家,有执照的猎人生活情况也好不到哪里。尽管无法靠它们获得舒适的物质生活,但由于生性喜欢这些行业,许多劳动者仍然会留下来工作。由于全部的产出数量和全部的劳动成正比,所以他们的商品在市场上的售价总是偏低,顶多只能让他们勉强维持生活。[1]

亚当·斯密在《国富论》中阐述社会进步往往对三种"初级产物"造成不同的影响,即珍贵的鱼类与大多数稀奇的鸟类、各种野生猎物、几乎所有的野生禽类,尤其是所有的候鸟。当社会财富及随之而来的奢华习惯增加时,人们对这些物品的需求也很可能会跟着增加。然而,这些物品的供应量即使再增加也无法满足需求量的增加。因此,这类物品的供应量便维持不变或几乎保持一样。但是另一方面,买方竞争的程度却不断提高以至这些珍贵的物品的实质价格可以上涨到离谱的高价。

五、倨傺内蕴辗然之渔歌

渔歌,有渔业科技的内容,也有渔耕者祈求水神、禹王、天妃等神灵保卫他们家人生命财产安全的内容。

云飘飘,水迢迢。苇丛深深,芦花舞风摇摇。一群丹顶鹤,顶着小红帽,低低飞旋,从渔家樯林上掠过。若长笛声声穿透水面横雾霭霭,吴侬软语唱响归舟的涛声,渔夫收获多寡,尽在渔歌的旋律之中。渔歌,是渔民的语言,渔夫心境中的诗与画,被渔歌的音色与节奏缋成。渔歌互答的世界,是渔民精神享受的世界。在渔歌此起彼伏的世界里,渔夫每天呼吸着快活的空气。而歌声与微笑也是通过空气传播的。渔夫一碗江南米酒下肚,比靠赊欠为生的孔乙己的心理快活得多。渔船驶离岸边酒筛,摇晃着饮酒唱歌,水面上的风,很快让渔夫面如桃花、心如春阳。歌声更响,渔夫脖腮内的青筋条条绽出,身心

---

[1] 〔英〕亚当·斯密:《国富论》,第79页。

舒畅。

　　吴山点点愁,吴波万顷悠。吴歈船头唱,吴灶烹鱼禾。亲水而居的渔夫,目光中满是曲美江南。全体江南民众,渔夫目光中的曲美境界最鲜活茂盛、栩栩如生。若是丰收的一天,那么渔人所唱的渔歌便会是阳光的调子,渔人嘴角眼眸藏满笑意。若是捕获砢碜的一天,则会响起僝僽的渔歌唱晚,渔人心境暗淡,云笼青岫愁万片,板紧闷脸心难展。虽然,大部分渔夫终身的物质生活常处于窘迫状态,但是,渔夫心里天地宽,天天浊醪泥饮唱渔歌,放声吴侬语软,心态也鞕然。

　　人类所有的产业,独有渔业能集生产锦鳞鲜美、体育锻炼、愉悦身心于一体。

吴歈·江南渔歌

渔船日日倚烟村,晓暾初上渔烟熏。
空水澄雾霭霭横,桥作行厨佐酒樽。

樯鸟樯燕报新年,点缀湖光万斛船。
也要宜春书帖子,船舱左右补红联。

太湖景物四时宜,寒燠炎凉节令奇。
剩喜渔家添乐府,鸣榔不唱竹枝词。

岁朝香火訉船多,湖上鸣榔笑语和。
爆竹一声锣几棒,顺风旗向后梢拖。

湖上催春鸟乱啼,鹈鹕更劝醉如泥。
要郎得意须行乐,野渡无人日易西。

听水听风好倚妆,湖平如镜更端详。
妾家只占烟波住,都半相逢话棹郎。

摸鱼声里起渔讴,催送郎归妾住舟。
千载太湖谈水利,犹传万顷汇三州。

娇小湖船唤燕梢,寻春日绕水云坳。
十番锣鼓都欢喜,未到元宵尽许敲。

湖光潋滟向春开，万顷琉璃似拨醅。
闻道杏花风信近，隔年檐燕又飞来。

三橹如飞笋档船，渡湖不怕浪喧阗。[1]
吴根越角常来往，结得花猪五日缘。

水暖桃花可问津，湖鲚落网白如银。
累他玉臂揎双袖，手捧论秤卖与人。

桃花乱落水边村，波路垂垂野色昏。
懊恼郎心似萍叶，随风浮苦总无根。

及时樱笋喜开筵，蚕豆盈筐嫩可怜。
一尺鲿鱼初上市，居然风味击冰鲜。

沈沈铁脚网丝稀，钓白归来露未晞。
风味分明湖海别，黄鱼那及白鱼肥。

连朝水涨渡头村，赚得青蛙处处喧。
犹恐风波时打岸，周围斟酌种芦根。

种菱界水以绳防，沙角还嫌刺手伤。
戏脱香裙休谑笑，似夸天足白于霜。

细雨浥微暑不侵，湖波高涨岸痕深。
时光蝶后蝉前好，泰半村家在绿阴。

湖上浮家湖外田，成阴杂树接村烟。
栌枝帆叶随波起，点缀风光菡萏天。

重峦叠巘尽浮波，不枉奇峰夏日多。
取譬池塘开镜面，看来朵朵似高荷。

结暑才知夏日长，炎炎天不到昏黄。
意钱赌罢尝新味，正待开厨豆饭香。[2]

---

〔1〕太湖笋档船，皆用三橹，驶行如飞。
〔2〕旧年江南民众，以蚕豆和大米一起煮饭。

渔娃触暑说犹能，虹气侵天水气蒸。
钓得鳗鲡长尺半，换钱刚买米三升。

炎风扇出火云燃，消夏难为日似年。
扑地一声惊艳去，村奴无赖浴湖天。

浩瀚湖波落日微，风传舟趑上褰衣。
啰啰惯唱迎神曲，树大连根树小飞。[1]

听水听风自度腔，生憎鹚鷞不飞双。
渔娃痴小今犹昨，青箬编篷黄篾窗。[2]

采洋船过果蓬忙，惊起鸳鸯睡水乡。
妾境浑如莲子著，郎情争奈藕丝长。

瑟瑟金风排钓纶，萍床鱼莼结为邻。
倚奁手挽青丝髻，笑语湖干要采莼。[3]

菱枝菱叶胃湖村，天气初凉笑语温。
最好酒前兼茗后，佐餐煮出小馄饨。[4]

水面风牵荇带斜，六桅船大荡湖涯。
片言谑浪郎休恼，船后船前本一家。

已凉天气爱疏衫，漠漠湖光夕照衔。
商略欢踪何处歇，杜圻洲畔好收帆。

环湖村落敞柴扉，男解牵牛女织机。
笑说渔家多聚族，不须银汉泛槎归。

湖明如镜照梳头，时序惊去心不留。
楸叶摘来斜插好，鬓唇添得一分秋。

棹歌唱出太潮边，止好秋收稻熟天。

---

[1] 太湖六桅大渔船祈神用语。
[2] 隋炀帝幸江都，五品以上官员给红楼船，九品以上官员给黄篾船，编织如箪以护风雨。
[3] 莼叶形如凫葵，茎似钗股，色若紫金。
[4] 江南水乡的菱芰，馄饨菱为最佳品。

盼到添薪无落叶，骂愧何必指桑田。

蓼花红处斗娇容，惯狎风波道个侬。
野鸭成群飞不了，分藏七十二青峰。

郎不归来有底忙，裁衣刀尺费商量。
妾情肯与郎悬拟，白菊花间晚节香。

三秋寒信报重阳，湖蟹团脐菊正黄。
沿岸鱼罾收不得，夜乌啼煞月如霜。

回澜先放东西鸭，踏浪尤怜南北乌。〔1〕
网得锦鳞则卅六，不须书札寄吾夫。

渔竿渔网满湖塥，北楫为邻好击鲜。
秋日鲈香春鳜嫩，惯尝腥味妾夸先。

戈船如马走帆帆，千顷烟波一角衔。
两角拖长云脚斗，好看风色送郎帆。

小住渔村半钓矶，种鱼人瘦种田肥。
金风吹得恩波冷，不怪湖艒山艒稀。

棹歌清晏水空檬，娇小舵娘胜乃翁。
掉抢能知十八直，樯帆不碍往来风。

天时不定变晴阴，看遍人情异古今。
妾意缠绵郎莫笑，愿将湖镜照郎心。

六桡船泛太湖边，风色常占不测天。
量斗卖鱼聊换酒，醉归无事趁闲眠。

　　江南渔民懂得生活的艺术，他们是渔捞专家，也是艺术创制者，渔歌就是其中之一，珍贵的历史文化遗产。
　　一个渔夫，瘦骨嶙峋，颈背上刻着一条一条深深的皱纹，两颊披戴褐色的

---

〔1〕　东鸭、西鸭、南乌、北乌等皆是太湖中的山名。

斑块,是烈日反射水面和季风 365 日吹拂造成的良性皮肤病变,褐斑纹从上到下布满面颊的两侧,青色的血管错综复杂地暴露在黝黑的皮肤里头,血流的浪花微微可见,上下嘴唇秋冷冬寒周期性开裂。这就是江南渔民最常见的形象。

渔夫热爱江南这片水域,这里是他们的生身养身之域,即使物质生活不如意,但还是乐观地活着。

渔歌是江南渔民在长期的生产生活过程中积累和创造的乡土歌谣,说唱着渔民的生活意境,渔民的一段段往事、一缕缕情思。

吴歈·摇船调

摇一橹来扎一棚,
沿河两岸全是好花棚,
好花落在中舱里呀,
野蔷薇花落在后船棚。

摇一橹来扎一棚,
沿河两岸全是好风光,
片片麦苗绿油油,
秋风送来稻谷香。[1]

吴歈·橹板两头尖

橹板两头尖,
停船无铜钿,(铜钿,吴语,指"钱")
牛皮一大叠,(牛皮,指民国末年的金圆券)
买勿到一斤盐。[2]

吴歈·泪落水面盖星星

太湖深,太湖清,
太湖水面点点星,
一颗两颗无数颗呀,

---

〔1〕 资料来源:据太湖三山岛、镇湖、吴江、宜兴周铁等地老渔民口述,后整理记录。
〔2〕 同上。

数来数去数勿清。

渔民苦，渔民恨，
渔民眼泪似水深，
一滴两滴无数滴呀，
泪落水面盖星星。[1]

吴歈·渔翁泛舟度光阴

唷——呵、呵、呵……

皇帝都呼万万岁！那有能活一百寿。

在世全身饰金辉，死后同民一灰尘。

来到人间遛一回，为啥如此角心斗？

活时若把冤家做，死后黄泉仇鬼成。

阳间争斗不罢休，阎王面前终跪对。

太平日子啥勿过？千方百计陷害人。

螳螂捕蝉黄雀后，鹬蚌相争利渔翁。

天外有天楼外楼，强人后面有高人。

宽怀大肚真君子，心胸褊狭赖小人。

天地阴暗鬼蹈舞，一道阳光原形显。

我劝世人善良心，西天仙去留美名。

四对鱼鹰养吾命，个个都是孝子孙。

老翁今年八十七，还活十三满世纪。

一条小鱼骗杯酒，简单三餐是一昼。

清平乐道度光阴，天涯海角泛扁舟。

唉唷——呵、呵……[2]

　　渔歌的内容有对子孙的美德教育，讲做人、做事的规矩和道德规范。也有朴实的经济学理论在里面。渔夫认为自己的物质财富不过是捕获而来，所以渔民卖鱼不用秤，用斗量，性情豪侠。

---

[1]　资料来源：据太湖三山岛、镇湖、吴江、宜兴周铁等地老渔民口述，后整理记录。

[2]　元丰：《天堂歌谣》，第182页。

吴侬软语轻轻唱,歌声如同太湖小桥流水,又似轻撒网。江南渔歌数量众多,内容涉及渔捞技术和方法、食鱼方法、渔民婚配、渔民苦难倾诉等,反映比较全面的渔民生活。

吴歈·上苏州来落苏州

上苏州来落苏州哎,
一朵嘛好花啊落在河桥口,
让倻郎采鲜花拗朵去,
倻顺丰嘛顺水啊到苏州。

关浪过去无锡过,
出外嘛算忸丘,
妞总要翘头水关航向天哎,
忸当舵老老网来牵。[1]

生产生活在一叶孤舟中,风雨飘摇的渔家、渔民的精神需求、安全感等尽在一曲渔歌中。另一面渔夫的情感優然江水,冬冷夏热,往复变幻。捕获不足,心意忉忉;归来鱼满舱,心意昰昰,和着辰光瞰瞰、渔歌呢喃。

吴歈·老老头唱山歌乱说多

老老头唱山歌乱说多哎,
蚌壳里摇船射出西太湖,
东太湖里只有一支撸哎,
麻雀嘛飞过啊船搭窠。

搭个窠窠来笆斗大哎,
生个蛋来黄豆粗,
生嘛生崽三个蛋,
出嘛出四只水八哥。[2]

---

〔1〕 金健康主编:《太湖渔歌》,第22页。
〔2〕 同上。

渔歌充满诙谐的生活气息，或许，老渔民贫困一生，快乐一生。

吴歈·情郎妻

一路浪山歌嘛吱里吱，

唱着田片角里只么小婆鸡，

日里蹲勒么日头里晒，

夜里做下场头个情郎妻。

侉唱山歌嘛破里破，

唱着航船头浪格只破夜壶，

日里摆勒嘛船头浪晒，

夜里拔妞么当好货。[1]

虽然船家妇女地位低下，但情郎有情，夫妻恩爱。

吴歈·　荡湖船浪阿姐搭艄棚

南风吹起北风凉哎，

荡湖船浪阿姐搭艄棚，

着肉汗衫眼勒船棚里哎，

远船嘛十里奶花香，

八十岁公公闻着一阵奶花香哎，

孬怪格坱小伙子要偷婆娘。[2]

从这些渔歌中可一览渔家生活中的恩爱场景和故事，虽然经济生活贫困，但追求爱情、追求幸福也是渔民精神生活的重要组成部分。

吴歈·十月江南好风光

十月江南是好风光，稻谷香来芦花儿茫。

---

[1]　金健康主编：《太湖渔歌》，第 23、8 页。

[2]　同上书，第 20 页。

　　　　肥水鳜鱼乱撞着网，大闸蟹爪痒夜来忙。[1]

　　渔歌中充满着丰收的景象和渔民喜悦的心情，太湖渔民一年之中也或许
有偶尔的心情振奋。

　　渔民祭祀刘猛将的渔歌《打粮船》：

歌　　首

那要外公爹爹哎，
那要那连落扬歌哎，
松江城三年功夫嗐不粮来解，
嗐不格只船来格装呀。

请　匠　人

那要那包打粮船要表明，
到底包老大人要到嘉兴三泰湾，
南山木头要买端正，买得长梢木来丈八桐，还要九五桐，
买得那三样木头要四样格树哎。
·········

打　粮　船

那要么解格来刨格刨，
外公爹爹要到松江城，
请刘盲子先生看个日来看个辰，
今朝一路匆匆快煞人。
·········

歌　　尾

那要连落扬歌到底长遥遥来绵段段，
朱太子万岁做了十年皇帝九年空，

---

[1] 元丰：《天堂歌谣》，第181页。

三年水大么三年水干三年蝗虫共九年,

洪名格无扬歌倒受灾那堪虐,

捉尽蝗虫哎,

朱太子万岁封得妞刘家官宝千岁上天王,

神圣扬歌长遥格遥呀。[1]

这是渔民祭祀刘猛将的祭祀歌谣,歌颂了刘猛将的功德,给渔民带来安宁和丰收。

水乡渔谣中也常能听到渔民的贫困和无助:

鱼眼乌珠不眨,渔民一世不发。

撒开一丈四,收拢象支笔,网网见现钱,一世不发节。

落雨钻桥洞,吹风搁岸滩。

橹银头摇得雪雪亮,到老无件新衣裳。

一舱烤水三舱通,船头看见船艄火。

烂泥一搭,砖头一压,绳捆篾扎,一摇结夹,摇哉半日,

不满百尺。

早吃新鲜米,夜烧活树柴。

划开水面,度张嘴面。

橹板干,铜钿完。

天是棺材盖,地是棺材底,太湖八百里,

摇来摇去还在棺材里。

吃的什么菜,麻袋当被盖。

朝天瞄,看见天上星;侧转瞄,看见岸上走路人。

橹板泼泼水,刚巧度张嘴。

农民买米箩担挑,渔民买米手帕包。

三百日好过,六十天难熬。

十二月初八还好过,十二月十八急似火,

十二月二十八无处躲。

---

〔1〕 金健康主编:《太湖渔歌》,第84—100页。

> 一条破网团团牵,早夜饭米勿连牵。
>
> 日当衣衫夜当被,落雨还要当蓑衣。
>
> 冰有寸把厚,赤脚上船头。
>
> 太湖八百里,鱼虾捉勿尽。
>
> 湖里有鱼虾,只凭本领拿。
>
> 湖水涨一寸,粮价跳三跳。
>
> 吃了早顿无夜顿,半饥半饱度黄昏。
>
> 今年巴望明年好,明年还是一件破棉袄。
>
> 春尴尬,夏讨饭,秋瘪三,冬小开。
>
> 渔民头上三把持刀,奸商、地痞和强盗。
>
> 一舱点灯三舱亮,祖孙三代宿一舱。
>
> 船漏水,网漏鱼,棚漏风。
>
> 人多遮眼黑,老大多了打翻船。
>
> 头戴帽子开花顶,脚上鞋子无后跟,身穿衣裳经挂经。
>
> 吃是个无米汤,眠是眠个无脚床,
>
> 坐是坐个无脚凳,走是走个暗弄堂。[1]

贫困、多子、饥荒、奸商、地痞和强盗,市场失灵,是江南渔民贫困的社会根源和经济原因。近代江南渔民对现实绝望,许多人开始将心灵转向虚幻世界,企盼从那里找到"幸福"和寄托,比如,将命运托付于各种神灵,如水神及与渔业生产有关的神灵,以求丰产和生命的安全。[2]

贫困是强迫渔民努力劳动的原始动力,渔民在困难面前表现出极大的生存毅力和勇气,从他们的歌谣中可知一二:

> 山歌好唱口难开,樱桃好吃树难栽。
>
> 白米饭好吃田难种,鲜鱼汤好喝网难结。
>
> 一条渔网撒上天,我有山歌万万千。
>
> 南湖唱到北湖去,回来还唱二三年。

---

〔1〕 资料来源:太湖三山岛、镇湖、吴江、宜兴周铁等地老渔民口述,作者整理记录的。

〔2〕 李勇:《近代苏南渔民贫困原因探究》,《安徽史学》2010 年第 6 期,第 39—40 页。

西太湖里一张橹，扯起黄旗敲金锣。

闲人说是官船过，勿晓得小小将军唱山歌。[1]

　　渔民坦然地面对贫困，唱歌是他们生产、生活的组成部分，也是渔民群体互相沟通以及与大自然沟通的手段。

就打快船柏木香，一船胡椒一船姜。

胡椒打翻勒姜船里，辣椒豁豁唱一场。

三条鲫鱼六个腮，要听山歌游拢来。

大哥爱唱梁山伯，二哥要唱祝英台。

红娘子来子红娘，埋怨奴家爹和娘。

三百六十行你不给，把奴许配给网船郎。

小小太湖跨三洲，难容渔家一叶舟。

亲爷亲娘眼泪流，我唱山歌解解愁。

　　渔民夫妻分工协作，终年劳作，往往夜里打鱼，早晨就得到集市出售，以换取当天的米粮。他们习惯了"鱼食饭稻"，所以米粮对他们最重要。

郎在船头把网来撒，奴在船艄把橹档，

捉起子鱼来郎去卖，奴在船上补渔网。

水上去，浪里来，披星戴月把网撒。

大鱼、小鱼都上网，明朝上街换米粮。

水上渔霸像豺狼，渔民贫困苦难挡。

勿交荡钿命来偿，算盘一响网上梁。

　　渔歌中还可以听出来渔民承担的鱼税很重，渔霸征收"塘费""荡费"等杂费。渔网是渔民的生产工具，渔具、渔船与渔民的生命紧密相连，甚至都有渔

---

〔1〕　资料来源：据太湖三山岛、镇湖、吴江、宜兴周铁等地老渔民口述，笔者整理记录。

网被渔霸拿走充当鱼税的事情发生。

> 春二三月暖洋洋，只只大船朝北行，
> 潭东窑上借米吃，光福街上当衣裳。
>
> 东南风吹来暖洋洋，东北风吹来雨乒乓。
> 西南风吹来燠糟热，西北风吹来顶顶凉。
>
> 船到桥来直苗苗，姐妮在船上摇棉条。
> 郎看姐妮船撞桥，姐妮看郎断棉条。
>
> 姐妮生来气力蛮，洞庭山跌倒手来挽。
> 划船大桂鱼鱼不出骨，栲栳大杨树当簸箕环。

可以想象渔家妇女的剽悍、吃苦耐劳的勇气，她们面对生活之艰难表现出来的毅力，闪烁着生命的光芒。即使终日面对旧渔船、破渔网、随风飘零的烂棉布条子，渔家妇女也不感到有多苦，她们生活在这样一个群体里，各家各户的物质生活水平差别不大。

> 姐妮生得红堂堂，一心要攀网船郎。
> 勿嫌穷来勿贪富，贪那乌背鲫鱼泡鲜汤。
>
> 姐在船头洗席片，一双鲜鱼游拢来。
> 鲜鱼成双能容易，姐妮成双多么难。
>
> 摇一摇来扯一绑，追着姐妮一同行。
> 前头姐妮不是孟姜女，回头阿哥亦不是万喜良。[1]

渔家欢乐的"境界"各不相同，万般变幻。但是渔家的苦却是大同小异，全部来自渔夫头顶的"三把刀"。

---

〔1〕 江南渔歌中，银鱼与孟姜女万喜良的故事有关。银鱼，苏州人也称作面条鱼。传说，孟姜女千里寻夫路过吴（县）郡北望亭桥，口渴至河边喝水，不意跌落河中，幸被一条小渔船上的母女救起，一碗虾汤面解救了孟姜女。后来，孟姜女寻夫未果，苦死万里长城下，小渔船母女煮虾汤面祭祀孟姜女，面条落入太湖水中，迅即游动成一尾尾银光闪闪的小鱼，即太湖银鱼。

吴歈·看星

姐儿推窗看个天上星，

阿娘咦认道约私情。

好似漂白布衫落在油缸里，

晓夜淋灰洗弗清。[1]

　　渔家女青春期时，父母管制较严格，是其不敢私奔的原因之一。一旦私奔，父母感觉面上无光，可能以后就不再与私奔的女儿有经济上的往来了。

　　父母到儿女要成家的年龄，财富的蓄积总会多少有一些，陪嫁妆也是江南的婚俗内容之一。父母掌控的物质财富是影响子女的婚姻的重要"物象"，一定程度上决定儿女的幸福。

吴歈·瞒人

人人说我与你有私情，

寻场相骂洗身清。

你便拔出子拳头只说打，

我便手指子吴山骂洞庭。[2]

吴歈·江南渔歌

啥绳长来啥绳短，啥绳扯起乘风凉，

啥个绳三岁孩童用，啥个绳陪伴姐舱中？

牵绳长来缆绳短，篷脚绳扯起乘风凉。

吊棚绳三岁孩童用，红头绳陪伴姐舱中。

啥鱼白来啥鱼黑，啥鱼背浪掮枪戈，

啥鱼嘴上带须须，啥鱼脚阔走江湖？

白鱼白来黑鱼黑，桂鱼背浪掮枪戈，

鲶鱼嘴上带须须，甲鱼脚阔走江湖。

---

〔1〕　汪榕培等主编：《吴歌精华》，第128页。

〔2〕　同上书，第130页。

啥个弯弯天上天,啥个弯弯水上眠,

啥个弯弯郎手里用,啥个弯弯在姐身边?

月亮弯弯天上天,腰菱弯弯水上眠,

鱼钩弯弯郎手里用,木梳弯弯在姐身边。

啥个圆圆天上天,啥个圆圆水上眠,

啥个圆圆郎手里用,啥个圆圆在姐身边?

月亮圆圆天上天,荷叶弯弯水上眠,

洋钿圆圆郎手里用,油面榻圆圆在姐舱中。[1]

江南渔民吃鱼的渔谚是"吃鱼经",如同上述讲到的《养鱼经》,是渔民生活经验在渔谚里的累积。有些渔歌还能引来鱼群,或者驱赶鱼群到制定的水域待渔民合作捕捞,渔歌里面传承着渔捞技术和气象学等科学知识。渔歌是艺术,和许多山歌、民歌一样,节奏简单、旋律饱含乡土气息,也无须"和声",渔民一边唱歌同时进行渔业作业,可以缓解疲劳。

子曰:"诗三百,思无邪。"诗三百的内容广泛,民俗、政治、爱情以及日常生活都有。《诗经》里有很多和渔猎有关的娱乐活动,贵族的渔猎之乐是经典的渔文化。江南渔民在辛苦的渔业生产过程中,也有"娱乐",这种娱乐就是江南原生态文化。民间的文化或许才是原汁原味的文化。

唐代诗人张籍,吴郡(今江苏苏州)人,在"亥日饶虾蟹"的水乡里长大,他笔下的《江南曲》描绘了"江南风土欢乐多",可见当时江南的富势和文化繁荣之一斑:

江南人家多橘树,吴姬舟上织白纻。

土地卑湿饶虫蛇,连木为牌入江住。

江村亥日常为市,落帆渡桥来浦里。

青莎复城竹为屋,无井家家饮潮水。

长干午日沽春酒,高高酒旗悬江口。

倡楼两岸临水栅,夜唱竹枝留北客。

---

[1] 笔者采风记录。

江南风土欢乐多,悠悠处处尽经过。[1]

　　唱渔歌是渔夫劳动技巧的组成部分。渔业生产具有不确定性:风在吹,水在流,船在晃,水中的鱼群洄游汕汕,渔夫不懂"抛物线方程"为何物,但是他们代代传承的劳动技巧、判断力,让"科技知识"沁入灵魂最深处。网线的长度和抛洒网衣的高度如何拿捏,他们全部凭感觉,就能精准完成捕捞作业。

六、江南渔耕者家国情怀

　　水映青山,若云鬓半偏,蛛网水乡的地表资源,是渔耕者的衣食来源。江南渔民生产生活的水域,是他们最热爱的"领地",这是他们的食物和财富之源地。江南渔耕者占有江南大地90%以上的地表活动范围,面对外来入侵,他们有强烈的担当感与反侵略的意识。

　　江南渔文化历经一万多个岁月变幻,自成一个文化系统。"文化多样性保护"有利于保护水域的自然环境。乡土文化的"引力场"天生就内存着凝聚力,能有效地调整渔业经济资源配置,提升稀缺资源的运作效率。这个文化场,也内存一股排斥力,排斥外来入侵。

吴歗·江南渔歌

凉云匼匝水溟濛,对镜梳妆待好风。

合唤菱船载菱女,更听渔笛觅渔童。

鱼税菱租日课征,莳田菱荡亦须评。

湖船隙漏秋晴补,人在凉阴挝斧声。

纤纤月子恰如眉,不照同居照别离。

欢似早潮依晚汐,湖干来往总参差。

尽日摇船鲈作枝,水嬉结队斗娇痴。

---

[1]　葛兆光:《唐诗选注》,人民文学出版社,2007年,第197页。

湖头湖脑弯弯月,偏向欢家照别离。

鸥村景物人秋宜,正是烹葵剥枣时。
鼓枻人归余夕照,野烟催起趁农炊。

邻居水面结亲欢,早订鸳盟誓不寒。
依是十三郎十四,月圆时节话团圆。

一一湖船浪里钻,烧香答愿约情欢。[1]
风波不恶心如镜,多少浮沤当梦看。

风光清眼乐承平,更喜恩波镜样明。
世世太湖心里住,卖鱼从不入吴城。[2]

东西两汉,江东渔民,长期休养生息,安享太平。彼泽之陂,有蒲与荷;彼泽之陂,有蒲与蕑;彼泽之陂,有蒲菡萏。渔民赖以生存的"土地"就是平安的江面,他们渴望自己的生命与财产安全不受任何侵犯。

曹阿蛮的旌旗蔽空、战鼓若雷,给安居乐业四百多年的江东渔夫的生命财产安全以极限威胁,是可忍孰不可忍。军民迅速团结一条心,击溃举瓢饮的曹操杂牌军。周郎火烧赤壁矶,以少胜多、以弱胜强,迅速结束战乱,恢复农业生产,江南经济进入新的历史时期。

南怀瑾在《易经杂说》中诠释"是以自天佑之,吉无不利":

自助、人助、天助

这是中国文化与西方文化不同的地方,中国文化根本没有迷信(这不是指宗教而言),所以中国人只说人助天助,凡事要靠自己。"自天佑之"这句话就是说,懂了《易经》这些道理,上天就会保佑你。上天怎么个保护法?就需要你自己照《易经》的道理去做而不违反,你的修养要到达这个境界,就可以天人合一了。再严格说,这个"天"并不是另外一种力量,只是自己的心,懂了《易经》的道理,以此道理做人处事,动静都看准了,一定要万事顺遂、大吉大利,有好无坏,这就要看自己的学问修养如何了,所以

[1] 浪里钻,小船名。
[2] 据范广宪的《太湖渔歌》手抄本,第32页。

《易经》是经典中的经典，智慧中的智慧，举凡科学的、哲学的、宗教的……一切都涵盖了。[1]

卖鱼以斗量，彰显了渔夫的淳朴和大方，他们尽量压缩自己的"生产者剩余"，而让消费者获取更大程度的满足。对比一般小商贩和奸商的欺诈行为，渔民无须利用"信息不对称"的存在，最大限度地欺诈购买者的钱财，这是渔民社会的传统美德。

自公元 663 年至八国联军侵略中国，外来势力从海上入侵中国多达 80 余次。明代，戚继光、俞大猷组织的抗倭军队，在江南渔民的积极配合下，获取了抗倭战争的胜利。

1938 年秋，江南抗日义勇军"东进"，开到阳澄湖地区开展抗日斗争。1939年 5 月，叶飞将军率领的新四军第六团在苏南开辟"苏常太抗日根据地"，在吴县分别开辟了"苏西""苏西北""阳澄湖"三个抗日根据地。1939 年秋，中共抗日组织建立了苏州县，后又建立"新江抗"根据地和阳澄湖县。20 世纪 70 年代的革命样板戏《沙家浜》就是根据当时水乡渔民配合新四军抗日斗争的史实高度提炼而成的，戏中的人物和故事情节基本真实反映出苏南水乡民众积极参与抗战的情景。

江南渔民与游击队合力清剿太湖匪特，维护当地人民的生命财产安全。动乱时期的太湖，土匪丛生，匪帮名目繁杂，"拔不尽田里稗草，捉不尽太湖强盗"，足可见当时土匪之多。日伪军在太湖地区横行时期，有以金阿三为首的匪帮，既是"大森部队警护军"又是汪伪国民党的"忠义救国军"。他们在太湖地区以三山岛为老巢，为虎作伥，公开绑票、抢劫。小股土匪称"太湖活孙"，每股十余人到数十人不等，他们白天以捉鱼为掩护踩点，晚上打家劫舍，渔民深受其害。渔民积极支持太湖游击队，给游击队送信或带路，军民同心，合力消灭小股土匪。肆虐于茫茫太湖的胡肇汉匪帮，因太湖渔民紧密协助，最终瓦解土崩。1950 年 9 月 15 日的《新苏州报》刊登了"专区破获重大匪特组织，匪首胡肇汉等全部落网"的特大喜讯，至此，活动于太湖地区鱼肉太湖人民的强盗集团在政府和渔民的联合夹击下最终瓦解。[2]

---

[1] 南怀瑾：《易经杂说》，东方出版社，2022 年，第 112 页。
[2]《专区破获重大匪特组织，匪首胡肇汉等全部落网》，《新苏州报》1950 年 9 月 15 日。

无论是抗日战争还是解放战争时期,苏北至浙江的主要交通线都经过太湖水路。江南渔民以捕鱼为掩护,帮助江浙游击队与敌周旋。太湖游击队护送大批干部和军用物资从浙江横渡太湖,跨越京沪线时,渔民的渔船发挥了摆渡船的作用。据 1947 年 5 月 26 日无锡县政府向江苏省民政厅汇报的电文称:"沿海一带奸'匪徒'在鱼汛期间分派大批干部,携带黄金,化妆成渔民,潜乘渔船,分赴江南各港口,假售之机会,收集物资运往'匪区'等情……请通知各有关机关严密搜查,以杜绝匪患。"[1]反映的就是江南渔民掩护共产党人从江南获取战争物资的事迹。太湖乡长浮村渔民沈金虎烈士,就是当年乘船摆渡太湖游击队而后被反革命分子杀害的。

江南地区的浙江、茅山、苏北新四军江南办事处之间的交通线的顺利沟通,得力于江南渔民的掩护和渔船。渔民群众还组织"兄弟会""姐妹会"等团体,加强了渔民支持游击队的力量。

此外,渔民特别是大船渔民,在抗日战争和解放战争期间,主动向根据地缴纳救国公粮、鱼税。渔民上交的救国公粮,除去县或区政府提留外,每年上缴金额达黄金七八十两之多。太湖渔民还积极参加共产党的武装力量,1944—1945 年间,苏西县邓尉区地方上参加新四军主力部队的渔民子弟超过150 位。其中有的加入中国共产党,有的为革命献出宝贵的生命。渔民子弟茆春华、徐政就是典型的个案。

茆春华(1908—1942),原名立贵,从小随父母迁入常熟浒浦当渔民。他幼读私塾,后来去出海渔船做徒工、司账等职。1934 年,他参加"进社"及中华民族武装自卫会,并创办浒浦渔民小学。当年 10 月加入中国共产党。1937 年初,出任浒浦镇长。常熟沦陷后,为"民抗"改编吴部起了重要作用。1939 年,他在支塘地区从事抗日活动。1940 年初,常熟县抗日民主政权成立,他出任军事科副科长。1941 年日伪"清乡"前后,他在常熟东乡组织反"清乡"斗争。同年秋,转移至上海,化名王林。10 月 24 日,因敌特发现而被捕,关押在虹口日军警各司令部,虽然受尽酷刑,但忠贞不屈。后来被秘密移解至常熟支塘日军据点。1942 年 1 月 2 日,日军将茆春华押至镇外土丘,集合群众,他被逼迫指

---

〔1〕 参见《(无锡县政府)本府奉令防范共产党活动办法(二十七)》(1946 年 4 月至 1947 年 4 月),无锡市档案馆档案,全宗号 ML1,案卷号 4,目录号 1780,第 70 页。又见《(无锡县政府)本府奉令防范共产党活动办法(二十二)》(1947 年 4 月至 1947 年 6 月),无锡市档案馆档案,全宗号 ML1,案卷号 4,目录号 1808。

认谁是共产党。茆春华昂首屹立,大声说:"四万万有志气的中国人都是共产党,你们永远杀不尽!"日军官疯狂地抽出指挥刀砍去,茆春华在高呼"共产党万岁"中壮烈牺牲。[1]

徐政(1914—1948),常熟赵市农民徐姓子,后被浒浦渔民宋氏收养,改名宋梅生、宋思学。他自幼好学,废寝忘食。1934年,在上海读书时因参加抗日救亡运动被捕,不久获释。抗日战争初期,他加入中国共产党,后在湖南学军事。1940年参加地方抗日武装杨行芳部(后改编为江南保安司令部警卫一团)任连长、指导员。抗日战争胜利后,任常熟县军事科科长。1945年11月末,苏常太工委成立,他任工委副书记,参加苏常昆太武工队的领导,坚持江南敌后斗争。1948年3月13日,他率领武工队在新庙村宿营,被国民党保安队和乡自卫队以十倍的兵力包围,在奋勇突围、掩护同伴撤退时,身负重伤,壮烈牺牲。[2]

战争年代,扬中县有不少渔民积极参加革命斗争。据《扬中县志》记载,本县渔民文茂才、文必恒,常用自己的渔船掩护党员刘晓阳、刘震东等进行革命活动。1945年新四军北撤时,熊玉祥、文茂才分别在吴家桥、陆家港以渔船运送新四军指战员安全北渡。1949年4月22日,徐宫福、周志强驾渔船运送解放军战士强渡长江,徐宫福荣获苏北第一渡江司令部政治部颁发的"强渡功臣"奖状、长江工委的奖旗。抗日战争前,家住扬中县吴市年步桥的屈永,与三个兄弟合伙,凑钱买了一条渔船,在长江上既捕鱼又运输货物,收港在高浦口。抗日战争和解放战争期间,他们三兄弟经常承担地下党南来北往的运输任务,用渔船装运枪支弹药和文件、书报等宣传材料以及其他物资,还运送了许多革命人士。为避敌耳目,运输行动一般都是在夜间悄悄地进行。屈永及其兄弟执行任务总是不怕吃苦、不怕艰险,有力地支持了革命斗争。[3]

抗战期间,为保证新四军军用物资供应和根据地军民生活需要,长江及长江口沿海渔民开展了海上交通运输,在解放舟山战役中,渔民表现非常英勇,有69人立功受奖,还有许多渔民牺牲了生命。[4]

由这些事迹可看出,渔夫最爱自己的领地,他们反抗侵略具有自发性、自觉性和高效性。

---

[1]　《支塘镇志》编纂委员会编:《支塘镇志》,古吴轩出版社,1994年,第272页。

[2]　同上。

[3]　吴市镇志编纂委员会编:《吴市镇志》,百家出版社,1998年,第387页。

[4]　江苏省地方志编纂委员会编:《江苏省志·水产志》,江苏古籍出版社,2001年,第351页。

第三章
耆老产业之文化创新

　　一般而言,经济发展的创新,主要指新的生产要素扩大。而新能源、新材料、新技术的创新,管理模式的创新,属于文化创新。

　　制度与制造,分别是文化的核心与经济的核心。江南最耆老的产业的企业化经营与管理创新,彰显江南文化精神,个性铮铮。近代上海统一鱼市场制度的建立,渔业公司与渔业合作社制度,改变了江南耆老产业,从根本上促进江南文化发展。近代江南原生态文化系统中,渔业经济组织的创新创意最值得一提。因为这种创新的价值高,这种创新,对今天仍有启发。

　　阿弗里德·马歇尔在《经济学原理》第四篇"生产和要素——土地、劳动、资本和组织"中说:

　　　　资本主要由知识和组织构成的,其中有一部分是私人所有,而其他那部分则不是。知识是我们最有力的生产动力。知识使我们能够征服大自然,并迫使大自然满足我们的需求;组织则有助于知识储备。组织有许多形式,例如单一的商业组织、同一行业中各种商业组织、相互有关的各种行的商业组织、对公众保障安全以及为许多人提供帮助的国家组织。知识和组织的公有和私有之间的区别更重要。[1]

　　上海鱼市场、江浙渔业公司、渔业合作社、渔会,是生产组织,也是商业组织。组织,让渔夫的劳动技巧进一步提升,资本积累增加,还帮助渔民学习渔

---

〔1〕〔英〕阿弗里德·马歇尔:《经济学原理》,廉运杰译,华夏出版社,2012年,第121页。

业科技知识。

20 世纪上半叶,江南原生态文化之最大创新,一是上海统一鱼市场的建立与经营,二是江浙渔业公司的有效运作,渔业与海防相结合。科学管理,让稀缺的渔业资源,获取经济效益的最大化。

一、上海鱼市场创新经营

1933 年,国民政府实业部"一为调剂供求平准市价,二为推广销路避免滞销,三为改进捕捞方法增加生产,四为改良交通工具便利运输并为救济渔村衰落减轻渔民负担起见",[1]计划在上海设立大规模的鱼市场,"举凡卸卖、仓库、冷藏、运输、气象报告,与夫渔业借贷事宜,莫不悉在计划之中"。[2] 1934年 1 月 5 日,国民政府行政院第 141 次会议通过设立上海鱼市场的方案。根据《实业部上海鱼市场计划说明书》,上海鱼市场的设立,不仅能调剂供求,平准市价,还能增加渔民收入,复兴渔村经济。[3]

实业部上海鱼市场筹备委员会,余恺湛在《水产月刊》"发刊词"中写道:

我国北自辽宁,南迄闽粤,沿海七省,海岸线万二千里,渔民数百万,内地江河荣带,湖泽棋布,水产繁多,天惠独厚。然历代当轴,漠视渔政,改进保护,咸付缺如,以至技术落后窳劣,海盗猖獗,渔政因以不振。且自门户开放以后,强邻挟其雄厚之资本,优长之人才,严密之组织,完善之渔船渔具,更辅以国家的坚甲利兵,长驱直入,侵我领海,攘我渔物,我一盘散沙之渔民当之,其何能抗。坐视外鱼充斥,渔业浸衰,渔民生计日蹙,国民经济遂受重大之打击。

近者实业部有鉴于此,以为非致力渔业建设,不足以挽渔业之危机,除逐渐推行各项振兴渔业计划外,并为平准鱼价,调剂供求起见,于上海筹设大规模鱼市场一所。举凡卸卖、仓库、冷藏、运输、气象报告,与夫渔业借代事宜,莫不悉在计划之中,现已粗具端倪,不难计日观成。唯念我

---

〔1〕《上海鱼市场概况》,上海市档案馆档案,全宗号 Q464,目录号 1,案卷号 1043。
〔2〕余恺湛:《水产月刊发刊词》,《水产月刊》,1934 年,第 1 卷第 1 期,第 1 页。
〔3〕《实业部上海鱼市场计划说明书》,《水产月刊》1934 年,第 1 卷第 5 期,第 3 页。

国渔业建设,关系国计民生綦大,非联络各地水产界同志,沟通声气,恐无以收集思广益之効,同人用是不揣固陋,爰有水产之刊行,将借区区一编,以与各地同志讨论渔业建设问题。倘因此而获得各方之指导,暨国人之注意,俾促进我国渔业于万一,则本刊之厚幸也。[1]

　　建立鱼市场利在何处? 若建立鱼市场,就可以先将渔民的渔获物集中起来,市场管理者和经营者依据成本和需求变化的状况随时制定和调整水产品的市场价格,使渔民得以偿其劳力,免受鱼行、渔霸及官府等层层剥削之害;中小鱼商贩卖鱼市场上的水产品,所有价格均被规范在同一水平线上,自然没有因为价格高低差异而互相竞争之事发生了。[2] 至于外来渔获物的倾销,"虽非鱼市场所得制止,然可由主政者制定方案,请求政府重征鱼税,同时约束鱼商,科以重律,于此虽不足以使外鱼绝迹,要亦未能如前此而喧宾夺主也"。[3]

　　如果设立鱼市场,则"在目下渔业衰落,渔民鱼商交受其害,而外鱼尽量压迫之时候实为唯一之补救方剂。有此而渔民之利益可保,渔民之生活始可改变提高;有此而鱼商之倾轧可免,操纵居奇之弊可除;有此而对国内外鱼类产销之统计与渔业之状况,方有确切之数字与认识。"[4] "若诚能设置鱼市场,则可以依靠政府的力量,在鱼汛者无所逞其倾销,输出者无所虑其耗折,法虽异乎均输意则无是过也。"[5] 渔业经济统制的实施办法,根据当时人的研究,确立为"鱼市场"、"渔业经济"和"渔业管理"3项,而"鱼市场乃渔业统制之枢纽。"[6]

　　鱼市场是水产品交易的机制,也是渔政机构。当时,建立规模较大的专业市场非常有必要。因为现代化的鱼市场建立以前,各地水产市场五花八门,异常混乱,"虽罄南山之竹,独难写绘以俱晰"。[7] 也就是说,因政令不一,各地的鱼市场都是各自为政。市场中的鱼行为买方垄断,也是卖方垄断。鱼行依仗特权,低价买进,高价卖出,压榨每一寸利润空间。鱼行鱼肉渔民和消费者,

〔1〕余恺湛:《水产月刊发刊词》,《水产月刊》,1934年,第1卷第1期,第1页。

〔2〕〔美〕加里·贝克尔、凯文·墨菲:《社会经济学——社会环境中的市场行为》,陆云航、唐为译,人民出版社,2014年,第5页。社会力量与市场之间的双向互动的。所以建立统一的鱼市场对渔民社会及中国的消费者都有积极意义。

〔3〕君一:《渔业统制政策之实施》,《水产月刊》,1934年,第1卷第1期,第3页。

〔4〕同上。

〔5〕同上。

〔6〕潘公展:《对于上海鱼市场之愿望》,《水产月刊》1934年,第4卷第5期,第3页。

〔7〕君一:《渔业统制政策之实施》,《水产月刊》1934年,第1卷第1期,第2页。

致使"业渔者祇知以血汗得来之渔获物求其脱售,市价之高低,一任鱼行之操纵,受其宰割剥削,犹以为理所当然,终岁勤劳,上之不能事父母,下之不能以畜妻子,生活之苦况,如处地狱。"[1]又因水鲜产品比起其他农副产品更具"完全竞争性",[2]大鱼商唯利是图,凭借资金优势,"或则贬价竞争,破坏同行之利益;或则奇货可居,任意扰乱市场,其下焉者嗜利忘仇,或则锐意为之倾销,或则冒混以为国货;至乎其极,市价既乎混乱,同业又复倾轧,营业之不振,无待蓍蔡"。[3]为发展渔业,拯救贫困的渔民,必须建立统一的鱼市场。

基于此,1933年,国民政府实业部于上海设立大规模鱼市场一所。"举凡卸卖、仓库、冷藏、运输、气象报告,与夫渔业借贷事宜,莫不悉在计划之中。"[4]根据《实业部上海鱼市场计划说明书》,上海鱼市场的设立,不仅能调剂供求,平准市价,还能增加渔民收入,复兴渔村经济。[5]鱼市场的业务,"专营各种鱼介类及其制品之委托交易并兼营运输、冷藏、加工改制鱼货等附属事业"。1936年5月11日,上海鱼市场举行开幕典礼,次日凌晨正式营业。1937年"八一三"事变后,上海鱼市场业务被迫停顿,市场仅留少数人员办理结束事宜,其余暂行解散。至9月15日全部结束。1945年11月借用齐物浦路10号地址复业,[6]直至上海解放前夕,鱼市场的变化、经营状况及对于苏南和全国水产业的意义前文已有详述。

上海鱼市场场址系租用浚浦局新填定海岛(今复兴岛)土地共4.54公顷,江岸线长335米。1935年元旦奠基,至11月15日竣工。统一的鱼市场的建立,强化了政府在渔业经济活动中的职能,尽管由于种种"干扰",强化的结果并不能尽如人意。

上海鱼市场成立之初,有理事15人、常务理事5人,理事长杜月笙,总经理王晓籁,下设总务、营业、会计等课,另设秘书、技师、稽核、顾问、咨议等职,共有员工170余人。后来不断发展,抗战胜利后上海鱼市场复业,至1949年

〔1〕 君一:《渔业统制政策之实施》,《水产月刊》1934年,第1卷第1期,第2页。
〔2〕 完全竞争性的产品主要是农产品,如小麦、大米、一般的水产品等,因为在这些产业中有无数的生产者即"供给"者和无数的消费者即"需求"者,两者中的任何一个个体因为影响市场的力量太小,在没有政府管制和市场垄断存在等情况下,任何一个"供给"者和"需求"者的行动都不足以影响产品的价格。
〔3〕 君一:《渔业统制政策之实施》,《水产月刊》1934年,第1卷第1期,第2页。
〔4〕 余恺湛:《水产月刊发刊词》,《水产月刊》1934年,第1卷第1期,第1页。
〔5〕 《实业部上海鱼市场计划说明书》,《水产月刊》1934年,第1卷第5期,第3页。
〔6〕 《上海鱼市场概况》,上海市档案馆档案,全宗号Q464,目录号1,案卷号1043。

解放前夕,有职工240人,驻场警卫41人,便衣警卫8人,工友168人,合计457人。[1]

古典经济学理论认为,经济增长与市场容量扩大有紧密的正相关关系。上海统一的鱼市场的建立,是晚清以来江南渔业经济发展、江南城乡各地鱼行、鱼市数量激增和交易量扩大的必然结果。上海统一的鱼市场就是江南渔业经济运行的枢纽,鱼市场的建立对江南渔业经济的发展有巨大的促进作用。

上海鱼市场的主要建筑包括:鱼市场办公大楼(屹立在市场的中心),楼高7层;拍卖场,占地面积1 517平方米;冷冻设施,占地面积1 788平方米,有冷藏库5间,制冰室1间,冷冻室2间,机房2间及处理室数间;经纪人办事处,面积1 429平方米,共2层52间。

鱼市场的业务"专营各种鱼介类及其制品之委托交易并兼营运输、冷藏、加工改制鱼货等附属事业";上海鱼市场的从业人员有两大类,一为渔民,二为鱼贩,二者以此为交易的地点,"凡外海内河之渔户,而以上海为销售市场者皆属之,每天到埠大小船只多至千余艘少亦百数十艘";"鱼贩总计约万余人,工人之直接在场内服务者亦千余人,是类从业人员之生计全视本场营业为转移"。[2]

上海鱼市场经营的鱼类产品有海水产品(包括冰鲜桶头)、淡水产品、咸干制品。市场营业之初,经营的海水产品主要来自江、浙两省的沿海,因距离上海路途很近。后来,因外来侵渔,上海鱼市场经营的海产品大多数来自国外如日本和俄罗斯等,国产海味品逐渐减少。国产鱼类及其他水产品多来自山东烟台、天津、青岛、大连、宁波、温州、福建、汕头等地。市场经营的淡水产品:一为长江沿岸各埠的河鲜鱼,以鲥鱼、刀鱼、鲤鱼、鲫鱼为多数;一为江苏、浙江的嘉兴、湖州、昆山、苏州、无锡、常州一带的养殖鱼,经营的品种以青鱼、草鱼、鲢鱼(白鲢)、鳊鱼、鲤鱼为多数。市场经营的咸干制品:大都来自北方的大沽、烟台、青岛、威海卫、獐子岛、天津、大连以及南方的宁波、温州、岱山、舟山、石浦、泗礁、黄陇、羊山、福建等地,主要有咸鳓鱼、鳕鱼干、咸带鱼、蛏干、蚶干、咸蟹、虾干、白果子、海燕(海蜓)、蛤干等品种。

1936年5月11日上午10时,上海鱼市场成立举行开幕典礼。中国最大

---

[1] 《本场1949年年度工作总结》,《上海鱼市场工作计划报告和集会类》,上海市档案馆档案,全宗号Q464,目录号1,案卷号1720。

[2] 《上海鱼市场概况》,上海市档案馆档案,全宗号Q464,目录号1,案卷号1043。

的鱼市场正式宣告成立。按照《营业规程》第二条规定:"鱼货输入上海市之第
一次交易须在鱼市场行之",[1]原在十六铺一带营业的鱼行以经纪人身份申
请入鱼市场集中交易。其交易方式仍然为经纪人(鱼行)居间代客买卖,但不
同的是,佣金改由鱼市场规定扣缴7%,分给经纪人1.75%,卸卖人1.25%,不
得再收其他费用,一切陋规革除。对货主的各项服务,也由鱼市场承担。经纪
人(鱼行)向鱼贩客户收货价1.5%的手续费(外佣)。咸干鱼货以样品进行交
易。轮运的咸干鱼,由鱼市场估价后再运往十六铺买卖;帆船咸干鱼全部在鱼
市场起卸估价后运往十六铺。上海鱼市场自开业起至当年年底234天营业总
额就达825.51万元,这种渔业交易企业的建立,使市场经济的优越性得到了
体现,水产市场的繁荣对于渔业经济的发展产生了巨大的牵引力。

上海鱼市场"经纪人"很多,业务量也较大。据1937年5月《上海鱼市场
各经纪人号开业后营业数额统计表》统计,当时上海鱼市场内有经纪人瞿长
顺、同仁昌、裕润、衡泰、永泰、沈宝记、福记、顺天、茂源等42号,主持人分别为
瞿鹤鸣、孙以澄、李春芳、蔡岳、凌一航、沈宝兴、吴鸿昌等,各经纪人的资金总
额5万左右,经营额每号每年数千万至上亿元。[2]

随着渔业经济的发展和鱼类交易量的不断扩大,分散的"鱼行"或"鱼市"
已经难以适应社会经济发展的要求,至20世纪30年代中后期,在太湖流域各
地区中心城市,如上海、南京、苏州、无锡、常州、镇江、湖州、嘉兴等地,规模比
较大而集中的专业鱼类交易市场不断涌现。在常州,30年代后期就有"合新
顺"和"合兴"几家鱼行聚集在"尉史桥"东墩设立鱼市场,在关河路的"罗浮桥"
也有过同样的鱼市场。[3] 太湖流域比较集中和专业的近代鱼市场,规模最大
和最现代化的要数统一的上海鱼市场。

各地"鱼市""鱼行"数量的激增和交易量的扩大,最终促成20世纪30年
代上海统一的鱼市场的建立,这是近代的太湖渔业经济和渔文化发展的一个
最大的亮点。如时论所评:"上海鱼市场的建立,开创了集体经营渔业的新纪
元。原来的鱼行设备和经营的方法,仍然是百年以来的成规,自上海鱼市场成

---

〔1〕《上海鱼市场股份有限公司营业规程》(1936年5月实业部核定),《水产月刊》1936年,第3卷第
    5、6期合刊,第65页。
〔2〕《上海鱼市场各经纪人号开业后营业数额统计表》(廿六年五月),1937年,《水产月刊》第4卷第5
    期,第67—69页。
〔3〕常州市水产公司编:《常州市水产供销史》(审核稿),常州市水产公司编史办公室1984年11月
    编印,第1—2页。

立,采用近世进步之设备,改革合理之交易方式,使百年来各立门户各自为政的状态,一变而为集体经营,为数千人有组织之营业,这是我国渔业市场之一大转变。"[1]

渔业公司充分发挥市场和政府的功能。从 1927 至 1936 年,整个社会经济进一步发展,苏太湖渔业也步入一个新的历史时期。当时一段时间,不仅大量的渔业机械广泛应用于渔业生产,渔业中现代企业制度——股份有限公司最终确立了,这种现代渔业公司主要有"上海鱼市场股份有限公司""江浙渔业股份有限公司"等,渔业公司的运作提升了效率,也一定程度上促进了"公平"。

上海鱼市场又是一个现代企业。从该组织的资金筹集来看,根据档案资料记载,该组织"为官商合营之股份有限公司,官商各半出资,官股属农林部"。[2] 根据计划,上海鱼市场筹委会商请鱼行投资,经多方反复磋商,实业部认可,上海鱼市场改为官商合办"上海鱼市场股份有限公司"(简称上海鱼市场),由实业部呈准行政院核定经费 120 万元,以官商各投资半数为原则,先招集商股 30 万元,实业部垫款 60 万元,商股不足的 30 万元,由实业部垫付(后大陆银行认 588 股计 5.88 万元,盐业银行认 466 股计 4.66 万元,实业部实际垫款为 10.46 万元)。由此可见,上海鱼市场股份有限公司就是现代意义上的"资合公司"。[3]

上海鱼市场股份有限公司建立以后,为进一步确定公司的类型、宗旨、资本、组织机构等重大问题,也为了规范管理,制定了公司章程,为公司的设立和活动提供基本准则。1936 年 4 月 21 日,行政院以"渔字第四零六三号训令"颁布《上海鱼市场股份有限公司章程》,称"本公司依照公司法及农林部鱼市场设置办法之规定组织之,定名为官商合办上海鱼市场股份有限公司,简称上海鱼市场"。[4] 章程分为"总则""股份""组织""理事会""监察人""理监联席会""股东会""结算及盈余之分配""附则",共 9 章 49 条。[5] 同年 5 月,由实业部核定的《上海鱼市场股份有限公司营业规程》(简称《营业规程》)颁发,规程共分"总则""卸卖人""经纪人""经纪人公司""交易方法""公断""佣金""附则",

[1] 严慎予:《一个集体营业的实验》,《水产月刊》1937 年,第 4 卷第 5 期,第 1 页。
[2] 《上海鱼市场概况》,上海市档案馆档案,全宗号 Q464,目录号 1,案卷号 1043。
[3] 《公司运作实务指南》编委会:《公司运作实务指南》,中国电力出版社 2006 年 12 月第 1 版,第 7 页。
[4] 《上海鱼市场股份有限公司章程》,《水产月刊》1936 年,第 3 卷第 5、6 期合刊,第 60 页。
[5] 同上文,第 60 页。

共8款55条。[1]

按现代意义上的"股份有限公司"设立的条件,上海鱼市场股份有限公司的发起人符合法定人数,发起人认购和募集的股本达到法定资本最低限额,股份发行、筹办事项符合法律规定,发起人制定公司章程,有公司的名称、建立符合股份有限公司要求的组织机构,有公司住所。在设立程序上,上海鱼市场股份有限公司也基本按照现代意义上的股份有限公司的设立程序而设立。

上海鱼市场股份有限公司是具有法人资格的经济组织,公司的组织机构,即权力机构、决策机构和监督机构,按《上海鱼市场股份有限公司章程》规定设立。公司成立之初,有理事15人(官股8人、商股7人)组成上海鱼市场理事会,设常务理事5人(官股2人、商股3人),理事长杜月笙;设监察5人(官股3人、商股2人),常驻监察人钱新之;总经理王晓籁,副经理朱开观,孙黻臣;下设总务、营业、会计、技术4课,另设秘书、技师、稽核、顾问、咨议等职,共有员工170余人。上海鱼市场股份有限公司根据公司章程设立理事会、监察人、总经理、理监联席会和股东会等机构,分别行使相应的权力,与现代股份有限公司的股东会、董事会、监事会等机构的职能大体相当。

自此以后,虽经历抗日战争、战后复业,一直至解放前夕,上海鱼市场的股份有限公司的性质和组织都没有根本的变化。据档案资料的记载,1949年官商合办上海鱼市场股份有限公司理事会理事长杜月笙呈农林部的《官商合办上海鱼市场股份有限公司章程》依然称:"本公司依照公司法及农林部鱼市场设置办法之规定组织之定名为官商合办上海鱼市场股份有限公司,简称上海鱼市场。"《章程》的主要内容有:"本场专营上海市区各种鱼介类及其制品之第一次委托交易并为渔业从业人在其业务上便利起见得举办附属事业";"本场交易办法以公开拍卖为原则";"本场于国内鱼货产销重要地点及上海区内必要之处为收购、销售、转运鱼货之便利起见得酌设办事处或贩卖机构";"本场公告方法以登载通行之日报行之";"本场股本总额定为国币一百廿万元,分为一万两千股,每股国币一百元,官商各认半数";"本场股票如有让与或出售时应以公司法第一百六十一条之规定由原股东于股票背面签名盖章向本场过户登载股东名簿,如因承继关系更改户名时,应由继承人持股票及合法证明书交本场查核明确后方可更改";"凡因股票之遗失或毁灭请求换给新股票者需具

---

[1]《上海鱼市场股份有限公司营业规程》,《水产月刊》1936年,第3卷第5、6期合刊,第60页。

正式申请书,由二人以上之保证人签名盖章,出具切实保证并自行登载本场指定之上海报纸一连三日以上声明作废,俟满三个月别无异议纠葛,由该股东出具收据,向本场补领新股票,并应酌收补票费及其应贴之印花税费";"本场设理事十五人组织理事会,官方理事八人,由农林部指派之;商方理事七人,由商股就商股股东中选任之";"本场设常务理事七人,由商股理事互选四人,由农林部就官股理事指派三人并由农林部在常务理事七人中制定一人为理事长";"本场设监察人五人,官方监察人三人,由农林部指派之;商股监察人二人,由商股股东中选任之,并由全体监察人许推一人为常驻监察人";"本场理事长如由官股理事充任,则常务监察人应就商股监察人中推选之;如系商股理事充任,则常驻监察人应就官股监察人中推选之";"本场设总经理一人,副总经理一人至三人,均经理事会推选,由农林部派充之,但被选者不以理事为限";"总经理遵照法令及理事会决议之业务方针处理全场业务,遇有重要事项时,秉承理事长常务理事办理之;副总经理辅助总经理处理全场业务,并于总经理缺席时代行其职务";"理监联席会议开会时理事及监察人应各有过半数之出席,以出席之过半数决议一切事项可否,同数时取决于主席,其议事录由主席签名盖章交由理事会保存之";"理监联席会议由理事长召集之,但理事及监察人有五人以上提议时亦得召集之";"本场股东会分常会、临时会两种";"股东常会每年开会一次,由理事会每年结算后二个月内召集之";"股东临时会由理事或监察人认为必要时召集之,或有股份二分之一以上股东具书声明理由请求理事会召集之";"理事会应于每届营业年度终造具财产目录、资产负债表、损益表、营业报告书、盈余分派之议案于股东常会开会前三十日送交监察人查核,监察人与此项表册应核对簿据调查实况报告其意见与股东会"。[1]

　　从上述的引文中,我们不难理解上海鱼市场近代化经营的内在规定性和运行机理。尽管上海鱼市场存在着不正当的垄断力量,存在市场失灵等许多缺陷,但上海鱼市场股份有限公司依法制定公司章程,采用现代化的运作方式经营,相对于以往分散的"鱼行""鱼市"的经营,是一个比较大的进步。

　　抗战胜利后,各渔业公司重整旗鼓,股份制进一步发展,组织更加紧密,业务范围扩大。以下以江浙渔业股份有限公司为例,看抗战胜利后江南渔业公

---

〔1〕《官商合办上海鱼市场股份有限公司理事会呈送修正公司章程》(1949年),中国第二历史档案馆档案,全宗号23,案卷号00510。

司的创新性。

1945 年抗战胜利后不久，江浙渔业股份有限公司筹备处主任赵次胜、副主任李绍贤、张冶秋等呈请社会局《呈为组织江浙渔业股份有限公司成立筹备处鉴核备案由》称："窃查江浙沿海如嵊泗列岛、舟山群岛等，素为水产富饶之区，以往因渔民知识薄弱，渔村经济脆弱，而东邻环视，权益几尽被夺去，现值急转直下之势，及早挽回，尚未为晚。爰有江浙渔业股份有限公司之发起，资本总额定为国币贰仟万元，分作二十万股，每股国币一百元，由各发起人分认，收足半数以上，即行召开创立会正式成立，呈请登记营业，并推定赵次胜为筹备主任，李绍贤、张冶秋为副主任，假天主堂街二十九号二楼为筹备处所，着手进行。"〔1〕同时附上《江浙渔业股份有限公司组织意见书》和《江浙渔业股份有限公司招股简章》各一份，其中《招股简章》共 12 条，内容如下：

第一条　本公司遵照现行公司法股份有限公司之规定组成之，定名为"江浙渔业股份有限公司"。

第二条　本公司设总公司于上海，并设分公司及办事处于各产渔区。

第三条　公司资本总额定为国币贰仟万元，分作二十万股，每股国币一百元，由各发起人分认，收足半数以上，即行开业。

第四条　本公司股票为记名式，以中华民国国籍者为限。

第五条　公司业务计划先以收购运销着手，俟业务发展至必要时，定购新式渔轮、渔具自行捕捞，并设置冷藏库及罐头制造兼营养殖以及投资于渔业有关之各种事业。

第六条　公司通告以通函或登报方法行之。

第七条　公司设董事十九人，由股东会就股份总额达千分之三股份之股东选举之；监察五人，由股东会就股份总额达千分之一股份之股选举之。董事任期三年，监察任期一年，均得连选连任。

第八条　公司股东之股息定为周息壹分，于股款缴纳之次日起算。

第九条　公司认缴股款日期为民国三十四年十一月二十日截止。

〔1〕《呈为组织江浙渔业股份有限公司成立筹备处鉴核备案由》、《(上海市社会局)江浙渔业公司、福记帆蓬公司、联华图书公司、义记驳运公司、农林特种股份有限公司、复兴轮船公司、益中福记公司、昌兴协记运输公司、泰隆贸易公司为申请登记问题的来往文书》(1945 年 10 月 17 日起至 1949 年 1 月 22 日止)，上海市档案馆档案，全宗号 Q6，目录号 1，案卷号 312。

第十条　本供筹备处设筹备主任一名,副主任二名筹备本公司事务,筹备主任由发起人中推定之。

第十一条　公司之章程于创立会议决议呈请政府备案施行。

第十二条　章程未经详载各事项悉以公司法法令规定办理之。

本公司代收股款处约定为:

上海市:中国农民银行、浙江兴业银行。

杭州市:中国银行、浙江地方银行。

江浙渔业股份有限公司有公司的名称和住所,有公司的注册资本,有股东的名称,有股东的出资方式以及出资额和出资时间,有董事会和监事会等,公司的运作方式有很强的可操作性,是一个典型的现代企业。

除江浙渔业股份有限公司外,从晚清至民国,太湖流域各地涌现出的渔业公司为数众多,有的是私人招股的,还有的是由政府招股组建的。这些渔业公司遍布渔业生产、水产品交易、水产品加工制造、水产品运输等渔业经济活动的各个领域。由政府招股的渔业公司,还具有渔业行政机构的职能。从形式上看,这些渔业公司采取现代化的经营方式,但因为运作于一个落后的社会,特别是由私人招股的渔业公司,如同中小鱼户一样,只能靠天吃饭,晚清和民国政府难以给予任何保障,所以其生命力显得非常孱弱,有的甚至只是"昙花一现",如 1909 年宜兴县私人招股成立的"达昌渔业公司",购置土地,挖池筑堤养鱼,但当年即遭灾亏损。[1]

随着现代企业制度引入江南渔业,上海鱼市场交易方式从"对卖"发展到"拍卖",这是经营理念和经营方式的创新。因水产品交易量不断扩大,上海鱼市场交易方式也必须随之改进,原来的"对卖"方式已不能适应市场交易的要求了,慢慢发展到以"拍卖"为主,这是上海鱼市场建立以后水产交易方式的一大变化。

按照《上海鱼市场股份有限公司章程》第 5 条的规定:"本场营业取公开拍卖办法并逐渐减低佣金减轻鱼商渔民负担,一切事项均应依照本部核准之本场营业规程办理。"[2]"拍卖"就是公开地竞卖。一切参与拍卖业的渔轮到埠

---

〔1〕　江苏省地方志编纂委员会编:《江苏省志·水产志》,江苏古籍出版社,2001 年,第 356 页。

〔2〕《上海鱼市场股份有限公司章程》,《水产月刊》第 3 卷,1936 年,第 5、6 期合刊,第 60 页。

以后,所要出售的鱼货先由货主填具委托书,注明鱼货类别、品质、数量及其最低售价,然后委托鱼市场定期进行拍卖。

至1949年,上海帆船海水冰鲜船、桶件冰河鲜鱼、活水鱼以及其他水产品的交易,继续保持经纪人(鱼行)和有关货主委托代销的业务关系,拍卖制度仍继续施行,1949年的《上海鱼市场股份有限公司章程》第4条规定:"本场交易办法以公开拍卖为原则。"[1]拍卖制度直至1953年才最终被取消。

经纪人(鱼行)承拍后,找客户(主要是鱼贩)出售。也有的经纪人将部分鱼货转让给别的经纪人经销。有的经纪人(鱼行)拍进鱼货,不是为了经营图利,而是借此套现款,取得利息。也有为应付到期支票,不惜冒着亏损风险,将鱼货拍下来"调头寸"(周转资金)。当时拍卖竞争相当激烈,拍卖制度的程序如下图:[2]

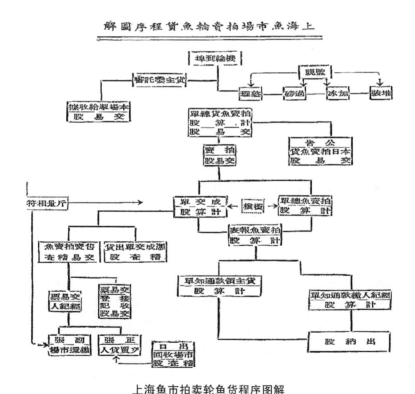

上海鱼市拍卖轮鱼货程序图解

[1]《官商合办上海鱼市场股份有限公司理事会呈送修正公司章程》(1949年),中国第二历史档案馆档案,全宗号23,案卷号00510。
[2] 唐承宗:《上海鱼市场何以推行拍卖制》,《水产月刊》(复刊)1946年,第1卷第4期,第2页。

1946 年 9 月—1949 年 6 月上海鱼市场拍卖轮鱼货数量统计表[1]

年　份	数量(吨)
1946 年 9—12 月	1 344.49
1947 年	10 949.43
1948 年	19 329.87
1949 年 1—6 月	9 641.99
合　计	41 265.78

拍卖制度是上海鱼市场创办之后一种创新的交易方式,比"对卖"更能提高市场的运作效率。因为"拍卖"加速了交易的速度,提高了交易的效率,毫无疑问,这是一个巨大的进步。所以,统一的鱼市场的建立和近代化运作,对江南乃至对中国东南地区渔业经济发展的推动和拉动作用不可低估。

当时渔轮鱼货大部分箱装,品种、规格较为整齐分明,每箱重量均匀。有些散装鱼货,委托鱼市场代为整理装箱。鱼市场接受货主委托后,当即过秤,标明类别、品质、重量,制给收据。

拍卖前,由鱼市场将鱼货编号分堆及公告拍卖日期,然后于规定时间内,按照单位编号,逐一拍卖。按规定只有经纪人(鱼行)才有资格参加拍卖。

拍卖前半小时,各经纪人(鱼行)及其代理人左臂佩带鱼市场制发的臂章,进入拍卖场。进场人数,一个单位至多 3 人。正式参与拍卖只有 1 人,须戴上鱼市场特制的有编号、颜色的帽子和手套,以资识别。

拍卖时由经纪人(鱼行)及其代理人报价承购,至超过货主所定的最低售价时,以报价最高者成交为承买人。如未达指定价格时,货主得请求改期再行拍卖。鱼货一经拍卖成交,由鱼市场出具成交单给承买经纪人(鱼行),成交单上写明承买人(鱼行)牌号,并由经纪人盖章。凭成交单提货出场。

虽然《章程》规定采取拍卖制度,但鉴于当时渔业界习惯于"对卖"方式,所以一时未能很好地实行。

---

〔1〕 资料来源:《上海渔业志》编纂委员会编:《上海渔业志》,上海社会科学院出版社,1998 年,第254 页。

抗日战争期间，华中水产公司上海鱼市场开始对渔轮施行拍卖。抗日战争胜利后，上海鱼市场复业。1946 年 9 月 8 日起对渔轮鱼货的交易实行拍卖。

中国江南，背靠长三角，门朝太平洋。日暾东袭，喷火蒸霞，太阳能量辐射，温暖江南大地，光解水体，释放氧原子。

江浙渔业公司的创新经营，将发展江南渔业与巩固祖国的海防相结合。江南渔民协助海军看守祖国的海疆，这节约了国防成本，提升了海防效率。上海统一的鱼市场的建立，扩大了国家财政来源。

行政管理资源总是有限的，而耗费行政管理资源的倾向具有无限性。上海鱼市场股份有限公司、江浙渔业公司、渔业合作社的广泛建立与运作，受惠于政府的管理效率，促进江南原生态文化发展。江南原生态渔政管理模式，是吴方言民俗文化力量的释放，政府借助民力，使得行政管理成本最低化，达到行政管理高效。江南渔耕者的生产、生活习俗是一种社会暗能量，当地政府若无为而治，"治大国若烹小鲜"，既节省了稀缺的行政管理资源，又能低成本地保护江南原生态文化环境。

蛛网水乡之上的精神地理与自然地理相适应，二者孕育出的海派文化，为江南文化之引擎。而近现代江南原生态文化最耀眼的创新，首先发生在耆旧弥新的渔业经济活动中。

创新发轫于上海滩，上海鱼市场身处黄浦江左岸十里洋场繁华处。江南文化最耀眼的创新，发生在江南最耆老的原始生业中。上海统一鱼市场股份有限公司实行"拍卖制度"，这是江南原生态文化创新中的最大亮点，公司制度提升了渔业经济效率，优化了这个产业链的资源组合。"生产者剩余"和"消费者剩余"都得到增加。

江南文化之创新务实精神在上海鱼市场运作中也表现得淋漓尽致。上海鱼市场内部的管理体系及其科学运作，让稀缺的水产资源得以高效配给、分发，活跃了江南市场。

地表资源决定文化个性。"苏"字内含江南最主要的地表资源，江南地表资源决定人们"生产什么"。"沪"，定置渔具，是当时的社会生产技术可能性，它解决的是"如何生产"的问题。以上海为中心的江南原生态市场体系，解决了"为谁生产"的问题。

"沪"，海派之源，财富海里来。吴语说"沪""上海"，体现了江南渔乡情馥郁。"沪"是文化之标识，如同"苏"代表一个区域的经济资源和文化个性一样。

上海背靠鱼米乡,大门敞向太平洋,拥有最丰饶的自然资源——水。吴淞江、黄浦江、娄江给她送来河鲜湖鲜,大海供给她海鲜万千。航运贸易的便利,使得巨额财富涌入沪城。

水是渔稻产业的命脉,江南水利灌溉,科技含量高,也内含创新精神。蛛网水系的航运价值,基础就是贸易航道的水路交通便捷、安全、货物运载量大、运费低。[1]

江南文化的创新精神让最耆老的产业焕发全新的生机,海纳百川精神能融汇西洋的现代市场经营理念。股份有限公司、渔业合作社等新的资源组合方式与资本运作方式,为海派文化注入新的元素,为江南文化发展注入新的活力。

江南原生态文化的近代创新实例中,江南渔文化的创新最为典型。上海统一的鱼市场的建立,江浙渔业公司的高效运作,渔业合作社的建立,渔业金融的创新,这些都是海派文化成为江南文化引擎的特色案例。

海派文化的引擎作用,得力于她的创新精神。制度创新是文明成长的引擎,上海鱼市场建立的宗旨、现代经营理念、科学的管理模式,为江南原生态文化发展注入了全新活力,给江南精神地理增添新的文化财富。

二、江浙渔业公司的效率

近代江南,渔业资本积累和技术发展的过程中,有很多创新。诸如上海统一的鱼市场的建立,渔业公司、渔业合作社和渔会的运作,渔业金融的创新等。当管理学进入近代渔业,稀缺的渔业资源得到了充分利用。

渔业公司、合作社、渔会等渔业金融服务与管理的创新,拓宽了经营管理科学的实践领域,是江南渔业经济加速发展的文化引擎。江南水乡渔业生产组织管理的制度创新,主要表现在这几个方面:江南渔民组织的发展及近代化、股份制的实践、渔业现代公司制度的设立以及渔业合作社的建立和发展。此外,近代化的渔政制度,有效地校正了"市场失灵"带来的渔业资源配置不合理,一定程度上改善了太湖渔民的贫困状况。江南渔业生产组织管理制度的

---

〔1〕 费孝通:《江村经济》,华东师范大学出版社,2018年,第148页。

近代化创新,即"渔业生产方式"的创新。

鲜活鱼类的"市场完全竞争性"比其他农产品更强。上海统一鱼市场建立使得江南各级鱼市场呈金字塔形分布。批发转零售的运输流通便捷,近代保鲜技术延长了渔民财富生成的路径,渔乡的生产者剩余总量增加。

张謇在上海创办的江浙渔业公司,与统一鱼市场一起对江南渔文化产生历史性的影响。[1] 上海鱼市场是现代企业,有公司章程。渔业管理属于"制度文化",讲求稀缺与效率。钱穆认为:"中国历史上的政治制度,有许多有其巨大的魄力,可以维持久远而不弊。因此遂为后世所传袭,此即中国历史传统一种不可推翻的力量与价值之具体表现。"[2]

从蓝鲸到鳑鲏,东海专属经济区鲜活鱼类,自出水开始便加速变质。在所有进入贸易市场的农产品中,鱼类的"市场完全竞争性"最强,这是渔业经济的特点之一,也是传统渔民贫困的自然原因。从上海统一鱼市场到金字塔形市场分布,大宗批发、零售市场遍布江南各地,财富生成的空间得到扩容。保鲜技术的创新,能在任何时候供给鱼鲜到鱼市场,延长财富来源的时间,扩大了生产者剩余。

技术和资本是经济发展的车轮,而管理学引入近代渔业,渔业资源优化配置,节省了全体江南渔民的总劳动时间和劳动量,渔获物增加,江南社会财富总量增大。

因科技进步和贸易方式的创新,江南渔文化不断发展。1904年(光绪三十年)由商部批准设立的"江浙渔业公司"是太湖渔文化发展历程中的重要内容,其目的是为改良旧式渔业,整顿海防,将近海海防与新式渔业结合起来。张謇任经理。

从江浙渔业公司设立的目的看,"公司"的政治职能较强。首先,它是个渔政机构。若从业务活动上看,该公司是一个政商合一的组织,自称"以官经商纬为组织之一"。[3] 公司除了经营渔业以外,还担负海防、救济、保护、捐税、教育任务。所以,江浙渔业公司的设立既是我国渔业管理的一个新的开始,又是渔政史上的一个转折点。但是,江浙渔业公司又是近代新型企业制度的创始,制度创新即文化创新。公司是筹集资金最为有效的企业组织形式,它具有

[1] 李勇:《江南渔文化研究》,东方出版中心,2022年,第215—217页。
[2] 钱穆:《中国历史研究法》,三联书店,2001年,第19页。
[3] 沈同芳:《中国渔业历史》,上海江浙渔业公司,1906年,第24页。

资本联合性。江浙渔业公司"集股办事",体现了资本联合性,并具有"股份有限公司"的性质,所以是现代企业的雏形。再从江浙渔业公司的经营目的看,该公司以营利为目的,"盈利性"即"企业性"。随着江浙渔业公司的业务展开,其盈利性也逐渐显现出来,因"公司经营伊始,措置颇困难,蚩蚩者氓,罔识大计,咸疑一家自立公司,专为牟利,谣谤蓬起"。[1]尽管"专为牟利"可能有点言过其实,但其业务的盈利性不能否认的。结果,"群思抵抗,黠者则寋洋旗,冀减其固有之税,(公司)总董为忧之,白诸苏松太道,桀机利导,联合渔会,附于公司,优给利益,担任保护"。[2]江浙渔业公司不仅采取股份制进行资本积累,还联合渔民的渔会组织,制订《江浙渔业公司渔会章程》,依法(章程)经营,生产要素组合方式和经营模式已是近代化了。根据《江浙渔业公司渔会章程》规定:"渔船号旗,每届正月份由该渔帮柱首开列船户编号清册,向本公司领给以归一式。会内渔船友本公司给予编号船照一纸,每次装鱼进口,先将船照送公司核验,并报明鱼数若干,由公司查明,代为完纳关税,听渔船自行投行销售。"[3]依《章程》的规定,公司、渔会、渔业生产者之间的关系"权责明确"。

　　江浙渔业公司存在的时间很短,对江南渔业发展也未做出多大的成绩。继江浙渔业公司之后,从民国初年开始,在太湖流域,一些中小民族资本家也开始以股份制筹集资金,经营渔业,新型的渔业公司纷纷成立,经营思路和经营方式改变了。这些渔业公司在太湖流域都以上海为基地,采用机械化捕捞。所以,无论从生产力设施、基金筹集和经营方式上看,这些新式渔业公司的成立和运营都是中国渔业经济发展史的一个跳跃,这些公司主要有:(1)"浙海渔业公司",1914年在上海成立。公司成立之后,从欧洲购入渔轮一艘,命名为"府浙"号。浙海渔业公司因为改进了捕捞技术、更新了渔业机械设备,渔业生产一时间兴旺发达。1921年,该公司又从美国购来军用轮船一艘,改装为"富海"号渔轮,渔业生产技术得以大大改进,所以渔获颇丰。(2)"海利渔业公司",由宁波商人筹集股份,于1923年在上海组织成立。海利渔业公司成立之后,从英国购买渔轮一艘,取公司名为"海利",在舟山群岛附近的海域进行捕捞作业。(3)"振兴渔业公司",1926年在上海成立,公司新造"振兴"渔

---

〔1〕 沈同芳:《中国渔业历史》,上海江浙渔业公司,1906年,第27页。
〔2〕 同上。
〔3〕 同上书,第31页。

轮一艘,后改名为"黄海"号;(4)"中华轮船渔业公司",1927年在上海成立,有"中华"渔轮一艘;(5)"三兴渔业公司",1927年在上海宣告成立,建有"海兴"渔轮一艘;(6)"联兴渔业公司",1930年在上海成立,新造"联丰"渔轮一艘。

至1934年6月底以前,以上海为根据地的渔业公司还有"茂丰渔业公司""永胜渔业公司""永顺渔业公司""志达渔业公司""大华渔业公司""源源渔业公司"等十几家。

这些渔业公司中,除了江浙渔业公司资本额较大,其他民族资本渔业公司的资本总额有的只有几万、十几万,多者也不过几十万。[1]

虽然这些渔业公司资本额不大,技术力量有限,但"公司制"的引入为中国渔业经济的发展植入了新的基因,对中国渔业经济和渔文化的发展有积极意义。

渔业公司作为投资公司,应该专门设立所出资公司股东(大)会、董事会(理事会)、监事会,即现代意义上的"三会"运作管理机构。规范"三会"运作与管理,能有效地联络各方,是贯彻出资人意志、传递公司运营信息的最有效工具。近代苏南渔业经济中,如上海鱼市场股份有限公司、江浙渔业公司等的股东会、理监联席会等,都是具有现代意义的"三会"运作和管理的机构。

上海鱼市场股份有限公司成立之初,根据公司章程规定,公司设立理事会、监察人、股东会,虽然和现代的理事会、董事会和股东会的"三会"在名称上稍有不同,但其管理公司的功能基本相同,从《上海鱼市场工作简报及理监事联席会议纪录》、上海鱼市场股份有限公司股东常会几个个案看上海鱼市场股份有限公司的"三会"运作与管理的状况:

1947年8月25日"上海鱼市场第二十六次理监联席会议纪录"载:市场抄来本年七月二十二日起截至八月二十日止交易总金额总重量:河鱼交易总额7 357 524 762元,又总重量1 420 306斤;海鱼交易总额6 761 810 650元,又总重量1 723 080斤半;咸干交易总额7 334 326 850元,又总重量1 980 810斤;机轮鱼货交易总额2 235 020 250斤,又总重量741 410斤。吴淞黄花鱼汛临时办事处本年7月20日起截至8月20日止交易总金额总重量:咸干交易总额1 703 121 400元,又总重量349 680斤;共计交易总额25 391 803 912元,

〔1〕　屈若搴:《上海之渔轮业》,《水产月刊》,1934年,第1卷第2期,第3—4页。

又总重量 6 215 286 斤半。[1]

1948 年 7 月 19 日"上海鱼市场第三十四次理监联席会议议程"记载：市场抄来三十七年六月十六日起截至本年七月十五日止交易总金额总重量：河鱼交易总金额 152 220 948 100 元,河鱼交易总重量 1 193 330.5 斤;海鱼交易总金额 440 246 973 150 元,海鱼交易总重量 4 574 585 斤;咸干鱼交易总金额 528 913 128 000 元,咸干鱼交易总重量 4 020 667.5 斤;机轮鱼货总金额 209 515 516 900 元,机轮鱼货总重量 3 365 923.5 斤。共计交易总金额 1 330 896 566 150 元,共计交易总重量 13 154 506.5 斤。

根据"上海鱼市场第三十四次理监联席会议纪录"的材料,1948 年 6 月 26 日下午 3 时举行本公司股东常会,出席股东 11 492 股,会议主要材料记载如下:(1) 本公司三十六年七月一日至十二月卅一日止盈余 4 564 379 755 元 5 角 6 分;(2) 讨论增资事宜案决议保留;(3) 讨论修改章程案决议章程第十六条修改为:"本场设常务理事七人,由商股理事互选四人,由农林部据官股理事指派三人并由农林部在常务理事七人中指定一人为理事长"。第四十三条修改为:"本场以每年一月一日起至十二月三十一日止为一营业年度,每届营业年度终了时决算一次";(4) 改选商股监察人案一致推选原商股监察人金廷荪、詹克峻连任。[2]

上海鱼市场股份有限公司的理监联席会议、股东常会等会议比现代股份有限公司"三会"简单些,但是现代公司"三会"的雏形,两者的功能大体相同。上海鱼市场还对每月逐日进出口市场的鱼货数量进行详细的统计,制作进口鱼货统计表,建立现代化的及时反映市场供求信息的水产品供销月报度。[3]

---

[1] 据档案资料记载:"(当时)会议地点:中汇银行一楼会议室;到会者:虞振镛、朱开观、詹克峻、董克仁、唐承宗、杜月笙、侯朝海、杨志雄、方椒伯、刘发煊、刘鸿生、瞿鹤鸣;会议主席:杜理事长;会议纪录:周星北。"(《上海鱼市场工作简报及理监事联席会议纪录》,中国第二历史档案馆档案,全宗号 23,案卷号 00511)。

[2] 《上海鱼市场工作简报及理监事联席会议纪录》,中国第二历史档案馆档案,全宗号 23,案卷号 00511。

[3] 这种统计表很多,如《上海市三十七年六月份逐日进口鱼货数量统计表》,《上海市政府食盐粮食煤水产鱼货到销数量及市区面粉纱布产销数量食油食粮市价等(民国卅七年)》,上海市档案馆档案,全宗号 Q1,目录号 18,案卷号 360;《上海鱼市场水产品供销月报表》(中华民国 37 年 8 月 1 日至 37 年 8 月 31 日),中国第二历史档案馆档案,全宗号 23,案卷号 00512。《上海鱼市场水产品供销月报表》(中华民国三十七年十月一日至三十七年十月三十一日),中国第二历史档案馆档案,全宗号 23,案卷号 00512。《上海鱼市场水产品供销月报表》(中华民国三十七年八月一日至三十七年八月三十一日),中国第二历史档案馆档案,全宗号 23,案卷号 00512。

这些统计数据都是来自市场实际,所以比较真实。

上海市三十七年八月份逐日进口鱼货数量价值表[1]

数量单位:市斤　　价值单位:法币值/金圆元

日期	数量	价　值	日期	数量	价　值
1	102 148	39 129 435 000.00	17	378 332	202 771 596 400.00
2	181 497	57 308 871 400.00	18	156 075 $\frac{1}{2}$	87 673 419 600.00
3	181 811	56 700 196 000.00	19	172 662	102 538 119 400.00
4	129 409 $\frac{1}{2}$	53 048 987 400.00	20	414 507 $\frac{1}{2}$	300 027 554 100.00
5	115 742	45 933 055 400.00	21	87 352 $\frac{1}{2}$	72 273 807 800.00
6	497 051	194 748 725 200.00	22	67 357	22 840.27
7	156 075	54 988 294 700.00	23	55 003	18 483.64
8	124 259	46 857 795 500.00	24	139 470	41 961.04
9	72 852	30 839 929 900.00	25	151 951 $\frac{1}{2}$	35 533.33
10	519 302	208 335 920 000.00	26	50 862 $\frac{1}{2}$	17 026.35
11	91 295	54 256 375 500.00	27	382 349	124 831.74
12	225 768 $\frac{1}{2}$	88 518 286 100.00	28	88 379 $\frac{1}{2}$	36 528.59
13	168 299	79 953 616 200.00	29	58 853	20 687.26
14	123 521 $\frac{1}{2}$	60 279 360 000.00	30	115 798	35 083.91
15	86 841	57 149 117 500.00	31	160 179	39 047.26
16	175 995	96 394 910 500.00	合计	5 430 998	1 055 599.18

注:上表1—21日的价值为法币值,22—31日为金圆元。

---

[1]　资料来源:《水产月刊》(复刊),1946年,第3卷第9、10合期,第67页。

上海鱼市场股份有限公司的"拍卖"制度、"三会"制度等"制度创新"为江南渔业经济植入新的发展"基因",其历史意义和社会影响较为深远。

三、渔政制度及文化价值

一般认为,导致市场失灵的每一个原因都暗含着政府在经济中的潜在作用。有些经济学家强调,政府通过宏观调控,如反垄断,制定控制具有外部性影响的法令、规则和条例,生产公共产品等,可以发挥校正市场失灵的作用,避免社会资源不必要的浪费,提高经济效率。那么,政府在渔业经济活动中究竟发挥怎样的作用呢?

明清至民国,政府矫正市场失灵的方法有很多。政府对渔业经济活动施加影响,通常是通过"渔政"来实现的。在中国由传统走向近代的过程中,渔政制度也"与时俱进",逐渐向"近代"转型。

渔政源远流长,早在夏商时期,我国便有了渔业设官之举。《周礼》有渔业户籍制度的记载,周代有专门从事渔政管理的官员,称为"渔人"。"渔人"的职权很大,凡是捕鱼的时间、地点、次数以及鱼产贡品、渔业资源保护等,都在"渔人"的掌管之下,渔人管制渔业经济活动的各个环节。唐宋编制户籍,划分有渔户。史书中有关古代渔政设施及渔业行政机构的记述略而不详,很难考证,渔业生产大多分散管理。元明时期,倭寇作乱,明朝政府为了防范倭寇侵扰,曾订立渔户之法,将渔民组织成罟棚组织,作为渔民生产和海防的基层单位。罟棚的组织方法是,以八九条或十余条渔船为一棚,每棚有料船一艘,随之腌鱼。

明代渔户立有专册,隶属当地"河泊所"。[1]河泊所,顾名思义是一种管理河道、湖泊等水域的渔业生产和水产品销售的渔政机构,各河泊所一般都建有专门的办公公署,负责向渔户征收渔课,以及船税、杂课及鱼贡品等。清朝建立以后,改为向渔民征收渔税丁钱,如太湖罛船一船准以一亩田之赋,[2]渔民疾苦,几乎无法维持生计,所以清政府规定"每户完纳一人丁之税",禁止其

---

〔1〕 尹玲玲:《明清长江中下游渔业经济研究》,齐鲁书社,2004年,第300页。
〔2〕 金友理:《太湖备考》,江苏古籍出版社,1998年,第565页。

他任何组织以任何名义私自向渔民征收渔税，清初，《奉旨遵宪蠲免渔课永禁泥草私税》碑。[1] 该碑是清地方政府给长洲县（张家港）贫苦渔民陆江、葛华等40多人呈告当地豪强、地主、渔霸横征暴敛武断于乡曲的牒文碑，1984年文物普查时发现，该碑青石质，圆首，通高206厘米，宽100厘米，厚27厘米，分碑体和碑座两部分，村民口述传说此碑断裂于1979年。碑体上端阴刻楷书"奉旨遵宪蠲免渔课永禁泥草私税"，碑文楷书29行，满行79字，共1 080多字。碑座下侧刻有陆江、葛华等43名立碑人的姓名，刻于清顺治十七年，字迹模糊。

　　《奉旨遵宪蠲免渔课永禁泥草私税》碑告示的内容属于渔政，是清初地方政府为缓和阶级矛盾，对极端贫苦渔民进行行政救济的法律文字，一般渔民"每户完纳一人丁之税"即可，最贫困的渔民可以蠲免渔课，政府认可渔民的诉求，禁止豪强、地主、渔霸横征暴敛武断于乡曲，保护贫苦渔民的基本生存权。

长洲县革除腌制腊肉商货浮费碑
乾隆七年（1742）

　　江南苏州府长洲县正堂加三级记录五次卫□客□商人郑永年、张品高、××章、左××、张义有、杨胜公、聂相臣、宋耀先、翁××、××儒、×彬然、刘贵远、程朝南、熊裕占、龚雨巷、沈九锡、王甫臣、张扬西等呈称：身等腌腊鱼货，汇集苏州山塘贩卖，每篮货价三、四两或五两不等。内外牙佣共六分。×牙人张渭宾、王卓儒、罗如玉、李永吉、朱天润等，忽以每篮额佣六分，变为每两佣取二分等情。××牙户姚×彩等，呈各到县，业经提齐商牙人等秉公审明。查议腌腊鱼、肉、虾米等物交易，价银就七足色，漕平九七足兑，买客外佣每两一分，脚栈在内。此外浮费应行革除，已据商牙允服，取有各遵依，通详勒石永禁去后，奉总督堂部那批开：仰苏州布政司核议通详，仍候抚部院批示。缴。奉苏抚部院陈批开：系两造允服，各县遵依，仰布政司查明转饬勒石永禁，取碑摹报查。□批示。缴。奉布政司使安批开：此案现奉抚宪批司，仰候另饬苏府饬遵。缴。奉升府正堂汪批开：既据通详，仰候各宪批示通行。缴。各等因。遵奉升府，又奉署府正堂李宪牌内开，奉布政使安宪牌开，奉苏抚部院陈批，本司

---

〔1〕　现存吴中区黄桥镇庄基村。这里自古以来鱼池密布。

详据苏府呈详长洲县山塘腌腊等行交易平色,并内外牙佣一分,批如详,饬照县议,勒石永遵。至该××称出店栈行之人,贤愚不等。每遇货到,私自偷窃,亦属病商,并令一并勒石,以苏商累。取具碑摹送查,仍候督部堂批示录报。檄。奉总部堂如详转饬遵照,仍候抚部院批示具报。檄。等因。奉此,合行勒石。为此,仰腌腊商牙人等知悉:嗣后凡腌鸡、鱼、肉、虾米等物交易,价银九七足色、漕平九七足兑,买客外佣,每两一分,出店脚费在内。该商内佣每两一分,脚栈在内。此外浮费,概行革除。至出店牙人等,不得私自偷盗客货,各宜凛遵勿违,须至碑摹者。

　　　　　　　　　　　　　　　　　　　　乾隆七年八月□□日

　　《长洲县革除腌制腊肉商货浮费碑》是清朝地方政府为保护渔民及渔获物销售市场的合理运作的法律性规定,对渔业发展具有积极意义。

　　道光年间,清政府饬令沿海渔户逐一编查保甲,十家为一甲,每编十甲。清末,海疆多事,左宗棠及刘坤一等曾积极主张沿海各省筹办渔团,但"开办未久,旋即消灭"。[1]

　　《严禁需索留难鱼花船只》碑,[2]则是江苏巡抚部院于清同治八年(1869)二月公布的一则告示碑,具有法律意义。

　　鸦片战争之后,大清帝国税收制度混乱,各地兵勇、地痞、棍徒、差役各自为政,纷纷设立关隘收税。太湖流域一带,渔业经济是一大部分民众的生计产业,常常在鱼苗运输途中,"沿途索扰,敲诈留难",民怨沸腾。鉴于此,江苏巡抚部院颁发告示,要求(育苗运输)"沿途营汛、关卡、弁兵、勇役及商贩人等,一体遵照"。明文规定,凡鱼苗船只经过的地方,无分昼夜,随到随放,不准延误。若有延误,立即查拿,依法惩治。

　　该碑碑身为青石,宽约 60 厘米,高 140 余厘米,楷书,碑文 12 行,共 66字,至今保存完好,这是雕刻在石头上的渔文化,是全国罕见的珍贵"文物"。

　　光绪二十二年(1896),清廷又命令沿海各省督抚筹办渔团复兴。从渔团组织办法和章程看,"勤编查""严互结""严连坐""定赏罚""严稽查"等措施,皆为政府设法控制渔民,以防范渔民造反作乱的措施,对渔业经济发展和渔民生

---

〔1〕　李世豪、屈若搴:《中国渔业史》,上海书店 1984 年,第 14 页。
〔2〕　此碑原立于"浒墅钞关"火神庙旁,现在吴中区浒关镇庄家桥弄 5 号居民家东墙内。

活改善没有实质性的价值。后来,清廷在各省设置"劝业道","劝业道"的"农林科"中设有"水产股"专营水产事业,这是政府正式设立水产行政组织的开始。[1]

　　总的说来,20世纪以前中国历代政府几乎没有为促进渔业发展、扶植渔民生活、改善渔村设施颁布什么政策措施,难怪《中国渔业史》作者认为,在晚清以前,所谓渔政,多限于渔业户籍、征收渔业课税。[2] 甚至有学者认为:"历代当政者,漠视渔政,改进保护,咸付缺如,以至技术落后,渔具驽劣,海盗猖獗",[3] 从而造成中国渔业落后,渔民贫困。

　　20世纪初,特别是辛亥革命以后,我国渔政设施比以往有了较大的完善。因为以往的渔政设施是以征收渔税和管理渔户作为渔业行政的主要内容的。如水产监督保护、豁免渔税、维护国家的海权、发展水产教育、兴办渔业银团、兴办渔业合作社和渔业公司、进行渔业新闻宣传、兴办新式渔会等,比以往有了巨大的进步。

　　光绪三十年(1904)三月,张謇呈请商部,首次向清政府提出:"中国渔政久失,士大夫不知海权",开始把国家渔政和领海主权联系起来,主张设立渔业公司,以改良旧式渔业,"渔政"的内涵从此开始逐渐扩大。

　　张謇在其主张得到清廷的批准后,与苏淞太道袁树勋相度形势,规划一切,以内外海界定新旧渔业行渔范围,以南北洋总公司为纲,以省局县会为目,以官经商纬为组织,规划详尽,其要点为:"各国领海界,视近海、远洋为区别,近海为本国自有之权,远洋为各国公共之路,拖船捕鱼宜在远洋,近海数百里,乃为我寻常小船捕鱼之区,外为内障,内为外固,相资为用,而不相妨……,即就各州县渔团保甲而易其名……然甫议公司,资本未集,此购船之款,则由苏淞太道拨公款垫办为宜,此类拨款,即作官本,与商股均分所入之利息,此项利息,即供渔政上办公经费,及调拨兵轮之用,此即以官经商纬为组织之一……公司集股办事,各就地举董事经理而集成于官,国家宜特设一渔政之官,以为笕钥,此亦组织之一。"[4] 至此,我国渔政设施步入近代化轨道。

　　近代渔政制度首先在太湖流域的渔区开始施行。光绪三十年(1904)八

〔1〕　李世豪、屈若搴:《中国渔业史》,上海书店,1984年,第14页。
〔2〕　丛子明、李挺主编:《中国渔业史》,中国科学技术出版社,1993年,第93页。
〔3〕　君一:《渔业统制政策之实施》,《水产月刊》1934年第1卷第1期,第2页。
〔4〕　沈同芳:《中国渔业历史》,上海江浙渔业公司,1906年,第24—25页。

月,江浙渔业公司在上海成立,张謇为经理。江浙渔业公司下属机构为"渔会",[1]加入渔会的渔船,多为冰鲜船。冰鲜船由船帮主持,按照每船的大小定期征收报关税、船照费等。公司从德国购买而改造的"福海"号渔轮承担保护远洋作业渔船的任务。

民国政府成立后,渔业行政归实业部。北洋政府时期,实业部分为农林、工商二部,渔政事业归农林部,由农林部设立渔业局专门管理渔业,这是在中央设立渔政专局的开始。

1914年4月28日,农商部颁发了《公海渔业奖励条例》和《渔轮护洋缉盗奖励条例》两部法律。《公海渔业奖励条例》共10条,特点是奖金总额低、奖励的时限短、附加条件多。《条例》第1条:"凡本国人民,以公司或个人名义购买渔船,经公海渔船检查规则合格,取得登记证书者,依本规定给予奖励金",但"奖励金总额,(每年总额)不得超过50 000元"。[2] 第5条规定,对海员的奖励,渔猎长每人每年10元,渔猎员每人每年6元。奖励的额度太低,附加条件多,如对出海捕捞的汽船、帆船的吨位都有严格的规定,汽船总吨数50吨以上者,每吨20元,帆船50吨以上者,每吨6元。但汽船超过350吨以上者,帆船超过200吨以上者,不得以超过的吨位数加给奖金。凡应受到奖励的渔船,在公海作业的天数不得低于规定渔期的四分之三;凡应受奖励的渔船,农商部派遣的调查员或练习生乘船时,不得拒绝;凡已受到奖励的渔船的船主或其继承人,由受授奖励金之日起算,在满5年以内,不得为该渔船之买卖、借贷或以此为担保而提供于外国人。这些规定实际上难以实行,因为战乱迭起,政府根本不可能拿出资金去奖励渔业。并且,当时中国的机器渔轮极少,旧式的木帆渔轮不可能到远洋捕捞,所以,这些规定实际意义不大。

《渔轮护洋缉盗奖励条例》规定,凡本国人民,以公司或个人名义,购置渔轮,经农商部立案,许可之后才具有在洋面上缉盗之权,但政府给予的奖励金每年总额不得超过60 000元。沿海七省几千里的海岸线,偌大的海域,百万渔民,区区几万元的奖励金,很难达到提高海防和渔民积极性的目的。但是,以立法的手段维护国家的领海权和远洋渔业权,是一个创新,又是一个历史性进步。

---

[1] 沈同芳:《中国渔业历史》,上海江浙渔业公司,1906年,第31—33页。
[2] 李世豪、屈若搴:《中国渔业史》,上海书店,1984年,第19页。

1914 年 7 月,农林、工商二部合并为农商部,张謇任农商部总长。农商部下设立矿政、农林、工商、渔政四司,渔牧改局为司。张謇制定的农商部渔牧司的职责有:水产监督保护及教育,渔业监督保护,公海渔业奖励,渔业团体事宜。1925 年,农商部举行的实业会议通过的议案进一步拓展了渔业行政的范围,这些议案有:沿海各省筹办水产专门学校,创设渔业试验场,奖励江河湖泊渔业,扩充水上警察维护治安,筹设沿海渔业管理局等。

1927 年,南京国民政府制定了《训政时期工作纲要》,渔业部分的内容有设立中央水产试验场和渔业保护管理机构等。

1929 年 11 月 11 日,南京国民政府制定和颁布了《渔业法》,又经国民政府第二十一次国务会议决定,宣布领海范围为 3 海里,海关缉私界限为 12 海里。

1945 年底,行政院善后救济总署(简称行总)于上海福州路成立"行总"办公室,总管"行总"业务。1946 年 3 月,行总设农业业务委员会,兼管渔业部分的善后救济工作,渔业善后物资管理处的管理人员主要是渔业专家和技术人员。同年,渔管处成立。从渔管处的组织系统和运作看,其渔业行政功能比较突出,如 1946 年 8 月的渔管处以处长、副处长和业务组为核心,1947 年 5 月的渔管处以处长、副处长和管理组为核心。1948 年 5 月渔管处设处长、副处长和顾问室,统领全国其他渔业救济分支机构,还增设秘书室和会计室,负责文书起草和统管财务工作。

从清政府、北洋政府到南京国民政府,渔政设施不断趋于完善,特别是上述法令、条例的颁布和实施,既有利于渔业经济的健康发展,也有利于抵制外来势力侵渔。而这些"制度安排",同时也体现了渔业行政的近代化追求。

渔业经济统制政策的实施,以及对渔业行政的近代化追求,表明政府在渔业经济活动中的权威影响得以强化。这种强化,从清末到民国未曾稍歇,特别是民国时期,政府对渔业经济进行干预,实行统制政策,把权威影响发挥到极致。

经济统制政策[1]的选择和实施具有历史的必然性。从国内情况看,当时全国各地各种市场基本混乱无序,民族资本家迫切要求在全国建立统一有序的国内市场,结束市场的自由化和无约束化,靠国家政权的力量干预市场来发

---

[1]　经济统制政策是类似于"大萧条"以后英美等国的政府干预经济政策,是特定时代的产物。政府干预经济是必需的和有效的。

展资本主义经济；从国际上看，被称为 laissez-faire 即"自由放任"的时代遭遇了"大萧条"，这种未加管束的自由资本主义经济制度被主张以政府干预经济的凯恩斯学说所取代，收效明显。世界各国纷纷采取政府干预经济的政策，既宣告了以马歇尔为代表的新古典经济学理论的终结和自由竞争时代的结束，也宣告了国家垄断资本主义时代的到来。

作为资本主义世界市场的一部分，国民政府顺应时代潮流，在社会经济发展方面采取政府干预政策，以校正"市场失灵"对经济发展带来的消极影响。国民政府的"渔业经济统制政策"的提出和实施就是一个很好的例证。

20 世纪二三十年代，中国经济发展进入了第二个"黄金时期"。[1] 在两个"黄金时期"内，江南渔业获得巨大的发展，各地鱼市场也进一步繁荣。但繁荣的同时出现了竞争无序，造成"当今中国经济混乱之状况，无以复加"。[2] 特别是恶性竞争，导致"市价混乱，同业倾轧"，[3] 致使渔业资源配置极端不合理，浪费社会资源。

渔业经济发展的同时，渔民生活也"日陷于水深火热之中，而莫克振救"。[4] 每当鱼汛来临时，渔民购办渔具、雇用员工出海，因为资金缺乏，而不得不向鱼商或钱庄借贷。"利率之高，无与伦比！幸而渔民渔获稍有利益，尚可抵偿债务，其不幸者非卖渔具，鬻妻孥不可。其甚者则铤而走险，沦为海盗。"[5] 而且，"强邻挟其雄厚之资本，优长之人才，严密之组织，完善之渔具渔船，更辅以国家之坚甲利兵，长驱直入，侵我领海，攘我渔物，我一盘散沙之渔民当之，其何能抗。坐视外鱼充斥，渔业浸衰，渔民生计日蹙，国民经济遂受重大之打击。"[6] 实业部有鉴于此，主张政府致力于渔业建设，以拯救中国渔业之危机。渔业统制政策就是在这样的历史背景下被提出和实施的，它的提出有一定的必然性。

渔业统制政策就是"秉经济之原则，准社会之情形，衡供求之需要，作通盘

---

〔1〕 杨德才认为，晚清至民国以来，中国社会经济在发展的过程中出现了两次比较大的飞跃，即两个"黄金时期"，分别是 1913—1926 年的第一个黄金时期和 1927—1936 年的第二个黄金时期。（杨德才：《中国经济史新论(1840—1949)》，经济科学出版社 2004 年，第 311 页）。

〔2〕 君一：《渔业统制政策之实施》，《水产月刊》1934 年第 1 卷第 1 期，第 2 页。

〔3〕 同上。

〔4〕 同上文，第 3 页。

〔5〕 同上。

〔6〕 余恺湛：《水产月刊发刊词》，《水产月刊》1934 年第 1 卷第 1 期，第 1 页。

之计划,而以政治之力量推而行之,使企业者无所用其竞争,野心者无所施其破坏,输入者无所逞其倾销,输出者无所虑其耗折,法虽异乎均输意则无是过也"。[1] 渔业经济统制的实施办法,据时人研究,确立为"鱼市场"、"渔业经济"和"渔业管理"3 项,而"鱼市场乃渔业统制之枢纽"。[2]

鱼市场是水产品交易的机制,也是一个渔政机构。当时,建立规模较大的专业市场非常有必要。因为现代化的鱼市场建立以前,各地水产市场五花八门,异常混乱,"虽罄南山之竹,独难写绘以俱躬"。[3] 也就是说,因政令不一,各地的鱼市场都是各自为政。又因水鲜产品比起其他农产品具有极端的"完全竞争性",[4]加上大的鱼商唯利是图,凭借资金优势,"或则贬价竞争,破坏同行之利益;或则奇货可居,任意扰乱市场,其下焉者嗜利忘仇,或则锐意为之倾销,或则冒混以为国货;至乎其极,市价既乎混乱,同业又复倾轧,营业之不振,无待蓍蔡"。[5]

所以,为发展渔业,拯救贫困的渔民,必须建立统一的鱼市场。

(1) 规范竞争和校正"外部性"。规范竞争和校正"外部性",是政府的重要经济职能。而这一目标的实现,需要采取立法或行政强制手段。在这方面,明清政府的作用尚不明显。进入民国时期,特别是南京国民政府成立以后,虽然历经汪伪政权,但渔业立法范围是不断扩大的,这些法令中,涉及规范竞争和校正"外部性"的法令有很多。这些法律上的强制性条文,有利于校正"外部性"和规范竞争。

民国时期的渔业法令,最重要的当数 1929 年 11 月国民政府公布的《渔业法》了。[6] 该法令 6 章 49 条,涉及渔业法的主体、客体、渔业权、渔业行政管理、渔业保护及奖励、罚责、附则等。其中第 21 条第 2 款规定:"因保护水产动植物繁殖之必要者,行政官署得限制或停止核准渔业,或撤销其核准。"第 4

---

〔1〕　君一:《渔业统制政策之实施》,《水产月刊》1934 年第 1 卷第 1 期第 3 页。
〔2〕　潘公展:《对于上海鱼市场之愿望》,《水产月刊》1937 年第 4 卷第 5 期,第 3 页。
〔3〕　君一:《渔业统制政策之实施》,《水产月刊》1934 年第 1 卷第 1 期,第 2 页。
〔4〕　完全竞争性的产品主要是农产品,如小麦、大米、一般的水产品等,因为在这些产业中有无数的生产者即"供给"者和无数的消费者即"需求"者,两者中的任何一个个体因为影响市场的力量太小,在没有政府管制和市场垄断存在等情况下,任何一个"供给"者和"需求"者的行动都不足以影响产品的价格。
〔5〕　君一:《渔业统制政策之实施》,《水产月刊》1934 年第 1 卷第 1 期,第 2 页。
〔6〕　《渔业法》,《(渔管处)渔业法令规章》(自 1930 年 7 月 1 日起),上海市档案馆档案,全宗号 Q460,目录号 1,案卷号 846。

款："于公益有妨害者,行政官署得限制或停止和准予渔业,或撤销其核准。"第33条第4款规定,行政官署为"保护水产动植物之繁殖,严禁任何渔业人投放有害水产动植物"。这些法令条文,从水产业发展的实际情况出发,规范捕捞秩序,维护渔业的可持续发展。

《渔业法》之外,相关法令规章还有《解释民法土地法与渔业法中相互关系疑义》[1]、《农林部淡水鱼养殖场组织规程》[2]、《农林部淡水鱼养殖场工作站组织通则》[3]、《保护淡水鱼类产卵区鱼卵鱼苗暂行办法》[4]等。《海洋渔业管理局组织条例》中规定政府设立为促进海洋渔业发展的后勤科;《农林部淡水鱼养殖场组织规程》规定农林部为繁殖淡水鱼类设置农林部淡水鱼养殖场,养殖场职掌"关于淡水鱼苗之采集、卵化及推广事项;关于淡水鱼类之人工养殖事项;关于饲养鱼类之疾病及敌害防除事项;关于养殖区域之调查及利用事项;关于自然水面之淡水鱼类之繁殖保护事项;关于农林部之委办事项"。[5]《农林部淡水鱼养殖场工作站组织通则》除了规定该工作站须监督国家法令实施以外,还有"关于造池养鱼、稻田养鱼及推广事项"。这些规定都能从某一方面避免"外部性"。

抗战胜利后,在联合国的帮助下,国民政府还制定了《水产品检验标准》[6],以法令的形式规范鱼市场的产品质量及竞争。

限于技术条件,渔业行政部门仅能对干鱼货制定质量标准,而水鲜产品的各种指标难以统一,但这些标准的制定和实施,有利于鱼市场的规范经营,维

〔1〕《解释民法土地法与渔业法中相互关系疑义》,《(渔管处)渔业法令规章》(自 1930 年 7 月 1 日起),上海市档案馆档案,全宗号 Q460,目录号 1,案卷号 846。

〔2〕《农林部淡水鱼养殖场组织规程》,《(渔管处)渔业法令规章》(自 1930 年 7 月 1 日起),上海市档案馆档案,全宗号 Q460,目录号 1,案卷号 846。

〔3〕《农林部淡水鱼养殖场工作站组织通则》,《(渔管处)渔业法令规章》(自 1930 年 7 月 1 日起),上海市档案馆档案,全宗号 Q460,目录号 1,案卷号 846。

〔4〕《保护淡水鱼类产卵区亲鱼卵鱼苗暂行办法》《(渔管处)渔业法令规章》(自 1930 年 7 月 1 日起),上海市档案馆档案,全宗号 Q460,目录号 1,案卷号 846。

〔5〕《农林部淡水鱼养殖场组织规程》,《(渔管处)渔业法令规章》(自 1930 年 7 月 1 日起),上海市档案馆档案,全宗号 Q460,目录号 1,案卷号 846。

〔6〕《水产品检验标准》,《(农林部)水产品检验标准》(敌伪业务档案案卷附件),中国第二历史档案馆档案,全宗号 23,案卷号 1449。1948 年 9 月 10 日,工商部中央标准局函复联合国粮农组织准备拟制我国渔业检验标准草案,至同年 10 月 15 日,农林部中央水产试验所制定出《水产品检验标准》。参见《农林部送达中央水产试验所的函》,《(农林部)渔业与渔产》(敌伪业务档案案卷)(1947—1948),中国第二历史档案馆档案,全宗号 23,案卷号 1434。

护消费者的利益。

除了上述宏观措施规范竞争和校正外部性，太湖流域各地方政府还在微观领域积极进行干预和规范，以使渔业经济活动正常有序地进行。早在光绪二十五年（1899），上海就已经成立淡水鱼行同业公会"鲜鱼公所"。民国时期，苏南各渔业产区和主要的水产贸易区，在政府的组织和倡导下，普遍建立"渔业同业公会"，如上海市鲜鱼业同业公会的执委会，其成员几乎都是政府官员。[1] 渔业同业公会制定同业章程，以企业法的形式规范生产和销售，如奉贤县的《奉贤县鲜鱼业同业公会章程》第3条规定："本会以维持增进同业公共利益及矫正营业之弊害为宗旨。"[2]这些渔业同业组织，都以"章程"来规范鱼市场秩序，也在一定程度上校正了"外部性"。所以，上述的《渔业法》《通则》《办法》《标准》《章程》等的颁布和实施，有利于渔业经济的健康发展。

（2）为渔业发展提供公共产品和服务。提供"公共产品"或服务是政府的经济职能之一，公共产品经常被称为社会物品或集体物品，这类产品的供求关系极易造成市场动荡。[3]

公共产品具有私人部门生产它难以有利可图的特征，而一旦被生产出来，则任何人不能以任何理由被排除在享有它的利益之外。比如在渔业生产中，为方便渔船出海和指引方向，政府投资设立海岸灯塔。海岸灯塔设立之后，没有任何渔船能被排除在享受它的导航之外，这是"正溢出效应"。

如果在一个没有政府调节的市场中，公共产品或服务在最好的情况下也难以达到全社会的"充分满足"，在最坏的情况下则完全不提供。渔业经济活动中的"公共产品"或公共服务产品，比如海岸灯塔、天气预报、洋流变化、海浪预报等信息和设施，只有政府才可以提供，其他任何公司或个人都无法完成。

---

[1] 上海市鲜鱼业同业公会执监委员名单："主席张振芳；常务：陈祖本、朱宝、刘同华、刘志元；执委：陈祖玉、周惠祥、王祖泉、董祖相、虞裕福、许善行、黄振世、方国栋、周振生、陈琳甫；监委：黄延芳、翁兆芳、邹信泰、徐仰仙、吴臣笏。"参见《上海市鲜鱼业同业公会》本会前执监委员名单、整委会登记简则和委员名单及会同冰鲜鱼行业公会共同接收伪水产公会的有关文书》，上海市档案馆档案，全宗号S376，目录号1，案卷号1。

[2] 《江苏奉贤县鲜鱼业同业公会》（1937年），中国第二历史档案馆档案，全宗号422（4），案卷号5219。

[3] 〔美〕K.E.凯斯、R.C.费尔：《经济学原理》，"中文本序"第6页。本书将市场失灵的原因归结为四个：不完全竞争的市场结构的存在、公共产品的存在、外部产品和外部效益的存在以及不完全信息的存在。水乡的公共水域是公共资源，渔业生产即私人开发利用或污染几乎无须付出任何成本的资源。

其他一些公共物品或劳务,如设立渔业银行以通融资金,提供廉价的渔需物资或渔业生产资料给一般的渔业劳动者,创设水产研究机构为渔业发展准备"第一生产力"条件,为渔民提供渔业生产所必需的紧急救助等,也只有政府才能完成。

民国时期政府创设渔业银团,政府为远洋捕捞提供军事保护和后勤服务、将渔轮出租给渔业从业者、为方便渔业生产而设置海岸灯塔、为渔业人提供气象信息服务、转移联合国机构给予的渔业救济物资、组织专门人员编写渔业专业杂志以普及渔业经济知识等等,这些措施,是任何渔业从业者(不管是一般的渔民群体组织还是单个的渔业公司)都不会愿意为此承担费用的,因为"成本"高昂,只有政府才能做到。国民政府为渔业发展提供的"公共物品"和服务主要有:

其一,制定《海洋渔业管理局组织条例》,[1]1932年7月1日执行。该条例共13条,规定政府设立海洋渔业管理局,隶属于实业部,管理海洋渔业事务。除了管理,还提供劳务帮助,如在海洋渔业管理局中设立负责后勤保障的总务科、保安科和改进渔业技术的改进科。海洋渔业管理局为海洋渔业生产提供后勤保障和公共安全服务,为新式渔业的推广提供技术和信息支持,这些措施的实施,在一定程度上促进了渔洋渔业的发展。

其二,《实业部渔业银团办法草案》。[2] 实业部为改进渔业起见,联合上海各银行组织渔业银团。其《草案》内容有:

> 一、实业部为改进渔业起见,联合上海各银行组织渔业银团办理下列事项:
> 　　1. 提倡渔民组织合作社。
> 　　2. 渔业贷放款项。
> 　　3. 建造新式渔轮租赁与渔民。
> 二、渔业银团事务所设于上海鱼市场。
> 三、参加银行应推定一行为代表负责经理渔业银团事务。

〔1〕《海洋渔业管理局组织条例》,《(渔管处)渔业法令规章》(自1930年7月1日起),上海市档案馆档案,全宗号Q460,目录号1,案卷号846。
〔2〕《实业部渔业银团办法草案》,《创设渔业银团》(1936年5月17日起),上海市档案馆档案,全宗号Q464,目录号1,案卷号289。

四、实业部应派监理员一人随时检查渔业银团业务。

五、渔业银团资本分固定资金、流通资金两种,全由实业部自二十五年度起每年每度投入二十万元流通资金,由实业部与各参加银行酌量渔业需要情形商定每年数额,但第一年度不得少于八十万元。

六、渔业银团固定资金按投入实数周息六厘;流通资金按投入实数周息八厘。

七、渔业银团放款除抵押放款外,凡信用放款必须银团认可之合作社或上海鱼市场担保。

八、渔业银团放款利息及渔轮租赁之收入除发固定资金、流通资金利息外,作为预备金。

九、渔业银团办事费用须规定极少数目经实业部核准由预备金内开支。

十、渔业银团每年度决算有盈余时,按固定、流通实投资金之数分配红利,有亏损时得以预备金补足,如仍不足得以固定资本之息金补充,再不足时得呈经实业部核准减少原投固定资金积存数目。

十一、渔业银团每年度决算后固定资金应派息金红利得经实业部核准加入固定资金数目。

十二、本办法自呈奉行政院核准之日施行。

实业部是国民政府的职能部门之一,为改进渔业,实业部联合上海的金融企业即各银行,组织渔业银团为渔业发展提供服务。比如,政府倡导渔民组建渔业合作社、为渔业经济活动提供贷款、建造新式渔轮等。

近代中国人口多、各行各业资金缺乏、技术力量薄弱,而渔业的这类情况还要糟糕:渔民人数众多、他们几近"赤贫"、渔业生产资料极端匮乏,渔业在整个第一产业和国民经济中处于最低位的位置。国民政府采取积极措施,以立法手段扶持渔业、振兴渔业,尽管是《草案》,但它的颁布和实施对渔业发展意义很大。

针对中国渔民人口众多、资金投入严重不足、渔需物资极端匮乏等状况,实业部采取有力措施,积极振兴渔业。如倡导渔民组建渔业合作社,合作社以"互助合作"的方法来维持渔民最基本的生存需要;以实业部即政府出资为主组建"渔业银团",经营权归上海鱼市场的"渔业银团事务所",这一措施的实施有利于提高金融绩效,对于减轻渔民被高利贷者盘剥有积极意义。

其三,1937年2月17日,实业部公布了《渔业银团组织规程》[1],"本银团以提倡渔民合作、流通渔业金融、调整渔产运销、促进渔村建设为宗旨"。根据《渔业银团组织规程》,"本银团得酌各地渔业实际情形呈准实业部划分下列四区分区进行",即江浙区、冀鲁区、闽粤区、长江上游区。银团办理事项主要有:渔业贷放款项部分为"渔业合作社放款""渔船或渔具抵押放款""养殖业之养殖场所及水产物抵押放款""渔产或其他制造品抵押放款""渔业上加工制造或运输上放款""渔民十人以上连带保证小借款";提倡渔民组织合作社部分有"调查渔村经济状况""研究渔业经营渔业技术之改善""协助渔业合作社之组织","指导渔民组织合作社之营业""稽查渔业合作社之账目";建造新式渔轮租赁予渔民部分:"建造或购买新式渔轮""指导渔民对于新式渔业之技术及经营方法""出租新式渔轮"。

实业部《渔业银团组织规程》进一步落实了《实业部渔业银团办法草案》的精神,明确了服务的对象和宗旨,规定办理事项的细则,《规程》具有切实的可操作性。显然,这样的"公共物品"或服务,正是渔业发展和渔民生活所迫切需要的。

其四,抗战胜利后,为恢复渔业生产,国民政府渔业行政部门制定出台了《渔轮出租办法大纲》。[2]

《大纲》规定:"由农林部江浙、闽台、广海、华北等四大渔业团体(以依法成立,实际经营渔轮业务而资本充实者为限)分别组织代表机构,保管委员会对该机构组成分子可不加审查,但凭农林部之证明,嗣后即专与此核准机构进行洽商渔轮租借事宜";"保管委员会应先准备渔轮一批约二十艘左右租与上项机构,并俟该第一批租结渔轮运用著有成效后预定出售六十艘渔轮中复有装配完妥可以应用之渔轮时再将其租用渔轮艘数予以增加。第一批出租渔轮廿艘需于行政院核定公布后限二个月内申请承租之";"该代表机构应将租得渔轮本我国粮食增产及复兴渔业宗旨从事捕鱼,所有各该渔轮作业及修理之一切责任均由该代表机构自负";"渔轮租期五年,期满时得请求续租。在租约有

---

[1]《渔业银团组织规程》,《(渔管处)渔业法令规章》(自1930年7月1日起),上海市档案馆档案,全宗号Q460,目录号1,案卷号846。

[2]《渔轮出租办法大纲》,《渔轮出租办法大纲草案等》(善后事业委员会案卷),中国第二历史档案馆档案,全宗号21,案卷号29181。

效期间或租约期满时,该代表机构得请求承购所租渔轮"。

《渔轮出租办法大纲》的颁布和实施,有利于恢复渔业,提高渔民的生产能力,是政府为渔业发展提供的便利。

上述之外,农林部制定了《改良渔业计划》[1]和《淡水鱼救济计划》[2],主要是由政府出资,以此拯救扬子江的渔业和渔民,这些《计划》非常有利于苏南渔业经济的发展。

《救济打捞海带的渔民》[3],主要是救济东海和黄海打捞海带的渔民,其中包括对苏南渔民的救济。

《渔管处处理救济物资案》中来自联总救济中国 10 余省渔业的信函和救济发放清单,江苏所得的渔需物资占有较大比例。民国政府成立"渔业情报服务所"[4]、"中央水产试验所"[5],为渔业劳动者提供气象信息、渔场调查情况、渔具的设计与制造等信息服务。

民国政府还组织专业人员编辑渔业杂志,以宣传现代渔业,对渔业经济的发展具有积极作用。渔业科技杂志有《水产月刊》《上海市水产经济月刊》《渔况》《东方渔业》《新渔》《行总农渔》等。

《水产月刊》,也叫《水产》,1934 年 6 月 11 日开办。现存于中国社会科学院、上海水产大学等处。《水产》,1934 年发行第一卷,当年总共出版 12 期。1935 年发行第二卷,共出版 12 期。1936 年发行第三卷,只有 5—7 期。1937年发行第四卷,2—4 期。1946 年复刊,当年共出 6 期。1947 年发行 1—7 期。1948 年发行 1—10 期。《水产》内容丰富,涵盖渔村风光、鱼类学、外国渔业、冷

---

〔1〕《改良渔业计划》,《(农林部)普及渔业计划、改良渔业计划、淡水渔业救济计划、清岛(长江口)渔港改善计划》,中国第二历史档案馆档案,全宗号 23,案卷号 1533。

〔2〕《淡水鱼救济计划》,《(农林部)普及渔业计划、改良渔业计划、淡水渔业救济计划、清岛(长江口)渔港改善计划》,中国第二历史档案馆档案,全宗号 23,案卷号 1533。

〔3〕《农林部淡水渔业救济计划》1948 年 3 月 2 日(NATIONAL FISHERIES RESEARCH INSTITUTE FRESH - WATER CULTURE RELIEF PROJECT, 2 March 1948),《(农林部)普及渔业计划、改良渔业计划、淡水渔业救济计划、清岛(长江口)渔港改善计划》,中国第二历史档案馆档案,全宗号 23,案卷号 1533。

〔4〕《农林部淡水渔业救济计划》1948 年 3 月 2 日(NATIONAL FISHERIES RESEARCH INSTITUTE FRESH - WATER CULTURE RELIEF PROJECT, 2 March 1948),《(农林部)普及渔业计划、改良渔业计划、淡水渔业救济计划、清岛(长江口)渔港改善计划》,中国第二历史档案馆档案,全宗号 23,案卷号 1533。

〔5〕《(农林部)中国渔业与中央水产实验所情景》(Prospect of Chinese Fisheries And The National Fisheries Research Bureau),中国第二历史档案馆档案,全宗号 23,案卷号 1534。

冻技术、渔具的使用方法、上海鱼市场经营状况、台湾地区水产介绍、历年全国各地水产品价格表、海产品进出口概况等等内容。

这些渔业专业杂志的印行,既是渔业科技进步的表现,也是政府发展渔业经济的一种手段,是政府经济职能的体现。

四、合作社整合稀缺资源

渔业合作社是企业,也是渔业管理机构,政府发动渔民组建合作社的目的是为促进渔业发展。钱穆在《中国历史研究法》中写道:

> 《论语》云:"不患寡而患不均,不患贫而患不安。"此两语,在中国经济史上,两千年来,乃为中国所最服膺之一番理论。即使我们将其用诸今日,仍觉切中时弊。我们也可以说,二十世纪的世界并不穷,人口生殖率也不弱,所患只是在不均和不安。我们当初,若专从经济着眼,一切仍只以经济为主,则此后世界将永远无法得均得安。[1]

实践表明,建立渔业合作社,渔民收入能有效地均等化,心得安宁;渔业合作社组织作为渔民团结互助的联合体,其抗风险能力相对个人而言较强。

建立渔业合作社的理论依据有很多。其一,因为鱼行、鱼市要收取多种名目的费用,诸如"公川""现扣""秤手费""扛力""码头捐""印花"等税和费,导致"渔民渔获物的贩卖的利益较由鱼行贩卖时为高"。建立渔业合作社,将社员的渔获物、水产制造品或饲养的鱼类等,在渔业合作社所附设的共同贩卖所内直接竞卖,必能增加渔业者的收益。[2]其二,渔民日常生活的必需品,如米、盐、糖、酱油、花生油、薪炭等,以及与渔业有关系的物品,如渔船、渔具、网具、石油、机械油、饵料、鱼苗等,经营这些货物的小商人或中间商人面对单个渔民和渔业合作社,其价格是不同的,渔业合作社能以更低的价格大量购买上述物品,所以,合作社一样的花费却可以买到更多的生活用品或渔需物资。合作社

〔1〕 钱穆:《中国历史研究法》,三联书店,2001年,第62页。
〔2〕 黄文澧:《渔业合作社的基本问题》,《水产月刊》1935年第2卷第3期,第1页。

实际上将小商人或其他中间商人所得的利益"压缩"了,并把压缩的利益转归合作社。社员在资金缺乏的时候可以向合作社赊账购买商品,甚至还可以向合作社借贷,所以建立渔业合作社对社员而言是"绝好的福音"。[1] 其三,渔民所需要大型生产捕捞工具、加工水产品所需用的机器,甚至更新渔业生产技术,因"资力薄弱",无法顺利完成,而渔业合作社可以集中资金,聘请熟练技师,才有可能达到上述目的。此外,因为水产品易于腐化变质,将渔民的渔获物快速运输至消费市场就特别重要,而运输轮船或陆上工具只有采用集体使用、共同运输,才能达到其应有的运输能力,从而既有利于生产者——渔民,又有利于消费者。[2]

建立渔业合作社是时代的要求,有历史必然性。因为近代中国是半殖民地半封建社会,经济结构畸形,农业是整个社会经济体中的弱势产业,而渔业又是农业中的落后产业部门,渔业中的"弱者、散者最集中"。不仅如此,渔业生产还具有特殊性,是多个"私有者"面对"公共水域"。[3] 公共水域中的水产资源是稀缺的,而每个渔户的捕捞欲望是无限的。当时渔业经济和渔民的状况是,生产力水平低下,渔民普遍缺乏资金,每一个渔户或"帮"往往为了追求他们个体利益的增加而不惜对公共水域进行滥捕,从而使"外部成本"增加。也就是说,渔业经济领域,若私有化发展到极端时,势必会造成资源浪费和效率低下。[4] 而设立渔业合作社,对于确定"渔业权"并保护水产动植物的正常繁殖和渔业的健康发展是非常有益的。因此,建立渔业合作社有利于"渔业权的利用与水产动植物的繁殖保护",[5] 即对渔业的可持续发展意义重大。

---

〔1〕 黄文澧:《渔业合作社的基本问题》,《水产月刊》1935 年第 2 卷第 3 期,第 2 页。

〔2〕 同上书,第 3 页。

〔3〕 "公共水域的悲剧",即每一个生产者个体为了个人利益而无限制地捕捞,从而造成公共水域的再生产能力下降,但是并不是个体而是社会为此付出成本。

〔4〕 〔德〕魏伯乐、〔美〕奥兰·扬、〔瑞士〕马赛厄斯·芬格主编:《私有化的局限》,王小卫、周缨译,上海三联书店,2006 年,"译者序"。在本书的"译者序"中,作者认为,从经济层面看,私有化往往能够提高经济效率,因为每一个人都为了追求自身利益的增加,从而投入更多的劳动时间,社会的总体收益也随之增加。但与此同时,相应的社会成本也会增加,比如私有制企业或某个人对公共资源和环境的过度开发,增加了社会成本,削弱了可持续发展的潜力。笔者认为,在中国近代渔业经济活动中,因私有制普遍存在,并几乎达到了极限,小私有者往往为了一己之利而过度地开发或利用公共的渔业资源。若成立渔业合作社,则集体占有渔业资源,合作社对于社员的渔业方法,可以加以适当的限制,以不妨害水族的繁殖为主旨而采捕为宜,这样,就可以最大限度地减少渔业生产的"负外部性",从而提高"效率"。

〔5〕 黄文沣:《渔业合作社的基本问题》,《水产月刊》1935 年第 2 卷第 3 期,第 1 页。

自从空想社会主义思想产生以后,有许多人幻想通过合作社的组织形式解放个体劳动者。"合作"(Cooperation)概念,就其广义而言,指为一共同目的而合作或协力(working or acting together for a common purpose)。[1]"合作"是采取了人类互助和协同的合作精神,融会了经济民主和平等的原则,加以组织化的一种集体活动,大家共同经营、互谋利益,借以改善经济生活,增进物质的享受。[2]"合作社"是由自愿联合的人们,"通过其联合拥有和民主控制的企业,满足他们共同的经济、社会和文化需要及理想的自治联合体"。[3]这种有具体组织形态的合作运动,是世界资本主义发展的产物。[4]

合作社制度在五四运动前后开始在中国推行,渔业合作社的出现则稍晚些。至20世纪30年代中国渔业经济统制政策开始实施之后才逐渐兴起。1932年以后,上海各银行颇留意于农村合作放款。1936年,实业部与上海各银行合组渔业银团,从事放款,而以渔业合作为基本工作。[5]民国政府非常注重建立渔业合作社,认为"救济渔村之方法,推行合作制度当属重要而不容或缓之一端"。[6]由此可见,渔业合作社是政府主导建立的,是以救济渔民为主要目的的经济和社会组织,是政府联系渔民的中介或桥梁,也是渔民自由联合的社会经济组织。

渔业合作社,按照当时的社会制度加以考察,可知渔业合作社的根本目的在于取得渔业权或入海权,又受有渔业权的贷借及关于社员的渔业上共同设施之权利。原来我国沿海各省渔业经营的习惯,向来以海滨的乡村部落为基础,所以渔业合作社的组织经营,就享有惯行专用渔业权及区域水面专用渔业权的二种,而这种专用的渔业权,就是沿岸渔业者唯一的财产了。故渔业合作社以外的社员,则不能享有此等的权利,是理所当然的。[7]只有加入渔业合作社的社员,其渔业权和入海权等权利才能得到政府的承认。"渔业合作社以

[1]《牛津高阶英汉双解词典》(The Advanced Learner's Dictionary of Current English with Chinese Translation),Oxford University Press,Fourteenth Impression,1982,P233.
[2]徐旭:《合作与社会》,中华书局,1949年,第5页。
[3]International Co-operative Alliance. Statement on the Co-operative Identity,1995.
[4]杨菲蓉:《梁漱溟合作理论与邹平合作运动》,重庆出版社,2001年,第2页。
[5]《实业部渔业银团办法草案》,《创设渔业银团》(1936年5月17日起),上海市档案馆档案,全宗号Q464,目录号1,案册号289。
[6]《合作司调查江浙渔村计划》,《派员调查江浙沿海渔业实况》(1937年2月),中国第二历史档案馆档案,全宗号422(8),案卷号58。
[7]黄文沣:《渔业合作社的基本问题》,《水产月刊》1935年第2卷第3期,第1页。

渔民之组织，而为消费之机关。盖凡渔民之渔具用品，往往购之于人，受商人之盘剥"。也就是说，个体渔民一旦加入渔业合作社组织，靠政府投入的资金和政策支持，可以减少商人和高利贷者对他们的盘剥。对个体渔民而言，加入渔业合作社，他们的渔业再生产能力得以提高，生活有了一定程度的保障。因此，渔民与政府的关系逐渐紧密，有利于社会和谐稳定。渔业合作社是一种具有集体所有制性质的企业组织或社会组织，渔业合作社对渔业经济发展和渔民生活的积极功能有很多，比如，它能有效地保护鱼类资源、保护生态环境、减少"外部性"对渔业发展的不利影响，更有利于维护渔民的生存安全。

渔业合作社是一种较先进的"制度"，为太湖渔业发展增添新内容。渔业合作社的建立和运作有利于组织松散的渔民，形成"合力"，也便于政府管理渔业经济和渔民社会。但是，随着抗日战争的爆发和官僚资本主义的强化，渔业合作组织受到牵连，到了 20 世纪 40 年代几乎是有名无实。

合作社是劳动者为谋求和维护自身经济利益，在自愿互利的基础上，联合起来共同筹资、共同劳动、共享劳动成果的互助性集体经济组织。[1] 这样的组织更适合于渔业，因为渔业相对农业其他部门更加落后，渔民相对于其他农民群体更贫困，而"它（合作社）是弱者的联合，实在是经济压迫下弱者、散者的一个防卫与自救组织"。[2] 所以越是弱势产业、弱势群体，则越有必要进行合作互助。合作社是最好的自救、互利和共赢的经济组织。简言之，合作社是社员联合所有、社员民主控制、社员经济参与并受益的企业组织。合作社体现的是生产要素的组合方式，不是特定的所有制形式，是一种特殊的企业组织形式。[3]

渔业合作社在 20 世纪 30 年代以后才在中国出现，而合作社在中国从理论变为现实大概经历了 20 年的时间。清朝末年，京师大学堂（后改北京大学）即仿效日本、欧美开设产业组合（即合作社）的课程，开始在中国传播合作思想。孙中山是我国最早对国外合作社进行系统研究后提出自己一套主张的人。1896 年他前往英国考察，对英国的消费合作社大加赞赏。他认为这样的合作社可以起到振兴实业、平抑物价的作用。而最早出版著作、宣传合作思想的人是覃寿公(1875—1938)。他早年留学日本，接受了日本的产业组合思想。1916 年，覃寿公所著《救危三策》及《德意志日本产业组合法令汇编》二书出版。

[1] 孙晋编:《企业法实例说》，湖南人民出版社，2003 年，第 120 页。
[2] 杜吟棠主编:《合作社：农业中的现代企业制度》，江西人民出版社，2002 年，第 258 页。
[3] 同上书，第 1 页，"序"。

其中,《救危三策》内的"论产业问题",谈到了合作社。他认为合作社是解决中国产业问题的基本方法。和覃寿公几乎同时传播合作思想的还有薛仙舟、徐沧水、戴季陶、汤苍园、朱进之、于树德等。朱进之(1886—1922),清末民初教育家,主张平民经济,其内容即合作经济。他先后在《东方杂志》《新教育杂志》等刊物上撰写论文,主张合作互助制度,认为平民在消费、生产和贩卖上自行结合组成机关。继而,徐沧水亦发表文章,宣传产业公会、消费公社及平民银行。[1] 1918 年中国最早的合作社——北京大学消费公社成立。但是这些思想和组织对当时整个中国的影响甚微。20 世纪二三十年代,中国的合作运动开始进入一个新的时期。据档案资料记载,1937 年,民国政府派员调查江浙渔村时,发现"近年全国农村方面,合作事业之进展大有一日千里之势"。[2] 可知 30 年代农村合作事业已经很兴盛了。

抗战胜利后,国民政府、江苏省政府、上海市政府对渔民进行直接救济,一些渔业公司则在获得政府批准后进一步具体实施对渔民的救济,其中涉及对太湖渔民的救济有如下档案资料为据:

1946 年,东南渔业股份有限公司采办食米以救济嵊泗列岛渔民。《东南渔业公司调剂渔村食米计划书》称:"嵊泗列岛食米向来由淞沪出口接济,自三十五年度起,政府以沪市为大量消耗之区,禁止出口以来,渔村粮食顿起恐慌,本公司有鉴于此乃向芜湖采米接济",[3]"估计三十六年嵊泗列岛渔民及其他居民仍需食米缺口 13 874 市石",[4]请求上海市社会局接济,得准。[5] 1946 年7 月 19 日,上海市政府训令:"准嵊泗渔民来沪购买粮食",并"准许嵊泗列岛渔民每月在沪购运食米六十石并发给护照"。[6] 这些措施,都是政府针对苏南

〔1〕 寿勉成、郑厚博:《中国合作运动史》,正中书局,1937 年初版,第 33—35 页。

〔2〕 《合作司调查江浙渔村计划》,《派员调查江浙沿海渔业实况》(1937 年 2 月),中国第二历史档案馆档案,全宗号 422(8),案卷号 58。

〔3〕 《东南渔业公司调剂渔村食米计划书》,《东南渔业公司调剂渔村食米计划书和有关单位来往信件》,上海市档案馆档案,全宗号 Q418,目录号 1,案卷号 66。

〔4〕 《嵊泗列岛三十六年冬季带鱼汛入口和消耗食米估计表》,《东南渔业公司调剂渔村食米计划书和有关单位来往信件》,上海市档案馆档案,全宗号 Q418,目录号 1,案卷号 66。

〔5〕 《东南渔业公司呈请食米转口证明书案》,《(上海市社会局)嵊泗列岛渔民产销合作、东南渔业公司呈请食米转口证明书案》(1946 年 7 月 1 日至 1948 年 4 月 5 日),上海市档案馆档案,全宗号 Q6,目录号 4,案卷号 272。

〔6〕 《上海市政府训令》,《(上海市社会局)嵊泗列岛渔民产销合作、东南渔业公司呈请食米转口证明书案》(1946 年 7 月 1 日至 1948 年 4 月 5 日),上海市档案馆档案,全宗号 Q6,目录号 4,案卷号 272。

渔民实施的救济。

为使渔民及时得到现款采购食米,1947 年,善后救济总署上海分署、渔业管理处向渔民采购大量鲜鱼,对其他难民实施救济,这也是间接救济渔民的有力措施。[1]

善后救济总署上海分署力主对江苏和浙江地区的渔业(民)进行救济,如 1946 年 7 月致函农业部,鉴于"抗战期间,江浙两省渔船遭敌焚毁,渔民遭敌惨杀,损失奇重,渔业整个破产。兹值抗战胜利,前项被灾渔民,若不设法救济,不足以言渔业复兴",请求"对于战时损失惨重、生活困难、无法作业之渔民,拟予急赈"。函称"素知贵处旨在办理善后救济,协助各项事业复原,关于救济沿海渔民事宜如何规定办理之处相应函请,查照见复以便协同进行为荷"。[2] 农业部表示支持,并分组派员调查,[3]责成发放善后渔业救济物资至苏南。

1947 年,民国政府组织的渔业银团复业。银团对渔民和渔业的救济使用了大量资金。《渔业银团调整资金及业务纲要》载:"本团于三十六年十二月份复业,当时由农林部投入固定资金法币二十亿元,各参加银行合投流动资金法币八十亿元……第二年农林部额外投入固定资金法币二百亿元,各参加银行合投流动资金法币四百亿元……以往业务范围因为资金数额过小不敷渔业界之需要,故贷款地区只限于以上海为中心附近渔业集中地……在这些贷款中,有鱼商生产贷款、养鱼贷款、扶助新式渔业贷款、成鱼生产贷款、水产制造业贷款等项,而'扶助新式渔业之发展贷款以上海为主','养鱼贷款'江苏之无锡、苏州、昆山、武进及浙江菱湖等地贷款最多。"[4]

近代中国渔业合作社的建立大概在 20 世纪 30 年代中期,主要集中在江苏、浙江、福建、广东和台湾等沿海地区。如崇明县第五区信用保证供销合作

[1] 参见《上海分署配发救济团体鲜鱼一案经与有关部分商定办法试办一次请收取鱼时间先期通知由》,《上海分署配发鲜鱼》(1947 年 3 至 5 月),中国第二历史档案馆档案,全宗号 21,案卷号 12377。
[2] 《为淮江浙区渔业督导处函请救济渔业一案转请核未见复由》,《(行政院善后救济总署)上海分署渔业(民)救济》(1946 年 7 至 12 月),中国第二历史档案馆档案,全宗号 21,案卷号 12441。
[3] 善后救济总署《为渔民急赈事项兹准总署农业业务委员会函知到署后请查照办》,《(行政院善后救济总署)上海分署渔业(民)救济》(1946 年 7 至 12 月),中国第二历史档案馆档案,全宗号 21,案卷号 12441。
[4] 《渔业银团调整资金及业务纲要》,《(农林部)渔业与渔产》(敌伪业务档案案卷),中国第二历史档案馆档案,全宗号 23,案卷号 1434。

社,成立于 1935 年 5 月;鄞县渔业合作社,成立于 1935 年 6 月等。[1] 渔业合作社的类型也有很多,有消费合作社、生产合作社、信用合作社、渔具共同制造所、造船合作社、水产品制造合作社、水产养殖合作社、公用水产仓库等形式。合作社是一种新的生产要素组合方式,合作社的引入为苏南渔业经济注入新鲜血液。

渔业合作社依规定的程序和章程设立,这方面与建立渔业公司有些类似。根据《水产月刊》所载《渔业合作社的实施》一文所述:"于未设立之前,应先确定区域范围,并考虑职员之人选,及人数业务方针等。凡设立人有七人以上,即可进行筹备。"[2] 如 1935 年 5 月成立的"崇明县第五区信用保证供销合作社",设有理事会,常务理事程梯云,该社计共 416 股。[3] 1949 年 2 月 12 日的"上海第七渔业生产合作社筹备委员会名单"为"筹备主任黄镇世,筹备副主任张之均,筹备员张永锦,黄惠卯,赵廉方,张淞源,陆哉生"等 7 人。[4] 筹备之前,可先举出章程起草员数人,草拟社章后,开创立会,讨论通过章程,各设立人并在章程后签押,再照章选出临时职员,此即成立。而后再向主管机关备案,成立手续完竣。社员应于相当期内,照章缴纳股金,而业务开始。[5] 渔业信用合作社的社员对于组织的责任,"多采无限责任或保证责任"。合作社的社名,应冠以地名或特定专名,并将业务及责任标明,如"××村××责任渔业××合作社"。事务所,即社址,也应该于章程内定明。如上海第一渔业与合作社社址原在吴淞路 251 号,后因租期届满,遂向社会局呈请,迁移至天潼路 2 号新社址继续营业。[6] 渔业信用合作社的组织,以社员大会为最高机关,于每会计年度终结后召集一次,所议论的事项主要有二,一是审定一年内业务进行及财产统计报告的情形;二是通过下年度应作事项。社务委员会,包

〔1〕《1947 年中国渔业统计》,《(农林部)水产》(敌伪业务档案案卷),中国第二历史档案馆档案,全宗号 23,案卷号 1431。
〔2〕莲池:《渔业合作社的实施》,《水产月刊》1937 年第 4 卷第 2、3 期合刊,第 1 页。
〔3〕江苏省立渔业试验场编印:《嵊山渔村调查》,上海市立图书馆藏,1935 年,第 69 页。
〔4〕《上海市第七渔业生产合作社筹备委员会名单》,《(上海市渔商业同业公会)本会筹办渔业生产合作社、生产促进会、渔业银行等有关文书及渔会代表名单(1946 年 8 月至 1949 年 2 月)》,上海市档案馆档案,全宗号 S379,目录号 1,案卷号 13。
〔5〕莲池:《渔业合作社的实施》,《水产月刊》1937 年第 4 卷第 2、3 期合刊,第 1 页。
〔6〕《第一渔业合作社迁移》,《(上海市社会局)第一渔业合作社迁移及补呈图模与社会来往文书(1947 年 6、7 月)》(1948 年 6 月 10 日立),上海市档案馆档案,全宗号 Q6,目录号 3,案卷号 659。

括理事会、监事会及信用评定委员会。[1]其他的渔业合作社,如生产合作社、消费合作社等的设立都与此类同。显然,渔业合作社是一种类似于渔业公司的近代企业。

渔业合作社在法律上是渔业者的团体,它在渔村中算是唯一的经济团体,渔业合作社的设立,是"民生"思想的一个具体体现。因为它的建立可以确定渔民的"渔业权",有利于维护"渔业人"的切身利益。渔业合作社的建立和运作,为太湖渔业文化发展注入新的内容,具有一定的经济和社会价值。

渔业合作社的建立对渔业的发展意义重大,一是能避免"外部性",提高经济效率;二是能兼顾"公平",增进社会效益。据《水产月刊》有关资料记载,民国时上海松江县政府认为:"养鱼合作,为生产合作事业之一种。而指导农民利用河浜湖沼养鱼时,更非利用合作组织不为功。"[2]因为养殖业所利用的河浜湖沼等资源,是一种社会资源,这种资源具有较强的"外部性"和"不可分拨性",所以只有采取合作社的经营方式,渔业资源才能不被分割,而为全体社员共有。社员共同占有、共同使用,渔业资源的"外部性"和"不可分拨性"才能有效地避免,从而提高经济效率。该场曾经组织农民建立渔业合作社三所,前后配发鱼种合计6 000有余,该场又继续领得设备费900余元,应用于添开鱼池,购买活水船等。[3]只有合作社才能为全体社员进行公共投资,为渔业生产提供必要的基础设施;只有合作社才能动员全体社员进行休渔,维持渔业的可持续发展,从而提高经济效率。

渔业合作社的建立,通过渔获物的共同贩卖,以谋取社员经济利益的增进,有利于促进"公平"。所谓"共同贩卖",就是先在每个合作社内设立共同贩卖所,将合作社的渔猎物在共同贩卖所内直接竞卖,其经济效果则与大资本家经营的大量贩卖相同,其所得的利益得平均分配给渔民。[4]贫困的社员,于资金缺乏时,"得由社中低利通融其资金以救济之"。所以,设立渔业合作社及资金贷款事业,社员可以免受渔行的垄断,"实属裨益不浅"。渔业合作社为小渔民、小生产者服务,能在一定程度上拯救贫苦的渔民,使之不至于破产,从而兼顾了社会的公平。

————————

[1]　莲池:《渔业合作社的实施》,《水产月刊》1937年第4卷第2、3期合刊,第2—3页。
[2]　《松江鱼种场提倡养鱼合作》,《水产月刊》1936年第3卷第5、6期合刊,第113页。
[3]　同上。
[4]　黄文沣:《渔业合作社的基本问题》,《水产月刊》1935年第2卷第3期,第1页。

　　建立渔业合作社,对于渔民的"生活安全"亦有重要意义。近代渔民"大都阮囊羞涩,不得不向什货店赊账,于是各种劣等货物,皆脱销于渔民以供果腹。如冲水之酒,含有毒汁之火酒,掺什沙尘之米,凡此种种,皆塞入渔民口中;至于损害肠胃,不能工作者,则又无人过问"。[1] 即渔民因为贫困,有的只得靠赊账度日,寅吃卯粮,对此,若建立消费合作社,则"此等弊端,可以完全消灭,因其自己为消费者,亦即为贩卖者,无须作假,亦绝对不作假,一切货物,可直接向出产地采买,如资本有限,亦可向巨商批发,即觉其不可靠,又可实行分析,务求物美价廉,使人安心下咽,如是其生活子能安适"。[2]

　　建立渔业合作社,有利于维护渔民的诸多权益。如"储蓄不苦""铲除寄生""禁戒酗酒""使妇女关心社会问题""使人民受经济之教育""使人人易得财产""重建集合财产""实行平价""废除利润""废除冲突"等。

　　何谓"储蓄不苦"? 因为人们储蓄必须首先节制欲望和需要,才可以达到预想的目的。但渔民属于贫困的群体,即使达到节省的极限,仍然难以做好。"唯有实行合作,合作社之社员,每次购买一货,该货或照平常商价,而其利益有一成时,则于该社员名下计入,至年终结账,合作社经理通告于该社员曰:'阁下本年在社中共买去五百元之货物,此五百元中可赚五十元,乃阁下所多付者,现仍如数奉还',如此则该社员于年终凭空得此一笔巨款,在渔民中有五十元现款,足称为一小资本家,若坚忍有恒,遵行不息,不出数十年后必为一大资本家,寓储蓄于消费,使两者前人人为必不可合之仇敌,融成一炉,且消费愈大,储蓄亦随之愈大,可谓奇妙之至。"[3] 这种储蓄方法,实际上是合作社以"集体购买"为手段,集体购买的价格 p_c 一般低于渔民个体到市场上的购买同样商品的价格 p_p,合作社以 p_c 价格买进,以开区间(p_c,p_p)中的某一价格将商品销售给渔民,合作社赚取了"利润",渔民因此也扩大了自己的"消费者剩余"。每至年终,合作社将所赚取的"利润"再还给渔民。实际上,合作社将平均利润的一部分先代替渔民保管,一定周期后仍还给了渔民,所以渔民当然"储蓄不苦"了。

　　建立渔业合作社能"铲除寄生",就渔民而言,是指在"买"和"卖"的交易过程中,减少利益损失。"如黄鱼由渔民于海中捕来装于冰鲜船,转运到上海鱼

---

〔1〕 陈维风:《渔业合作》,《水产月刊》1935 年第 2 卷第 4 期,第 11 页。
〔2〕 同上。
〔3〕 同上书,第 12 页。

行，复拍卖于鱼商，再转至鱼贩、小贩贩卖等，而至市场，最初每担六元，而消费者出价每担十元，超过之数，乃不知不觉中为中间人所得。又渔民所需之苎、麻、棉纱，又何独不然？此等无益之消费，在合作社中可一笔勾销，即使各种货物由生产者手中，以最短距离运来；同时使各种价值由消费者手中，以最短距离购去。"[1] 为了更形象说明寄生虫对渔民的危害，该文作者还举例说："承转过度之机关，总以收缩到最少可能限度为妙，因转折愈多，则耗损愈大，而生气愈来弱，此机械学之原则，亦即政治经济学上之原则。"[2]

"禁戒酗酒"，因为渔民多嗜好饮酒，[3] 渔村中的酒店一般都很多，经常出现的问题是"(奸商)在各酒店中不独唆使渔民多量饮酒，且有出卖恶劣之酒，致使渔民中毒，为愚昧行动之酒疯。若为合作社，则沽酒回家；与妻子家人同斟共饮，合作社中如有特设之酒排间，以便各社员携妻带子，或招引朋友来此小酌，则各社员可安心静饮，无受害之危害，且不致酗酒滋事，并可于每饮一杯至少有一枚铜元之储蓄"。[4] 建立合作社之后的"禁戒酗酒"，既能收到"禁戒"的功效，又能减少酗酒滋事，合作社还能因此"盈利"，管理效率提高。

建立渔业合作社能"使妇女关心社会问题"，因为"渔村妇女大都愚昧无知，对于各社会问题，漠不关心。若合作社中能轮流使妇女充任社中职员，彼等必心喜意悦，努力工作"。[5] 更有甚者，若能使渔民妇女充当合作社中职员，参与劳动，也能促进社会风气的提高，如在嵊泗列岛，"妇女在家大都无事可做，其为娼者大多为有夫之妇，非官娼之可比，名曰'火油箱'，狭妓曰'敲火油箱'，与妇女胡调者，名曰'吃豆腐'，莫知名之所出……小岛之上，淫风特盛"。[6] 常言说："一切坏事都是从不劳动开始的。"若成立渔业合作社，将妇女也纳入劳动力队伍，则能在很大程度上铲除淫荡之风。

建立渔业合作社能"使渔民接受经济之教育"，渔民因为贫困、常年水上作业、漂泊不定等原因，受到的教育极少，文盲普遍。尽管民国时期曾经推行"民众教育"政策，但"渔民受利实少。且渔民所需要之学术，则为工商业，及人生常识，故以合作社为适宜。因合作社不单有经济教育之效果，即道德教育亦可

〔1〕　陈维风：《渔业合作》，《水产月刊》1935年第2卷第4期，第12页。
〔2〕　同上。
〔3〕　江南原生态米酒、黄酒，度数低，但是酿功精湛。
〔4〕　陈维风：《渔业合作》，《水产月刊》1935年第2卷第4期，第12页。
〔5〕　同上。
〔6〕　江苏省立渔业试验场编印：《嵊山渔村调查》，第14页。

借此推行"。[1] 作者所说的"经济之教育"的意思是让渔民接受比较廉价的或大众化的教育。

渔业合作社的建立能"使人人易得财产",即在合作社中,无论"消费合作、生产合作、信用合作,所有盈利皆不照股本成数分配,按各人所买之价额,或所做之工作分配,故社员所得之盈利,彼此间无甚高下之差,使人人皆能立于应得利益之水平线上"。可见,渔业合作社组织的建立和运作,有利于兼顾"公平"。

渔业合作社的建立,有利于"重建集合财产"。在古代社会,特别是在封建社会时期,许多"公会""行会""商会"等组织的"公共集合财产颇为浩大,而对于(会内的)穷民甚有利益。"受此启发,若"在合作社中有以盈利之全部或一部,作为永久不可让渡之基金,如教育基金、救济基金、生产基金等,是则各社员不但为自身储蓄,且同时又为全体及未来之储蓄,而在渔民中更为切要,因渔民之运命富危险性质,此事(建立合作社)能使其于将来无所顾虑,安心从事,可收渔业上最大之功效"。[2] 当时的渔业合作社与今天的合作社在法理上是一致的,即合作社组织解散时,剩余财产具有不可分割性,这是合作社企业组织重要的法律特征之一,与渔业公司不同。[3]

"废除利润",因为渔民大多贫困,"无人欲将其财产借于海隅之渔民。此因渔民无相当可作信用抵押,且危险大而利润小之故"。所以需要建立合作社,"或谓合作社亦有利润,但此于普通公司不同,其分配不以出资为标准,而视消费数目为定,即其举办生产事业,目的亦不在分利,而为各人谋福利无利润之可言,而有储蓄之实益"。

"废除冲突",因为社会经济是一体的,渔业与其他行业之间、渔民与其他社会群体之间在生产资源占有、社会产品消费等领域难免会经常性地发生摩擦,人类历史上的战争,几乎全部是为了争夺或分割经济利益而起。渔民既是消费者,又是生产者,"若欲使与其他生产者及消费者不起冲突,则唯有合作。则将来使生产与消费打成一片,自己消费自己生产,且与其他合作社联络,平价来往,自无冲突之可言"。许多动物物种都是公共资源,例如,鱼和鲸有商业

---

〔1〕 陈维风:《渔业合作》,《水产月刊》1935年第2卷第4期,第13页。

〔2〕 同上。

〔3〕 孙晋编:《企业法实例说》,湖南人民出版社,2003年,第122页。

价值,而且,任何人都可以到海里捕捉所能捕捉到的鱼类。[1]

渔业合作社与其他合作社一样,采取"入社自愿,退社自由"的原则,不同于渔业公司的股东,一旦出资,即丧失对其财产直接占有、使用、收益、处分的权利,不能再独立支配着部分出资财产,只能以其份额享有股份,所以合作社的"入社自愿,退社自由"兼顾了渔业整体发展和照顾个别贫困渔民的生活实际。

合作社以社员出资入股,出资多少以现金为限,但也可以实物、劳力出资入股,出资形式比较灵活。合作社的财产为社员集体所有。因为渔业生产受气候的影响较大,又主要在水面上作业,建立渔业合作社,"互助合作,共同劳动",很有利于规避风险,增强渔民生产的安全度。

渔业合作社与渔业公司的不同点还有:资本的可变性和社员的互助性;决策中"一人一票"的合法性;严格区分社员和非社员的内部服务性等特性。渔业合作社是水产团体合作的一种,目的在于使社员享有渔业权及社员于渔业上使用共同设施而增进社员的利益。[2]

合作社是一种特殊的合作组织,有其特定的内涵和外延。合作社的内涵即其本质属性体现于它的基本原则之中,上文已有所述。合作社的外延是根据合作社的基本原则所确定的服务对象的范围,包括各种类型的合作社。

合作社按功能可以分为服务性合作社与生产性合作社两大类。服务性合作社包括产品销售、生产资料供给、消费及共享服务等。生产性合作社主要是指工业和农业生产合作社。[3]

合作社体现的是生产要素的组合方式而非特定的所有制形式,其决定的力量主要是生产方式中的各要素,而非社会制度。合作社组织至多不过是"一种在一个连续的结构(制度)和分散的结构(市场)之间的'制度安排'而已"。[4]所以,合作社可以在不同的所有制(社会制度)下普遍建立和发展。

对于渔业而言,无论是生产性合作社还是消费性合作社,每一个渔民对于自由竞争或垄断的市场的影响力微乎其微,在生产或消费各环节,个体渔民组

---

〔1〕〔美〕曼昆:《经济学原理(第6版):宏观经济学分册》,第231页。
〔2〕黄文沣:《渔业合作社论》,《水产月刊》1935年第2卷第4期,第4页。
〔3〕杜吟棠主编:《合作社:农业中的现代企业制度》,江西人民出版社,2002年,"序"。
〔4〕徐旭初:《中国农民专业合作经济组织的制度分析》,经济科学出版社,2005年,第10—11页。

织起来,建立合作社,其市场影响力必然随之增强,一定程度上能扩大渔民在"卖"或"买"中的"消费者剩余"和"生产者剩余"。

渔民合作互助,优化了渔业生产要素组合,提高了渔业经济效率。所以,渔民组织合作社不仅对于渔业、渔文化发展有利,而且对于渔民自身发展也有利。

从渔业合作社的几种功能,如"渔业权的利用与水产动植物的繁殖保护"、"渔猎物的共同贩卖"、"共同购买"、"共同制造"、"曳船场及船溜场的设备"、"共同储蓄"、"渔业资金的借贷"以及"其他使社员的知识启发与向上"等等来看,渔业合作社可以看作一种较低级形式的渔业股份公司,这种企业的建立有利于合理利用和保护水产资源,为渔业发展通融资金,提高渔业经济活动的效率。同时,渔业合作社能有效地抵制高利贷者和奸商对渔民的盘剥,有利于促进公平和维护社会稳定,又能提高渔民自身繁衍的能力。

五、原生态渔政管理模式

渔业经济随着渔业劳动力扩大投入、渔具使用率提升、渔获物的市场化速度加快而加速发展,江南渔文化的内涵随之扩大。原生态的"结帮经营"和"渔业合作社"、"渔业公司"之间,存在共同目标,那就是努力促进效率提升。

"帮"一般也称"邦",它是一种遇事有难同当、同心共处的互助组织,带有古代血缘部落的印迹。[1] 比如"中国十大商帮"。渔业生产因为环境和条件的特殊性,渔民时刻面对海浪或汪洋,风云莫测的大自然,灾祸随时都有可能发生,比如台风、海啸等不可抗拒力导致渔民翻船、溺水。所以,为了相互援助和相互关照,渔民往往是几条或几十条船集聚一起,一起捕捞,天长日久,他们便形成比较稳定的"帮会"组织,这种"帮会",有的以活动区域命名,也有以使用的渔具命名。渔业作业特别需要合作,以弥补捕捞技术上的不足,因此,渔民结帮捕捞也是明清太湖流域渔民社会组织及社会生活的内容,同时也是江南渔文化发展的一个组成部分。

---

〔1〕 江苏省太湖渔业生产管理委员会编:《太湖渔业史》,江苏省太湖渔业生产管理委员会1986年6月印行,第54页。

明代,因为倭寇侵扰太湖流域各地,太湖渔民积极配合明政府组织的抵抗倭寇的斗争。据《筹海图编·卷六》记载:

> 明南直隶,东南滨海,长江东贯,分为南北。长江之北,淮安、扬州两府,是江北诸郡。长江之南,苏州、松江、镇江三府,是江南诸郡。[1]

明南直隶防患倭寇的举措分为松江府海塘设备、松江府海港设备、松江府内设备、松江府海洋设备、松江府海防设备、松江府海防之策。松江府历次抗倭斗争,都有太湖渔民的积极参与。

《筹海图编·卷六·松江府海洋设备》记载:

> ……又,沿海士兵不足,可变渔民为水手;沿海战舰不足,可变渔船为战舰。即荀子所言,君子善假于物。[2]

《松江府海洋设备》讲的就是明政府军在多层次的防御体系以及与倭寇海洋作战中,积极组织当地渔民参与抗击倭寇。松江渔民及太湖渔民,他们有的是"海转湖渔民",水性更好,不亚于"浪里白条"张顺的水性,渔民是抗击倭寇的民间力量,有力地配合政府军的作战。

> ……查得沿海民灶,原有采捕鱼虾小船,并不过海通番。且人船惯习,不畏风涛,合行示谕沿海有船只家,赴府报名,给予照身牌面。无事听其在海生理,遇警随同兵船追剿。此则官兵无造船募兵之费,而民灶有得鱼捕盗之益。此松江海洋设备之大略也。[3]

此段文字译文:"经查获悉:沿海渔民,原来有用作捕捞鱼虾的小船,他们并不漂洋过海与岛番勾结,而且,说这些渔民船只已经习惯海上作业,不惧风浪波涛。应该告知沿海有船的渔户,前来府衙报名登记,给予下海凭证。没事之时,任凭其靠海营生;有警之际,随同官兵追捕围剿。这样不仅官府没有造

〔1〕 ［明］郑若曾:《筹海图编》,李新贵译注,中华书局,2017年,第203页。
〔2〕 同上书,第218页。
〔3〕 同上书,第219页。

船募兵之费用,而且渔民也得打鱼捕盗的好处。兹就松江府海洋的设备,言其大概。"[1]民灶,沿海的渔民、盐民;"灶"指的是盐民。"照身牌面"为那时一种写有个人信息的身份凭证,以便官兵查验参与追捕围剿倭寇时的民灶身份。

《筹海图编》记录了江南渔民参与抗击倭寇的史实。此外还有一些江南渔民抗击倭寇侵扰的口述史料很多,比如:

吴歈·猛将神歌

家住上海松江县,青龙岗上长生身。

父亲名叫刘三官,母亲包氏称贤惠。

正月十三是诞辰,取名佛寿天资聪。

面上有粒朱砂痣,七岁之时克娘亲。

后娶晚娘朱三姐,日夜拷打受苦难。

生父骗儿推水中,外公怜悯才安身。

小小年纪勤持家,看鹅看牛过光阴。

大宋年间兵荒乱,连年干戈勿太平。

三年大水三年旱,蝗虫遍地稻遭殃。

神人已授遁甲法,腾云驾雾法术精。

施法驱赶蝗虫害,万民欢腾刘猛将。

东洋倭奴刀兵乱,杀人抢掠渔家苦。

清廷总兵刘永福,领兵出征杀倭奴。

海上迷雾归路断,猛将显灵救官兵。

杀退倭奴见青天,刘王字旗高高扬。

皇师凯旋回朝转,奏本朝廷受御封。

敕封普佑上天王,龙岗立庙到如今。

刘王猛将显神威,祈求神灵保太平。[2]

---

〔1〕 [明]郑若曾:《筹海图编》,第220页。明清"迁海",自损海防。渔民天生水族之性,他们骑浪"耕海",弄潮有独门绝技。全民抗倭,同仇敌忾,中国军民个个身如束帛气如雷,彻底击败日寇。

〔2〕 太湖平台山第十三代禹王庙庙祝李翰倍提供的。庙祝,寺庙中掌管香火的人。

刘猛将为民消除蝗虫灾害,还帮助清廷官兵抗击倭寇,御寇安民,功德无量。[1]《猛将神歌》虽为江南渔民祭祀时的说唱段子,但渔民代代相传的口述史,亦是真实历史,渔民自发组织跟随刘猛将打击日本侵略者,是太湖渔民伟大的历史贡献。

> 清安泰奏言:"长庚熟悉海岛形势,风云沙线,每战自持枪,老于操舟者不能及。且忘身殉国,两载在外,过门不入。以捐造船械,倾其家赀,所俘获尽以赏功,故士争效死。且身先士卒,屡冒危险。八月中剿贼渔山,围攻蔡逆,火器瓦石雨下,身受多创,将士亦伤百有四十人,鏖战不退。"[2]

渔山为宁波一海岛,一度为倭寇骚扰中国东南沿海的大本营。

近代中国,社会动荡更加剧烈,渔业帮会组织仍然盛行。浙江嵊泗列岛的渔民为了互济互助,抵制恶势力的欺凌,抵御湖匪、海盗,协调彼此的作业,他们因所处的地区、所捕鱼种以及渔具的不同而形成许多帮派,如张网船帮、大捕船帮、墨鱼小对船帮等。[3] 太湖流域的内河渔民有丝网帮、鸬鹚帮、兴隆帮、独山帮、钓帮、杨湾帮、北洋帮、南湖帮、内河帮等。他们势力太小,所以必须结帮,否则"渔场"地盘难保,无以为生。

江南渔民的"帮"的划分还取决于生产工具即渔具、渔法的不同,凡是同一个帮的渔民使用的船只、作业的场所以及籍贯都相同。因为渔民使用的渔具渔法技术含量低,易于外传,所以他们一般以血缘关系世代相传,渔民与渔具具有"情感黏性",与其他小生产者一样,渔民不愿创新生产工具,也不轻易改变。太湖渔民有了这种松散型民间组织,可以在捕捞以及休渔过程中多船同捕同泊,生产互助,生活上相互照应,还可以在突发灾难的危险时刻或渔民生病时群策群力。

活动于太湖中的载重 60—70 吨的大渔船、载重 20—30 吨的"三扇子"渔船,船体吃水深,多集中于西太湖的宽阔的水域作业。

---

[1] 大清国的库页岛、小兴安岭沿海的渔耕者群体,是海防的民力。兵民一体,在国防成本不增加的条件下,国防收益增加,这是民力之国防价值。
[2] 孟森:《明清史讲义》,商务印书馆,2011 年,第 733 页。
[3] 沈同芳:《中国渔业历史》,上海江浙渔业公司,1906 年,第 71—73 页。

太湖内部,渔民以洞庭山和焦山为界约定俗成划分捕捞的"地盘"。东面太湖,江苏渔民居多,有来自苏北的大罱帮和小罱帮,也有来自山东的芦箬帮。西面太湖,靠近湖州,浙江籍渔民居多。捕鱼时,太湖大船渔民以 4 条船为一作业单位,称为一"帮",这种"帮"一般 30 人左右,每条船 7—9 人,分老大、看风、挡橹、大肩舱、半粒头、女工等六个岗位,各岗位生产节奏配合默契。

常州太滆乡渔民渔船多为背网船,沿湖的渔民则以钩船、丝网为渔具,各自成立帮会。阳澄湖、东太湖的渔民以使用小钩、抄网、鱼箬居多,所以此处有小钓帮、鱼箬帮、抄网帮。箬箔、虾浮、季鱼浮等定置渔具都有相对固定的捕获地段,渔民不能随意流动,否则会有可能损失自己的渔具。拖网等流动渔具不得随意进入定置渔具区域,这是"行规",一般只能在公共捕鱼区活动。

北洋帮的渔民多居住在苏州、吴江一带,他们使用的渔船为 50—60 吨的大渔船,这种渔船因为体型庞大、吃水高,需要张三道或五道篷帆,靠自然的风力行驶。"太湖"被渔民称为"洋",所以这个帮叫北洋帮。

独山帮,因渔民聚居无锡独山一带而得此名。独山帮的渔民使用的渔具多是一两吨的小渔船,在太湖沿岸捕捞为主,不能进入湖深处作业。

苏州的兴隆帮,得名于吴江长龙桥庙中的祀兴隆神。兴隆帮渔民的渔具多为中等渔船,在 20—30 吨。

钓帮,因为用一张网钓鱼而得名。"钓帮"的渔民主要居住于无锡,渔船为一两吨的小船。船体小,行动轻便,适应于垂钓。钓鱼对于渔民是追求物质的收获,即经济活动;而文人、贵族对垂钓的热爱和赞美,则是属于精神层面的,形成独特的"渔文化"。

钓　叟

杜荀鹤

茅屋深弯里,钓船横竹门。

经营衣食外,犹得弄儿孙。[1]

一代创意诗人、权贵,看到钓叟的渔家乐,也看见了江南乡土文化之至美。

---

〔1〕 李长路编:《全唐绝句选释》,北京出版社,1987 年,第 1006 页。

渔　父

李　煜

浪花有意千里雪，

桃花无言一队春。

一壶酒，一竿身，

快活如侬有几人？[1]

人在权力场，身不由己，命运沉浮一瞬间。

秋　浦　歌

李　白

秋浦田舍翁，采鱼水中宿。

妻子张白鹇，结置映深竹。[2]

浪漫主义诗人李白，他看见的"境界"，与渔夫的境界，略有差别。

射　鱼

陆龟蒙

弯弓注碧浔，掉尾行凉汜。

青枫下晚照，正在澄明里。

抨弦断荷扇，溅血殷菱蕊。

若使禽荒闻，移之暴烟水。[3]

陆龟蒙，苏州人。他观察到故乡田间水面，渔耕者的劳动过程，精致细腻，无与伦比。鹈鹕叽叽、鹭鹚急急、山水媞媞、枫叶赤赤的江南渔乡境界中，一个渔夫似乎比当南唐皇帝快活得多。

宜兴帮、扬州帮、苏州洞庭东山的杨湾帮等帮是以地域而名的，这些渔民使用的渔具也都是小渔船，吨位在一两吨上下，在浅水区捕鱼或放簖捉虾蟹。

---

〔1〕［南唐］李煜：《李煜词》，三秦出版社，2020年，第68页。

〔2〕［清］彭定求主编：《全唐诗》，第7044页。

〔3〕［清］彭定求主编：《全唐诗》，第1724页。

无锡内河帮,渔民主要活动在开源乡、荣巷、张舍、南桥、胡埭、吴塘门、大渲口、开化等地。解放前夕,无锡一地的内河帮渔民有渔船 300 多艘,内河帮渔民因为捕捞的水域比湖泊渔民狭小,所以收获也比较少,生活水平极低下。

民国时期,江阴沿江四区有黄田港、利港、夏港、石牌护港等 16 个港口,都有船帮捕鱼。其中,黄田港的钩帮、网帮共有船 250 多艘,人口 2 600 多人。钩帮大船每船有 20 000 把到 30 000 把钩,小船每船有 10 000 把钩;网帮大船有 30 多条网,小船有 10 条到 20 条网。[1]

帮与帮之间有传统的活动水域,互不侵犯地盘。每个帮内都有公认的"帮头",帮头指挥生产,组织祭祀,协调解决内、外部纠纷,有行政领导的职能。帮内各渔船生产过程中相互照应,有时两只船会结合成"对子船",互利共赢。还有四只船联为"一帮",他们作业配合默契,分配不计较多少,生产力和劳动积极性比单个渔船高得多。

帮内渔民长期约定俗成"同帮通婚",长此以往,帮内渔民基本血缘关系较为密切,本来松散的"帮",随着姻亲关系发展,内部成员凝聚力提升,有利于渔业经济活动的顺利进行,也能为渔民个体的人身安全提供和巨大的保障。但是,长期帮内通婚,不利于渔民人口的优生优育,有可能导致渔民人口的基因遗传出现问题,这也是渔民普遍文化水平低下的原因之一。

太湖渔民捕鱼时有四只船为一帮的,极像古水师的军事建制。前面的两只船牵着粗大的绳作前导,用来排除湖中的太湖石,[2]后面的两只船牵网随之,他们分别使用着樯缆网、丝网、虾拖网等用具,主要捕捞鲢鱼、鳙红鱼、白鱼、梅鲚、银鱼等不同的鱼类。

他们这样结帮,效率很高,集体最多时一天能捉 5 000 多公斤鱼。俗话说:"农民牵三日三夜砻,不及大船渔民一栀风。"意思是说,只要太湖里来一个风汛就能捕到很多的鱼虾,他们的经济收入远远超过农家丰收的粮食,因为渔民"耕作"水域,基本无须预先投入。太湖渔民的渔船开捕后日夜生产,出没在太湖水面深处,西太湖、南太湖、北太湖是常去的地方。因东太湖水浅,所以大船不能去,他们住泊无所,风止则下锚停在湖中。

---

[1] 华东军政委员会土地改革委员会编:《江苏省农村调查》,1952 年内部出版,第 36—37 页。
[2] 渔民是太湖石开采的主力,他们的打捞技巧较高。

在奉贤,新船或新修的渔船下水前,渔民会在船舱中举行祭海仪式,点香烛,焚"元宝",撒祭品,祈求太平。同时,选择渔船下水的必经之路,烧香祭祀,把拌有香灰的白米抛在海滩上,插上竹子,辟为新路,俗称"买路"。祭毕,高升鞭炮齐鸣,船只徐徐下海。入海后,设宴"斋老大",祭祀渔民祖先;然后大家聚餐庆贺,向船老大敬酒。[1]

镇江俗称渔民为"打鱼的",又称"戈帮"。新船下水,船头要钉4绺红绿绸布,叫"如意喜钉",取"丁财两旺"意。

江南渔民的生产生活均以家庭为最基本单位,有的父母妻子同一船的,或者父母妻子分船的;有兄弟同船的,有一家几只船的,也有几家同一只船的。渔业生产的时候全船男女同心协力,都必须听命于家长,由家长根据每个人的能力不同而分配工作。而购买渔具、上市场采购粮食等生活必需品由男子担当,女人则负责全船人的饮食起居、生儿育女、缝织渔网等事务。渔船作业时,一家数船协同捕捞,或者每船单独作业,到休息时再集合。"遇亲丧喜事,则亲友各船,相聚一处,事后分散各方。"[2]

"帮"是一种社会组织、生产组织。渔民所以结帮,从根本上讲,是因为渔业生产工具的落后和渔民生产资金贫乏。个体渔民、渔户征服自然的力量有限、资本有限,他们许多人手中只有小船和破渔网、修补破渔网的资金都难以自给。为了生存,为了弥补捕捞技术上的不足,渔民不得不在生产中结成"帮",团结互助。

其次,因为近代中国社会的动荡不安,内忧外患,渔民因此居无定所,只有联合起来,才能维持最基本的生命与财产安全。

政府管理渔业的对象是渔民,渔民与政府的关系也随着渔业进步和社会制度的变化而变化。如前所述,唐宋时期即有编制渔民户籍、划分渔户之举。

元明时期,为了防范倭寇侵扰,政府订立渔户之法,把渔民组织成罟棚组织,作为生产和海防的基层单位,也是为了便于统治渔民,防止其造反的政治组织。

明代渔户还立有专册,隶属当地"河泊所"。清代以前,封建政府各种管理

〔1〕　上海市奉贤县县志编纂委员会编:《奉贤县志》,上海人民出版社,1987年,第1017页。
〔2〕　原载《工商半月刊》1930年第5、6期合刊,见无锡地方志编纂委员会办公室编:《无锡地方资料汇编》第5辑(1985年内部发行),第75页。

渔民的组织都具有很强的强制性,目的主要是为了统治和收取税款。

晚清,朝廷在各省设置"劝业道"。"劝业道"的"农林科"中设有"水产股"专营水产事业,这是正式设立水产行政组织的开始。[1]

晚清以前中国渔政设施中几乎没有为促进渔业发展、扶植渔民、改善渔村设施的政策措施。

20世纪初,渔民与政府的关系逐渐发生了变化,特别是辛亥革命以后,我国渔政设施比以往有了较大的拓展。

渔政的内涵增加了许多,如水产监督保护、豁免渔税、维护国家的海权、发展水产教育、兴办渔业银团、兴办渔业合作社和渔业公司、进行渔业新闻宣传、兴办新式渔会等,比以往时期有了巨大的进步。

大约清初以来,渔民中盛行结"渔帮"。"渔帮"以地缘关系为纽带,以渔具为依据,拉帮结伙。渔帮既是为了抵御恶势力的侵扰,也是为了扩大劳动对象,如寻找新渔场、共同向政府缴纳税金,所以渔帮的产生对渔民而言是一个进步,也便于政府管理渔业和渔民。渔帮组织的发达形式是"渔民公所",清代中期以后,"渔民公所"这类封建帮会组织在各渔业区内逐步兴起。[2] 有人认为,渔会是把渔民组织起来的最好办法。有了渔会,政府就可以通过渔会使渔民接受现代水产科学知识,便于政府组织渔民发展生产。

渔民公所比渔民的帮会组织更为紧密,要定期收取规费,与政府有一定的联系,但不是政府管理渔民的工具,属于渔民自发的互助组织。民国时期,渔民公所逐渐成为地方势力剥削渔民的工具,向各种渔船抽收名目繁多的费用。

1922年,北洋政府农商部制定了《渔会暂行章程》,旨在以新式"渔会"取代旧式的封建帮会组织。1929年,南京国民政府立法院第五十六次会议通过了《渔会法》,以法律形式确定了渔民与政府的关系,明确规定了政府、渔民、渔村、鱼市场等各个法律主体之间的权利和义务,这是一个历史性的进步。

这部渔会法于1929年11月11日公布,次年7月1日施行。1930年,民国政府训令:"鱼行可以单独组织渔会",[3] "渔业人"的内涵进一步扩大。1932年8月5日修正的《渔会法》明确规定,"渔会以增进渔业人之知识技能,

〔1〕 李世豪、屈若骞:《中国渔业史》,上海书店1984年,第14页。
〔2〕 丛子明、李挺主编:《中国渔业史》,中国科学技术出版社,1993年,第97页。
〔3〕 《实业部令·渔字第一号》,《实业公报》总第5期,第46页。

改善其生活并以发达渔业生产为目的"。[1]

关于"渔会之任务",内容包括:改良渔业事项;整理渔村、鱼市;筹借渔业资金及租赁渔船渔具;筹办渔业共同贩卖、制造、运输;举办渔业教育;筹办水产陈列所及赛会;组织生产消费、购置信用住宅等合作社;举办储蓄、保险、医疗所、托儿所;关于渔业之保护及救恤;关于渔业之调查及建议事项;关于官署之咨询与委托;关于调处渔业间之争议;筹措水上标帜以及其他关于会员利益等事项。《渔会法》还规定,"渔会以县或市为区域,在渔业繁盛之同一区域内不得设置两个渔会,但重要港埠相距在四十里以上者得设立分会","凡住居同一区内年满十六岁以上之渔业人或营水产之制造、保管各业者得连署五十人以上为发起人,依本法组织渔会"。

1930 年 6 月 28 日农矿部公布施行、1932 年 11 月 1 日实业部修正的《渔会法施行规划》[2],进一步保证了《渔会法》更好的实施。1938 年社会部又颁布了《渔会章程准则》[3],分总则、任务、会员、职员、会议、细则,共 6 章,其中对于会员有这样的规定,"凡居住本会区域内年满十六岁以上之渔业人或营水产制造、运输、保护、管理各业者为本会会员,但每一渔户、行、店均以一人为限。"

《渔会法》公布以后,有关各省政府纷纷派遣官员到各县组织渔会。其中,江苏省的渔会最多。李世豪在《中国海洋渔业现状及其建设》一文中载,20 世纪 30 年代末,中国沿海渔会总共 27 个,会员数 5 607 人。而江苏就有渔会 14 个,渔会会员 3 258 人,其中苏南地区有渔会 7 个,渔会会员 1 859 人,占江苏渔会会员总数的 57%。苏南地区的 7 个渔会分别是蠡墅镇中山路的吴县渔会、常熟浒浦镇的常熟县渔会、崇明县城内的崇明县渔会、武进城内居前街的武进县渔会、金山嘴的松江县渔会、江宁县三汊河的江宁县渔会、上海小东门的上海市渔会。[4]

---

〔1〕《渔会法》,《(渔管处)渔业法令规章》(自 1930 年 7 月 1 日起),上海市档案馆档案,全宗号 Q460,目录号 1,案卷号 846。

〔2〕《渔会法施行规划》,《(渔管处)渔业法令规章》(自 1930 年 7 月 1 日起),上海市档案馆档案,全宗号 Q460,目录号 1,案卷号 846。

〔3〕《渔会章程准则》,《(渔管处)渔业法令规章》(自 1930 年 7 月 1 日起),上海市档案馆档案,全宗号 Q460,目录号 1,案卷号 846。

〔4〕李世豪:《中国海洋渔业现状及其建设》,转自张震东、杨金森编:《中国海洋渔业简史》,海洋出版社,1983 年,第 75—76 页。

20 世纪 40 年代以后渔会又有大发展,各县渔会之下又纷纷设立分会,渔会数量剧增。如在无锡,抗战胜利后,渔民蒋焕赓等 17 人发起组织建立无锡县渔会,[1]无锡县渔会之下又设立若干分会,并报无锡县和江苏省政府备案。

国民政府时期,政府与渔民的关系也发生了改变。通过渔会以及渔业合作社等纽带,不断得到加强。政府和渔民各自的权利和义务逐渐明晰,政府职能发生了很大的转变,政府不再是单纯的收税机关,也对渔民和渔业发展尽到了一些扶助的义务。对渔民的救济,就体现出这种双向的互动关系。渔会实为自治性质的渔民团体,建立了政府和渔民之间的联系纽带。这是政府为振兴渔业而倡导设立的。

但渔会组织相对较为独立,渔民只向渔会纳会费,而渔会却无须向政府"纳税",如成立于 1932 年 1 月的崇明县渔会嵊山分会,"设有常务理事三人,现任常务理事为杨友才、曹仲焘、张来福。会费每对船纳二元四角,每年收入甚丰"。[2]渔民向渔会缴纳会费,渔会设常务理事管理渔会事务,但会费资金却完全归渔会的管理者掌握。

渔会虽然也设立"理事",但它的"企业性"很弱,相比之下,渔业合作组织的出现和发展,不仅增强了"企业性",有利于渔业经济发展,也使渔民和政府之间的联系得到加强。

---

〔1〕《无锡县渔会发起人名册》,《渔会》(1946—1948 年),无锡市档案馆档案,全宗号 ML7,目录号 5,案卷号 51。
〔2〕 江苏省立渔业试验场编印:《嵊山渔村调查》,上海市立图书馆藏,1935 年版,第 68 页。

第四章
江南原生态文化共同体

江南文化，是江南精神地理与江南自然地理之交集。历代江南人民使用地表资源创造物质财富，同时创造精神财富。一万年传承与创新的历史，势若长长的列车，非匀速地行进在江南坤灵间。列车引擎是经济与文化的往复互动。自车首的腮口回望龙形车体，可以看见一圈一圈的文化年轮。从以人为本的角度观察，江南文化以江南地表资源为载体，是科技、艺术与民俗之并集。

江南原生态文化共同体，是三种剧集态合成的厚地高天的四维曲体。包括"实"与"虚"两个部分，三个"子集"：自然资源、物质财富、文化财富。物质财富：渔耕业，手工业，商业，制造业，城镇；文化财富：渔耕者的劳动技巧熟练度与判断力，江南民歌，手工业者的独门绝技与行业文化，江南商业文化，科学家精神，企业家精神。

自然地理空间中的自然物象，田园锦绣，宜居气候，江南地貌。江南月引潮力，江南渔火与星月相望。在科学家、艺术家眼里，江南天地万物之间，存在本质的必然"联系"或非本质的偶然联系。

江南原生态文化共同体，形如金字塔。从底往上的顺序：渔耕者、手工业者、知识精英。知识精英即科学家、企业家和艺术家，他们的"创新力"最强。芸芸渔耕者，大多数没有留下姓名。"重农抑商"的社会里，手工业者从初级产业者手中购买生产资料，卖给渔耕者农具以及生活必需品、便利品。

一、江南原生态文化系统

柴门临水稻花香，细雨淋湿袅袅炊烟，这是烟雨江南的景象。稻草和青檀树皮经江南精工,制成宣纸书香浓,为泼墨山水画的最佳载体。

江南大地上之万物,存在强相互作用、弱相互作用、引力相互作用和电磁相互作用。渔耕者的劳动产出是江南文化之基石。江南渔耕者创造的物质财富主要有:海鲜、湖鲜、河鲜、米粮、太湖石、山石、珊瑚石,用于园林、城建、玩赏,一个小的原生态文化共同体。

江南原生态文化,是江南人力创制并蓄积的科技、艺术与民俗之"并集"。科技包括自然科学和社会科学,艺术包括影视娱乐、民歌民谣、音乐绘画舞蹈、武术等,民俗包括吴方言、江南民歌、民间信仰等。[1]

农耕时代,开采江南地表资源的全部力量,来自渔耕者群体,他们是江南原生态文化的创造者。[2]江南地表上的水域、矿坑矿山、田地山林,为渔耕者创造物质财富提供广阔天地。大自然厚爱江南人,让他们能直接从水中捞取美食、树上采果、林中挖山珍。

渔耕者在创造生活必需品、便利品和奢侈品的过程中,同时在田间地头、海面湖面、手工作坊创造江南民俗。

文化的运行也具有持续性、单向性和可测量性等特性。三百六十行的"并集"构成"文化"。文化是集合,行业是集合的元素。而每个"行业文化"还可以再微分。行业文化随社会经济发展而新陈代谢,在历史长河中浮沉生息。

江南生态文化共同体一面是"实"境界,一面是"虚"境界,"实"是物质财富,"虚"是万年文化积淀。

"文化"是由语言文字记录并传承的。吴方言是影响江南经济发展的"外生变量"。江南人民以吴语说唱并传承江南文化,这是江南文化最明显的文化个性。江南劳动人民记录农业生产知识,以吴歈展示自己的生活风貌、精神需求。乍到江南,看见的景象多半为禾柳斩斩齐,菜圃虬螭曲,帆樯晒渔网,农夫半身稻花上。但是,对江南文化个性的认识最先从听觉开始。

吴语时刻伴随江南人民的生产生活,讲话是沟通,语言又是文化的载体。渔耕者的劳动歌谣几经提制,精炼成申曲、昆曲、锡剧。江南人民开发利用地表资源的同时,也创制并蓄积着乡土文化资源,尽管"同时性是相对的"。顾颉刚先生编的《吴歌甲集》的序言中,对于吴语、吴歈,胡适之有这样的看法:

---

[1] 民间音乐,属于艺术范畴,也属于民俗,故而,民俗与艺术有交集。

[2] 数理分析中的小于5‰的事件,属于"小概率事件",可以视为零。"小概率"分析法能科学解析社会现象:一个群体中,优秀与糟糕的个体约占总体的5‰。

南方文学中自晚唐以来昆曲与小说中常常用苏州土话,其中很有绝精彩的描写。试举《海上花列传》中的一段作个例:

双玉近前,与淑人并坐床沿。双玉略略欠身,两手都搭着淑人左右肩膀,教淑人把右手勾着双玉头项,把左手按着双玉心窝:"倪七月里来里一笠园,也象故歇实概样式一涛作来浪说个闲话,耐阿记得?"

假如我们把双玉的话都改成官话:"我们七月里在一笠园,也象现在这样子坐在一块说的话,你记得吗?"——意思固然一毫不错,神气却减少多多了。[1]

地表资源包括经济资源和非经济资源,属于环境资源。地表资源与文化资源相联姻,诞出江南生态文化共同体,具有精巧细奇、创新务实的文化个性。江南地表资源合成一个物理世界,江南文化创造者活在其中。

三种聚集态中的所有"物象",为江南文化的物质载体。孙武细观地形、地势,写下军事著作;周公瑾借江南上空九月的东风,火攻北军,改变中国历史之矢;苏东坡则看见月儿像柠檬,悬挂在树梢。苏东坡不知万有引力、"引潮力"为何物,但他坚信江南上空的月亮和浙江潮之间有某种必然的关联。

江南地表资源主要包括海湖河流中的水生动植物资源、矿坑中的矿产资源、红壤上的生物资源、亚热带季风气候资源、江南雨、江南的日月光照、江南星空上的传说、江南地磁场、地球磁圈。环境资源经过科学家知识开发,能产出物理学、数学、化学、天文学、地质学、地理学、气象学、占星术、绘画、音乐、文学、医学、南通精纺、宜兴紫砂、太湖洞庭碧螺、南京云锦、苏绣等。

具有江南文化个性的文化经典有《养鱼经》《兵经》《李煜全集》《园冶》《红楼梦》《江村经济》等,江南泼墨山水画则是自然地理与精神地理重叠的产出物。

范蠡的农业科技被江南民众以吴语广为传承,将文化资源的不可分拨性发挥到极致。《养鱼经》是科技著作,养鱼知识化成江南人民的巨大财富。

费孝通回吴江江村调研,乡音无改。他著作中的民众,全部讲吴语,唱吴歈,饭稻吴羹。

吴方言文化资源,经知识精英智慧之网之过滤,筛出江南神话传说、文学、

---

[1] 顾颉刚编:《吴歌甲集》,第2页。

口述史、吴歈、江南民乐、江南丝竹、江南戏曲、社戏、船拳中的江南文化个性。以江南地表资源为载体或以吴方言文化资源为母体的区域文化门类繁多,同根而生,殊途同归,统一于"江南文化精神"。

江南生态文化共同体,是一万年来江南劳动人民世世代代共同创造并积累的所有物质与非物质财富的总和,一个无法精确核算的定量。江南原生态文化共同体,兼容"存在"与"意识"两个部分,由"物质的载体"和"知识的系统"构成。苏,江南文化之源,财富水中来;沪,海派之源,财富海上来。

以上海为核心的江南现代市场体系,为江南原生态文化共同体的成长与发展提供源源不断的动力。江南地表资源、社会技术可能性和成熟的市场,决定生产什么、如何生产和为谁生产的三个最基本的经济问题。以上海为核心的江南现代市场体系,为江南经济和文化的运行确定了方向性和过程性。

江南原生态文化共同体运行在非匀速的时间轨道上,形如一列不断增添火车头而车身相对静止的长长列车。又如金字塔形,一代又一代的文化创新叠加。但是,"鱼羹饭稻"的文化旦复旦兮,总是保留着最经典的样式。

江南文化被非均质的地表资源支撑着,江南文化共同体是个芳龄永续的"曲美玉体",形如漏透瘦皱的太湖石,又如精美绝伦的良渚玉器,也似吴侬软语演唱的曲美旧事。

吴语言赋予江南文化以最鲜明的文化个性。吴歈、昆曲、沪剧、越剧取材高端,吴语演唱,儒雅经典,给人精神愉悦和美育教育。

流动时间数列上,综合漫长的小农经济时代,从远古到 19 世纪末期以前,万年江南 90％以上的时空为渔耕者占有。[1]

江南地表资源,非均质地分布于大海、红壤、青山、绿水和长空之中,物产系统是江南生态文化共同体的载体。

江南文化精神孕育在江南百业之中,经济活动传承着原生态文化基因。江南渔夫大多能精准无误地捕获各种鱼类,鱼群在水底洄游,渔夫的目光穿入水面,目光折射、衍射或偏振,鱼叉也能分毫不差地击中鱼脊。江南农夫追求精耕细作。手工业者的精雕细凿,精细奇巧。丝绸刺绣,精美绝伦,将美的片段微分到极限。

造园技术精巧,一园之内,通过借景、漏景、隔景、障景、对景、添景、夹景、

---

〔1〕 旧年江南渔耕者人口众多,占江南总人口的比例高达 90％以上。

框景,扩大了美的空间。

　　鱼米之乡的自然环境,锦绣如画,空气清新。海鲜湖鲜,是美食,也是风景,江南名菜碧螺虾仁,何尝不是一盘江南。无肠公子,又被称作"阳澄湖仙"。鱼类又是净化水体的"清洁工"。[1]

　　日暾烘烤稻浪滚滚,乡间的光合作用充分,蛛网水系,活水浏浏,植被茸茸,百草如嚣。新鲜的氧气夹裹稻花的气息扑鼻入肺,侵入鱼米乡的大街小巷,旧年江南鱼米乡。低低地囤积在海拔低洼的泽国水乡。

　　东海洵讦,鱼鳖祁祁。江乡披锦,地厚天高。河湖泱泱,有蒲葰苔。隰有茼蒿,赤赤菱角。太湖奇石,漏透瘦皱。翾翾飞虫,零露瀼瀼,人丁泄泄。铜铁矿精,兵器铸造,吴冶神功。

　　江南原生态文化是"江南文化"之筋骨与血脉。鱼食、饭稻、米酒、酒酿、麦浆草、汤团、莲蓉点心等乡土美食,浸透江南文化的味道。

　　江南原生态文化共同体的物质基础,是江南地区的地表资源。可持续发展的力量源于江南原生态文化 10 000 多年的旺盛生命。江南文化中的科技与美育,个性鲜明,教育价值极佳。传承推进创新。江南原生态文化共同体,是发达的市场经济与先进文化的共同体。

　　江南自然地理中,至少存在六种力量制约江南原生态文化运行。这六种力量分别是月地引力、太阳风、地磁力、风力、水力、物产系统内部各种物象之间的万有引力。

　　江南自然地理中的朝霞与黄昏、春夏秋冬、花谢花开,进入观察者的精神地理之中,化作艺术、信仰与科学,构成原生态文化系统。江南原生态文化共同体的凝聚力,至少有三个来源:以上海为龙头的完善的市场体系、江南民俗语言文化的共性、江南文化精神。

　　江南地表资源支撑的乡土经济是江南原生态文化之载体。江南地表植被茂盛、水面广袤,植物的光合作用充分,日照光解水体分离出氧原子,增添水乡空气中的氧气含量。江南空气的味道,叠加着四季百花香浓、芦根苇叶的体味以及百草的绿意。这些自然资源和环境的而含义一样,是生产要素,也是景观资源。

---

[1] 以藻类为食的鱼类,特别是草鱼,每天噩噩吞噬水藻,能吞食大于自己体量数倍的藻类,为环保生物。

江南先民生活在一个原始的物理世界中，他们看见水中的游鱼肥肥，看见溶洞边的石头尖尖。于是，他们开始磨制脚下的太湖石，以石镞击鱼，获取食物，江南文化开始运行。江南先民通过观察法悟出了一些科学原理，他们制作简陋的渔具，这种生产工具的制作也是艺术创作。以石器为生产力的原始渔业，开启了江南原生态文化万年进程。

晚清以来，以上海为龙头的江南制造业发达，制造业凝聚现代经济发展的核心力量。上海轻工业品精致细腻，在全国市场独占鳌头并流向海外市场。"上海制造"市场空间的膨胀，让大上海财富来源的空域更广阔。近代上海，经济体量奭奭，和着历史进步的旋律。海派文化的强势，让海派文化引力增加。海派文化弯曲周围的时空，强力虹吸江南优质人力、资金和资源，人们来此追逐高利润。各种生产要素因利益驱动，开进上海市场，以实现收益最大化。海派文化对全球经济文化资源的吸附力，让上海发展成为江南文化龙头和全球化的大都市。

科技创新、理念创新、企业家精神的弘扬，使得上海在精工制造、国际贸易、现代金融管理等新的经济领域，进一步丰富了"精巧细奇、创新务实"的江南文化精神，让江南原生态文化共同体更丰腴。

江南原生态文化是江南劳动群众创造并蓄积的，在江南鱼米之乡，渔耕者是劳动群众之主体。他们在水面、矿坑和农田里作业，说唱吴侬软语的民歌。江南渔耕者生产食物、矿物与生产资料。渔耕者用吴方言传承劳动技巧、向大自然与社会表达自己的思想感情。劳动号子、民谣、民乐、民俗和民智，被知识分子借助科技与艺术手段，精炼成江南文化经典。

江南地表的绿色资源，有浩瀚的水面，丰富的水藻，亚热带四季常青阔叶林、针叶林。高低分层的嫩绿通过光合作用，驱赶、吞噬着氮与二氧化碳。江南四季百花，芦叶苇根的体香尽情释放于江南村肆与城镇的大街小巷，气清含香。

江南水域、大地和长空，所有的动植物资源和初级产出物，构成江南原生态文化共同体的物质基础。经过一万年曲曲折折的发展历程，成长为当代的江南原生态文化。江南文化精神至少可以分为三个层次：科学家精神、企业家精神和工匠精神，各层次分别对应不同的社会群体，而"精致细腻、创新务实"为江南文化的血脉与灵魂。

江南文化的创造者，有最底层的社会渔耕劳动者，有手工业者、市民、知识精英和上流社会的贵族群体。但江南四季百花之蕊、万木之汁的气息,为江南全体人民共同享有,没有阶级差别。

钱穆认为:

中国古时,常把天、地、人三位合在一起讲,这是有一番极大的现实真理在内的。故研究历史,同时要懂得地理。若把天代表共性,地则代表个别性。人处于共通的天之下,但必须经个别的地,然后再能回复到共同的天,此为人类历史演变一共同的大进程。人由个别性回归到共通性,亦为人类文化理想一项大目标。只有中国历史探明此义,并一贯保持此趋向。[1]

江南经济区,是中国经济最发达的地区。芜湖东望,滔滔江水驾驭锦鳞银刀,气势滚滚,冲击出扇形平原一片。长江下游和钱塘江若"括弧形",两股清流在地球表面圈起的蓝绿色弧面,连同东海专属经济区,合成中国江南。[2]

地图上的中国江南,绿色植被覆盖着红土地,以及水蓝蓝的湖泊和金黄色的天目山脉。红、黄、蓝的搭配,呈现了大自然编织的锦绣江南。江南水生动植物资源,自然的食物链系统。水八仙之美味道,等于至味江南:

水　八　仙

采采金莼,薄言采之。

采采玉粒,薄言有之。

采采茨菰,薄言掇之。

采采水芹,薄言捋之。

采采红菱,薄言袺之。

采采莲藕,薄言襭之。

---

[1]　钱穆:《中国历史研究法》,第115页。
[2]　海洋专属经济区,是由联合国海洋法规定的一国海洋产权,而海洋法属于文化的范畴。中国江南经济区,包括陆地上的蛛网水乡和东海海洋经济区。

采采荇荠，薄言涮之。

采采菱白，薄言湃之。[1]

　　吴方言文化、江南婚俗、多神信仰、民间祭祀活动等，都属于"江南民俗"范畴。汤因比在《历史研究·文明的起源》中说，人们在探寻文明起源的诸多确切因素的过程中，即使运用现代自然科学古典学派的办法，也没有结果。失败的原因在于方法错误，或者受到一种即将逝去的时代精神的不知不觉的影响。

　　　很清楚，如果说文明的起源不是生物或地理环境单独作用的结果，那么必定是它们之间某种相互作用的结果。换句话说，我们正在寻求的因素不是某种简单的事物而是复杂的事物。不是一种统一的实体，而是一种关系。我们可以这样选择，可以把这种关系设想为两种非人力因素之间的相互作用，也可以把这种关系设想为两种超人个性之间的不期而遇。让我们的思想接受第二种设想，也许它将指引我们走向光明。[2]

　　长江、黄河两个河神相遇雪域高原。春秋说题辞曰："河之为言荷也，荷精分布，怀阴引度也。"[3]雪莲花魂驾驭江流，从六七千米的高原一泻千里下江东，到蛛网水乡遍布的江南，红莲薄醉、白莲娇艳。芙蓉，缋制了河湖锦绣，同时也是江乡美食。

　　"莲叶荷田田，鱼戏莲叶间"，莲、菱角、莼菜、水芹、慈姑、鸡头米、茼蒿等水生食物都是"艹"字头。加鱼、禾，即为"蘇"，这是江南原生态文化。莲之品德、观赏性和她的清香，体现独特的乡土文化精神。

　　北风其喈、雨雪其霏的季节，蜡梅花开鲜嫩茂盛、蕊吐金沙，但终会花愁落瓣、化作春泥滋润茶树。凯风自南，吹彼棘心，江南春花春柳释放的幽香茶园。采茶姑娘，手如柔荑、体香沉沉，哆哆地哼着优雅绵软的吴歈采撷翠碧点点。

　　采茶、炒茶、泡茶、喝茶，平常茶非常道。一杯茶，江南的空气、水、土壤和万千花粉的味道，按自身植入茶叶的时间和空间的顺序，舞动在琥珀杯里。茶

[1]　湃，古人以井水保鲜，充分留存菱白刚采出水时的晨风清香。

[2]　〔英〕阿诺德·汤因比著：《历史研究》，第66—67页。

[3]　〔北魏〕郦道元：《水经注》，第2页。

文化是江南原生态文化的一个子系统。

茶中杂咏·茶灶
皮日休

南山茶事动,灶起岩根傍。

水煮石发气,薪然杉脂香。

青琼蒸后凝,绿髓炊来光。

如何重辛苦,一一输膏粱。[1]

唐人饮茶,于是有了茶文化。茶文化最早源于寺庙文化,与禅宗有关。

茶中杂咏·茶鼎
皮日休

龙舒有良匠,铸此佳样成。

立作菌蠢势,煎为潺湲声。

草堂暮云阴,松窗残雪明。

此时勺复茗,野语知逾清。[2]

江南人民"饭稻羹鱼",渔稻产业依赖水资源,二者互补,在一个单位的土地面积上同时种植水稻和饲养鱼类,能收获更多的"生产者剩余"。稻花和体含稻香的稻虫、蚯蚓随风雨和地表径流淌进河湖荡塘成为鱼类美食,可减轻成本。农夫春耕,还可以收获在田埂内外冬眠的嘉鱼、黄鳝、泥鳅、大螃蟹等河鲜,它们市价昂贵,是农夫耕作的意外收益。

《石头记》是描写江南民众生产生活的百科全书式著作,是江南文化精品中的精品。书中提到的物象、物产和人与事发生的万般"境界",展现了旧年江南多个社会群体的生活互动的动感与活力。

湖石山石,能把江南的田园与乡村有机地连接。古典园林由江南地表资源组合而成,古典园林选址于村庄地,有着园林生活的优雅经典,诗与远方囤

〔1〕〔清〕彭定求主编:《全唐诗》,第7054页。
〔2〕〔清〕彭定求主编:《全唐诗》,第7054页。

积其中,代表中华文化的某种最高境界。

> 古之乐田园者,居于畎亩之中;今耽丘壑者,选村庄之胜。团团篱落,
> 处处桑麻;凿水为濠,挑堤种柳;门楼知稼,廊庑连芸。约十亩之基,需开
> 池者三,曲折有情,疏源正可;余七分之地,为垒土者四,高卑无论,栽竹相
> 宜。堂虚绿野犹开,花隐重门若掩。掇石莫知山假,到桥若谓津通。桃李
> 成蹊,楼台入画。围墙编棘,窦留山犬迎人;曲径绕篱,苔破家童扫叶。秋
> 老蜂房未割,西成鹤廪先支。安闲莫管稻粱谋,沽酒不辞风雪路。归林得
> 意,老圃有余。[1]

江南原生态产业群,内部所有的生业,自成一个原生态文化系统。各产业
的互补性强。如长江下游三角洲和太湖周围:

> 长江下游三角洲和太湖周围富饶的经济地区的兴起,远在黄河流域
> 之后。直到西汉时,在今江苏南部与浙江、福建两省偌大一块地方只设立
> 了一个会稽郡,为当时全国 103 个郡国之二。虽然江东的吴(今江苏苏州
> 市)因有海盐和铜山之利,而被称为一个都会,可是江南等处气候潮湿热
> 燥,又是水乡泽国,居住在黄河流域的人往往对这里望而生畏。不过这种
> 自然条件恰恰适于农业的经营。当地之所以不能早日发展为富饶的经济
> 地区,实因人口稀少,对此有利的条件不能充分利用。两汉之际,黄河流
> 域社会动荡不安,南迁的人口逐渐增多,已初步促进这里经济的发展,三
> 国时期的吴国即借以崛起。后来,人口的大量南迁还有过两次:一在东
> 晋时,一在南宋时。东晋时,北方十六国割据起伏,黄河流域几无宁日,南
> 宋时,女真族占据中原,对当地人民进行极为残酷的压迫,遂使黄河流域
> 人口先后大量南迁。到了明代中叶,长江流域的户口就远远超过了黄河
> 流域。特别是苏州、松江、常州三府的户口数合计,竟使全国的名都大省
> 望尘莫及。人口众多,劳动力增加,当地的生产自然能够得到迅速
> 发展。[2]

---

〔1〕[明]计成:《园冶》,第31页。
〔2〕史念海:《历史地理学十讲》,第183页。

　　江南物产还有太湖猪,又名梅山猪,是世界上产仔量最大的猪,享有"国宝"之美誉,最高产量有一胎产出 42 头的历史记录。肉质脆嫩独特,早熟易肥,肉色健康,肌蛋白含量占 23％左右。江南丘陵地产胡羊,因"藏书羊肉"而有名。江南地处亚热带湿润气候区,地表植被草料丰饶,胡羊可以放养,无须追加饲料,因此饲养成本低。

二、"鱼食饭稻"蕴藏的科学与艺术

　　对于江南渔耕者而言,生命的价值与存在的意义,就是按照农业生产规律生产食物与生产资料,饭稻羹鱼,说唱吴侬软语,将生产经验代代传承,以吴歈传诵群体的历史。

　　江南民众,普遍饭稻羹鱼。鱼、米、鲊、米酒、米酱、鱼子酱,繁荣江南农贸市场。鱼类冷冻氧气,鱼市场扩容,生产者剩余,消费者剩余,民生福祉随社会发展而递增。

　　马尔萨斯在他的《人口论》中说:"我认为我可适当地定下两个公理:第一,食物为人类生存所必需;第二,两性间的情欲是必然的,且几乎会保持现状。"[1]这两个法则无古无今、无冬无夏,永远如此。人口与生活资料之间必须保持平衡,物质生活资料的生产和再生产是经济活动;两性间情欲的存在能保证人类自身繁衍,这是人力资源的"再生产"。当老年人失去劳动能力,他们再生产出的劳动力能为他们提供食物。但马尔萨斯"土地肥力递减规律"不适应于中国江南蛛网水乡。这里的水域面积占比约 61.8％,水生动植物资源早于人类数亿年已经存在。在"深谙水族之性"的江南人民眼里,"水田"包括海洋、河湖、鱼池,也包括稻田。大禹治水,三江畅通,震泽底定,鱼食饭稻,民俗生成。因为水域辽阔,水产丰盈,江南人民的吃饭问题,自然地理至少给予他们一半的贡献。

　　《红楼梦》"红豆曲"中的"玉粒"是芡实、"金莼"是莼菜,江南鱼米乡最昂贵的米是"鸡头米",也是"水八仙"之一。西北风吹来的季节,江南大闸蟹的肉质

---

〔1〕〔英〕马尔萨斯:《人口论》,第 5 页。

才会成熟饱满。当朔风临幸阳澄湖,持鳌披甲的"无肠公子"[1]:绛绡缕薄冰肌莹,葱花点翠,姜丝催香浓。金黄色的稻草秸秆缠紧螃蟹的前爪和八只脚,蟹体肚皮朝天,蟹身色若蒸霞、体量匀称,长方形的白色食器中纵队站立八只大闸蟹,洁白、金色和赤色的锦绣,升腾着稻香蟹香味浓。

渔夫好饮非常普遍,沽酒不辞风雪路,舴艋轻舟的时间之矢,向心酒旆飘飘、沉香馋人。旧年江南,以米酿酒:白酒、料酒、黄酒。烹饪鱼食,必须使用料酒,去腥提鲜的效果最佳。

《红楼梦》第八十一回:"占旺相四美钓游鱼 奉严词两番入家塾":

> 宝玉道:"咱们大家今儿钓鱼占占谁的运气好。看谁钓得着就是他今年的运气好,钓不着就是他今年的运气不好。咱们谁先钓?"探春便让李纹,李纹不肯。探春笑道:"这样就是我先钓。"回头向宝玉说道:"二哥哥,你再赶走我的鱼,我可不依了。"宝玉道:"头里原是我要唬你们玩,这会子你只管钓罢。"探春把丝绳抛下,没十来句话的功夫,就有一个杨叶窜儿吞着钩子把漂儿坠下去,探春把杆一挑,往地下一撩,却是活迸的。侍书在满地上乱抓,两手捧着,搁在小磁坛内清水养着。探春把钓竿递于李纹,李纹也把钓竿垂下,但觉丝儿一动,忙挑起来,却是个空钩子。又垂下去,半晌钩丝一动,又挑起来,还是空钩子。李纹把那钩子拿上来一瞧,原来往里钩了。李纹笑道:"怪不得钓不着。"忙叫素云把钩子敲好了,换上新虫子,上边贴好了苇片儿。垂下去一会儿,见苇片直沉下去,急忙提起来,倒是一个二寸长的鲫瓜儿。
>
> 李纹笑道:"宝哥哥钓罢。"宝玉道:"索性三妹妹和邢妹妹钓了我再钓。"岫烟却不答言。只见李绮道:"宝哥哥先钓罢。"说着水面上起了一个泡儿。探春道:"不必尽着让了。你看那鱼都在三妹妹那边呢,还是三妹妹快着钓罢。"李绮笑着接了钓杆儿,果然沉下去就钓了一个。然后岫烟也钓着了一个,随将杆子仍旧递给探春,探春才递给宝玉。宝玉道:"我是要做姜太公的。"便走下石矶,坐在池边钓起来,岂知那水里的鱼看见人影儿,都躲到别处去了。宝玉抡着钓杆等了半天,那钓丝儿动也不动。刚有

---

[1] [清]曹雪芹、高鹗:《红楼梦》,人民文学出版社,2000年,第411—412页。"薛蘅芜讽和螃蟹咏"中有作者想要表达的哲学和社会学内含。

一个鱼儿在水边吐沫，宝玉把杆子一幌，又唬走了。急得宝玉道："我最是个性儿急的人，他偏性儿慢，这可怎么样呢。好鱼儿，快来罢！你也成全成全我呢。"说得四人都笑了。一言未了，只见钓丝微微一动。宝玉喜得满怀，用力往上一兜，把钓杆往石上一碰，折作两段，丝也振断了，钩子也不知往那里去了。众人越发笑起来。探春道："再没见像你这样卤人。"[1]

白先勇在《白先勇说红楼梦》中点评"占旺相四美钓游鱼"的意义：

> 这几个女孩子在钓鱼。《红楼梦》里面做什么都有意义，他不会写一大堆没有意义的事情，这几人钓鱼，你看回目"占旺相四美钓游鱼"就知道等于是卜卦一样用钓鱼试一试自己的运势。中国有一句话"钓金龟"，就是钓一个好女婿，这几个女孩子后来都不错，探春远嫁海疆大吏，李纹也嫁了一个公子，邢岫烟后来嫁给薛蝌，都有归属。唯独贾宝玉，他姜太公钓鱼，没有与最爱的人结合，他的婚姻不是完美的。后来虽然娶了薛宝钗，我有一个看法，薛宝钗不是嫁给贾宝玉，是嫁给贾府，是嫁给贾府宗法社会一个很重要、需担大任的位子。这些都有意义在里头。[2]

对于吃鱼，在世界各地都有着不同的乡土民俗文化。有些民族因为习俗信仰，根本不吃鱼。中国江南水乡，民众吃鱼的习俗有很多共性。沈从文《土匪吃鱼》一文中，通过吃鱼可以对绑票的身份做出科学判断。在当时的湘西山区，吃鱼是一种奢侈行为，土匪、绑票、吃鱼、喝酒等"物象"之间存在"关系"变动，据此进行判断有一定的合理性。但这种判断不适应于江南鱼米乡之绑票。

土 匪 吃 鱼 [3]
沈从文
二龙山出土匪。那天晚上，张武刚进村口，便被绑架，而且被押到了二龙山。

〔1〕［清］曹雪芹：《红楼梦》，第793—794页。
〔2〕白先勇：《白先勇说红楼梦》，广西师范大学出版社，2017年，第701页。
〔3〕沈从文：《土匪吃鱼》，《西部教育研究》（陕西）2020年第2期，第77页。

　　进了一个山洞,张武被带到一个微胖的大胡子面前,绑他上的小喽啰王二说:"大哥,今晚没有大的收获,只弄到一个。"大胡子道:"老规矩,你们去给他弄点吃的。"张武被带到另一个地方,那儿有一个石头堆砌的石桌。

　　过了一会儿,王二端着一盘热气腾腾的鱼,小六拎着一壶酒进来了。张武一看这架势,眼泪就唰地出来了,王二说:"你这是干什么,这是我们大哥定的规矩,凡是进洞的人,我们都要好吃好喝地款待。"张武看了看王二,又转头看了看小六一眼,才止住了泪水。张武颤抖着手拿起筷子,他看了看那条鱼,咽下一口口水,他从没吃过鱼,不管是三七二十一就从鱼背上戳下一块鱼肉,放在嘴里吃了起来,又端起酒杯咕噜一口把酒都喝了下去,呛得他眼泪又流了出来。

　　吃过喝过,张武又被带到大胡子跟前,王二把张武的吃喝过程详细地向大胡子汇报,大胡子朝张武摆摆手说:"放他下山去。"张武就这样被放了回去,像是做梦一般。世上哪有这样的好事,绑他上去就是为了好吃好喝?张武想破脑袋也没想出个所以然来。

　　一年以后,张武正在茶馆里喝茶,突然发现王二和小六也在那儿。王二也看到了张武,连忙和小六走了过来,拍了拍他的肩膀:"兄弟,你也在这儿,今天你的单我们兄弟替你买了。"张武想起当年心中的疑惑,忍不住问:"你们当年把我抓进山洞难道就是为了给一顿好吃好喝?"

　　王二和小六一听,就哈哈大笑起来,王二说:"算你小子命大,你知道鱼有几种吃法吗?"张武把头摇得像拨浪鼓一样。"我想问问你,你当初吃鱼的时候,为什么第一筷子下去的是鱼背?喝酒为什么一口干了?"

　　张武说:"我没吃过鱼,看到鱼背上的肉多,就从那里开始了。我也没喝过酒,不知道它的厉害,看到那么小的酒杯,就一口喝光了。"

　　"这就对了。"

　　原来他们把吃鱼归纳为三种吃法:第一种吃法是先吃鱼眼睛,这样的人一定得死;第二种吃法是先吃鱼肚子上的肉,这样的人关几天就放了;第三种吃法是先吃鱼背上的肉,这样的人立马放人。酒如果是一口一口慢慢地喝他也死定了,如果是一口喝光的人就会立马被放。

　　吃鱼眼睛的人,一定是财主家的人,吃鱼吃腻了,他们就要狠狠地勒索一把;吃鱼肚子上肉的人,一定是富家子弟,说明他们经常吃鱼,知道那儿的肉好吃,所以就关上几天,让他们家人送点钱来就放了;吃鱼背上肉的人,肯定是穷人家,没吃过鱼。

喝酒也是这样的,有钱人才有酒喝,才会慢慢品,没有钱的人从没喝过酒,才会一口把酒喝光了。所以,他们的大哥就是根据一顿饭判断哪些是真正的穷人,哪些是真正的富人。

土匪老大将"吃鱼"和"财富"挂钩,这是生活经验累积形成的判断力。陆地上的有钱人吃鱼先吃鱼眼睛、鱼嘴巴。鱼嘴巴、腮的运动量大,鱼头光照充足,鱼头肉比鱼体其他部位的肉好吃,尤其是鱼眼睛和鱼嘴巴的肉观感靓丽、口感鲜美。

若被土匪绑架上山并被关闭三天不吃不喝,饥饿难耐的人,却首先吃鱼眼睛,而鱼眼睛处的细肉虽洁白若凝脂、味道鲜美,但此处鱼肉太少。由此判断:虽然被绑架者非常饥饿,但奢侈的生活习惯无法在三天内就能改变。并且,没有三五斤以上体重的大鱼,鱼眼睛也很难被筷子挑出来。唯独有钱人家阔绰,购买大鱼、鱼头大、眼睛饱满、眼睑肉嫩。然后,鱼身上半段一般都供给老爷享用,下半段分给佣人吃。

没落贵族如晚清八旗子弟的饮食习惯,还是讲究如初,贵族生活"生活习惯"很难改变。

江 南 渔 谚

鲢鱼头,鲤鱼腰,黑鱼脑袋做柴烧。

桃子上市,要选鲢鱼。

寒鲚热鲈,春鳊秋鲤。

草熟鲤热。

小暑黄鳝赛人参。

冬鳖夏鳗。

桃花流水鳜鱼肥。

无肠公子蟹灯笼,吃脱会送终。

无风不晒鲞。

鲞剖得好勿好,要看刀头到勿到。

　　　　　　　小麦黄,打鲞忙。
　　　　　　　麦秆晒鲞。

　　　　　　　要想鳓鱼好,三泡不能少。
　　　　　　　头刀切尾,二刀切肚,三刀切头。
　　　　　　　先开尾,后开头,背上正好下刀口。
　　　　　　　看鱼下刀,看菜吃饭。
　　　　　　　鱼有千秋,刀口万样。[1]

　　江南渔民杀鱼的刀法很有讲究。开背,切头,开肚等,因制作菜肴的方法不同而各异,科学的制作方法也有利于保持鱼的营养不会丢失太多。

　　　　　　　不吃河豚不知鱼味,
　　　　　　　吃子河豚百鲜无味。
　　　　　　　拼死吃河豚。
　　　　　　　皮涨子麻血封喉。

　　河豚味道极鲜美,"吃了河豚鱼,百鲜无味",宁愿拼死吃河豚。这种说法虽夸张了一点点,若非河豚味之至美,怎能让人敢于冒着生命危险去试吃。
　　在朔风凛凛的冬季,溜河风、湖风、海风都能让渔夫受寒,用生姜、葱加黄糖煎服可以祛寒发汗,治疗伤风感冒的效果极好。大蒜又是治虫杀菌的"特效药",能开胃、增加食欲,所以渔家常常把它用来治疗痢疾,葱和大蒜自然成了治病颇为不便的渔民常备的家庭良药了。[2]
　　沈从文在《湘行散记》中写到的渔家之乐:

　　　　三三,这河面静中有个好听的声音,是弄鱼人用一个大梆子、一堆火,搁在船头上,河中下了拦江钓,因此满河里去擂梆子,让梆声同火光把鱼惊起,慌乱地四窜便触了网。这梆声且轻重不同,故听起来动人得很,这

---

〔1〕 资料来源:据太湖三山岛、镇湖、吴江、宜兴周铁等地老渔民口述,后整理记录。
〔2〕 马祖铭、何平:《太湖渔家风情录》,苏州市地方志编纂委员会办公室、苏州市政协文史委员会编:《苏州史志资料选辑》,《苏州史志资料选辑》第29辑,第290页。

种弄鱼方法,你从书上是看不到的。还有用火照鱼,用鸡笼捕鱼,用草毒鱼等种种方法,单看书,皆毫无叙述。我小船泊的地方是潭里,因此静得很,但有种声音恐怕将使我睡不着。船底下有浪拍打,叮叮当当地响。时间已九点十四分,我的确得睡了……

弄鱼的梆声响得古怪,在这样安静的地方,却听到这种古怪声音,四丫头若听到,一定又惊又喜。这可以说是一首美丽的诗,也可以说是一种使人发迷着魔的符咒。因为在这种声音中,水里有多少鱼皆触了网,且同时一定也还有人因此联想到土匪来时种种空气的。三三,凡是在这条河里的一切,无一不是这样把恐怖、新奇同美丽糅合而成的调子![1]

渔民夜间捕鱼,看不清鱼儿行走的水纹,也定位不准鱼儿踟蹰水下吞吐的水泡,渔夫靠生产经验中总结的"水声学"理论,以敲梆子为技巧,但是,"观察者"因为"信息不对称""隔行如隔山",所以感觉新奇、美丽。作者的"恐惧"来自船底下的叮叮当当的乱响和浪花摇晃浅梦。

"麋鹿食荐,蝍蛆甘带,鸱鸦耆鼠,四者孰知正味?"[2]鸡粪、臭蛆虫,都是鱼儿的饲料。以太湖野鸭为例,这种水生哺乳动物的大量繁殖不仅不会破坏水乡生态,反而有利于水域环境清理和鱼类繁殖。野鸭会吞食繁殖能力更强的蜗牛、水藻等绿色水草。野鸭的排泄物是鱼类的天然饲料,提升鱼类的繁殖力,而鱼类吞食水草、藻类,可以净化水体。作者说的"用火照鱼""鸡笼捕鱼""用草毒鱼",不仅内藏自然科学知识,更像艺术创造。

火照鱼,古老的捕鱼法。光照,让鱼儿兴奋,使其游向火光发出的地方,甚至会激其跳出水面,所以便于渔人捕捞。渔火点点,像星星,也能刺激鱼儿跳蹿,渔民获取鱼体的位置信息,可以精准地定位捕捞。画家沈周曾在阳澄湖边夜间挑灯作画,大闸蟹追随灯光涌入帐篷,其实,一半是因为灯照,另一半是因为沈周的徽墨用江南糯米熬汁制作而成,稻花味浓,为螃蟹所喜欢。

鸡笼捕鱼。这是渔民通过长期观察悟出的捕鱼法。鸡的排泄物为一些淡水鱼的天然饲料,一般直接将鸡笼子置于水中,笼子上每根编织物都有鸡粪味,吸引鱼儿自动钻入笼中。用鸡笼捕鱼,这种方法成本低,渔民可获取高收

---

〔1〕　沈从文:《湘行散记》,北京师范大学出版社,2013年,第179页。
〔2〕　《庄子》,方勇译注,中华书局,2010年,第35页。

益。鸡笼捕鱼，笼子得以清洗干净，节省养鸡者清理鸡笼子的体力劳动和时间的投入，一举两得。这种劳动技巧也只有在渔业经济活动中使用，其他产业没有。

用草毒鱼，是利用村肆旷野的草药毒鱼。鱼体触碰到一些草药会麻木、头昏，故大大降低捕捞的难度。

渔夫敲梆子的声音有韵律，鱼儿不懂音乐但害怕声音，逃跑的路径因梆子声音高低而改变，进入渔民设定的水域。

从全球范围看，人们享受捕鱼的乐趣，似乎比吃鱼更有趣。林语堂散文《人生的享乐》中有对"渔樵之乐""痴于鱼"的经典段落：

> ……想起渔樵之乐，中国文人画家每常乐道。但是这渔樵之乐，像风景画，系自外观之，文人并不钓鱼。惠施与庄子观鱼之乐，只是观而已。中国不是没有鱼可钓，也不是没有钓鱼的人，不过文人不钓罢了。真正上山砍木打柴火的樵夫，大概寒山拾得之流才做得到。文人方丈便不肯为。陶侃运甓，那才是真正的健身运动。陶渊明肩锄戴月，晨露沾衣，大概是真的，他可曾钓过鱼，然传无明文。赤壁大概鲥鱼很多而味美，东坡住黄州四年，可以钓而不钓，住惠州，住琼州，也都可以钓，而未尝言钓，不然定可见于诗文。不知是戒杀生，或是怎样。大概文人只站在岸上林下观钓而已。像陆放翁那种身体，力能在雪中扑虎，可以钓，而不钓。他的游湖方式，是带个情人上船，烹茗看诗看情人为乐，而不以渔为乐。
>
> …………
>
> 孟东野、李长吉都是如此。黄大痴也是如此。人生必有痴，而后有成，痴各不同，或痴于财，或痴于禄，或痴于情，或痴于渔。各行其是，皆无不可。
>
> 我最爱张君寿一首咏一对讨渔夫妇的诗：
>> 郎提渔网截江围，妾把长杆守钓矶。
>> 满载鲂鱼都换酒，轻烟细雨又空归。
>
> 人生到此，夫复何求？[1]

---

〔1〕　林语堂：《林语堂散文》，浙江文艺出版社，2007年，第180—182页。

吴歈·耘稻山歌·香草黄草一纳掳

（领）：耘稻（啊）要唱耘稻（啊）歌（啊），

（合）：（啊唷嗬唷嗬情啊）

（领）：两旁弯弯泥里（啊，啊）拖，

（合）：（哎嗨嗨唷嗬）泥里（啊，啊）拖，

（领）：眼观（啊）六尺要看棵里呀（啊）稗，

（合）：（啊唷，嗬唷嗬情啊）

（领）：香草黄草一纳（啊啊）掳，

（合）：（哎嗨嗨唷嗬）一纳（啊啊啊）掳。[1]

劳动号子文化力量能让劳作消除疲劳，提升劳动效率。农忙季节里水乡田园中的歌声软绵绵，歌唱助长心力，让农夫干劲威猛。吴方言"一纳掳"，即一齐拔除，一扫光。

三、非物质财富之暗能量

人类生活在一个物理世界里，万物之间存在万有引力。人类又生活在一个历史世界里，今人传承并创新古人之智慧，推动历史前进。"承"，是将前人的学术成果研习通透；"传"，是新的诠释，给人启迪与教育，学术创新的价值因此实现。

非物质财富之暗能量，是指科技促进经济发展，美育产生育人的力量。老子的"天道"与"人道"之间的关系，如同自然科学家在他们的"不确定性原理"推论中所说的"关系"；拉普拉斯认为自然科学发现的某些定律，不仅能制约其他所有事物，也制约人类行为。

人性中似乎天生有一种偏离社会轨道的心理倾向，而科技与美育的引力质量与惯性质量能矫正这种离心倾向。孔子与荀子对人性的认识，相反相成、对立统一。教育是使人性沿正轨运行的唯一引擎：性相近，习相远。

旧年江南，民歌僝僽，民俗幽幽，民歌源于劳动号子，用吴侬俚语唱，能提

---

〔1〕　20世纪90年代，笔者在田间采风中听到的民间歌谣。

升劳动激情。民俗幽幽,看不见、摸不着,但是它规范当地人们的行为。

江南文化引力场,虹吸优质劳动力、资金和技术。史念海在《历史地理学十讲》"富饶的经济区的历史演变"中说:

> 两汉之际,黄河流域社会动荡不安,南移的人口逐渐增多,已初步促进这里经济的发展,三国时期的吴国即借以崛起。后来,人口的大量南移还有过两次;一次在东晋时,一次在南宋时。东晋时,北方十六国割据起伏,黄河流域几无宁日,南宋时,女真族占据中原,对当地人民进行极为残酷的压迫。到了明代中叶,长江流域的户口就远远超过了黄河流域。特别是苏州、松江、常州三府的户口数合计,竟使全国的名都大省望尘莫及。人口众多,劳动力增加,当地的生产自然能够得到迅速的发展。[1]

人力资源是生产力主体,劳动者的劳动技巧、熟练程度与判断力决定了他们创造的财富。一般而言,劳动力追求高收入,资本追逐高利润,资金自然衍生利息,土地追求高租金,这是经济学原理。新古典经济学家阿弗里德·马歇尔认为:"经济力量和宗教力量共同塑造了世界历史。"[2]

> 孟子曰:"舜之居深山之中,与木石居,与鹿豕游,其所以异于深山之野人者几希;及其闻一善言,见一善行,若决江河,沛然莫之能御也。"[3]

《孟子·滕文公章句上》:

> 后稷教民稼穑,树艺五谷;五谷熟而民人育。人之有道也,饱食、暖衣、逸居而无教,则近于禽兽。圣人有忧之,使契为司徒,教以人伦:父子有亲,君臣有义,夫妇有别,长幼有序,朋友有信。放勋曰:"劳之来之,匡之直之,辅之翼之,使自得之,又从而振德之。"圣人之忧民如此,而暇耕乎?[4]

---

〔1〕 史念海:《历史地理学十讲》,第183页。
〔2〕 〔英〕阿弗里德·马歇尔:《经济学原理》,廉运杰等译,华夏出版社2012年,第1页。
〔3〕 《孟子》,杨伯峻译注,岳麓书社,2016年,第254页。
〔4〕 《孟子》,第102页。

　　虞舜看惯了狼奔豕突,听惯了寂寥凄凉,但是,当他闻一善言,听一善行,便采用推行,这种文化的力量,如同洪泛季节的江河决堤,澎湃汹涌,谁也阻挡不了。虞舜南巡狩,耕厉山、渔雷泽,规范江南人民开发自然地理和利用自然资源的尺度,保护原生态环境。

　　　　公孙丑曰:"《诗》曰,'不素餐兮',君子之不耕而食,何也?"孟子曰:"君子居是国也,其君用之,则安富尊荣;其子弟从之,则孝悌忠信。'不素餐兮',孰大于是?"〔1〕

　　孟子认为,表面上看,君子不稼不穑,但是他们不是硕鼠,君子没有白吃饭,他们是知识精英,向社会辐射精神力量,青少年信从他们,就会孝顺父母、尊敬师长、忠心而守信用,国家因此更平安富贵而有威名。

　　农业时代,江南人有自己的原始宗教信仰,他们崇拜大禹、天妃、岳飞等"偶像"〔2〕大禹是水利学家,他能看见蜀江之澜与蛛网水系之间的本质必然联系,疏导方法治水成功。天妃有神力,保佑渔民的生命财产安全。余英时在《中国文化的重建》中提到:"文化是一个民族的生活方式,主要是精神生活方面的事,如思想、学术、宗教、艺术之类,而关键尤其在'方式'两个字上。"〔3〕

　　卢梭在他的《社会契约论》中说:"人类起初是没有任何国王而只有神的;他们没有什么政府,而只信奉神的权威。"〔4〕江南渔民普遍信仰水神,这种信仰与追求生命财产安全的愿望紧密相关;渔民的祭祀活动也是和渔业生产有关。江南人民献祭神灵,有吴歌:

吴歈·渔歌

三月廿三逢社祭,舟头山下拜天妃。
那无疾病使心焦,龟卜看来纸马烧。
巫女跳神神降语,北朝圣众答南朝。

---

〔1〕《孟子》,第262页。
〔2〕大禹治水,水利是渔业、稻作生产的命脉。天妃和一些水神,能给出海、入湖的打鱼人以人身安全保障。岳家军的后代,自宋朝末年,大多逃往太湖以捕鱼为生,远离封建官府的追捕。
〔3〕余英时:《中国文化的重建》,中信出版社,2011年,第1页。
〔4〕〔法〕卢梭:《社会契约论》,李平沤译,商务印书馆,2011年,第144页。

> 湖上青山好埋骨，羞他水葬用棉兜。
>
> 樵夫招引指岩阿，掉首船头不一睐。
>
> 漫说此中堪架屋，怕他平地有风波。
>
> 早办罛篷出太湖，捞虾射鸭更思鲈。
>
> 一场春戏人回愿，不谢天妃谢圣姑。[1]

旧来风暴俗传频，二月余寒尚拗春。好买螺蛳放生去，观音诞日记令辰。水乡民众的精神世界中装满了各类神灵。

美国学者刘易斯·M. 霍普费、马克·R. 伍德沃德的《世界宗教》中说：

> 献祭是所有宗教中最普遍的习俗之一。在整个人类历史中，人类几乎将每一种能想到的物质作为祭品奉献给精灵、恶魔和祖先。最常用的祭品是动物，人们在神面前将它们宰杀，然后烧掉，或烧熟之后将它们吃掉。然后，几乎所有其他有价值的物品都曾被人们拿来献祭。稻谷、葡萄酒、牛奶、水、木材、工具、武器和珠宝，都曾被人类献祭给神。有时宗教要求举行人祭，但是在大多数宗教中，这是一个比较罕见的习俗。被用来作为祭品的人通常是在战斗中被俘虏的敌人，可爱的孩子或年轻人被特意选来送上祭坛的情况非常罕见。当宗教文学提到人祭的时候，人们通常将其视为说服神的一个极端而有效的方法。[2]

> 一些基本宗教中的献祭还意味着神灵与人类之间共同纽带的建立。祭拜者将食品带到圣地，为神烧掉一部分，再将剩下的部分吃掉或与整个氏族分享。这样，神灵和活人一起分享食物，他们之间的联系和纽带就得到加强。[3]

钱穆在《中国历史研究法》中写道：

---

[1] 光福渔民许阿根演口述。"西施"，鱼名，旧年江南的一种淡水鱼。

[2] 〔美〕刘易斯·M. 霍普费、马克·R. 伍德沃德：《世界宗教》，辛岩译，北京联合出版公司，2018年，第17页。

[3] 同上书，第18页。

　　我们该自历史演变中，寻出其动向与趋势，就可以看出历史传统。我们所谓历史传统，乃指其在历史演进中有其内在的一番精神，一股力量。亦可以说是各自历史之生命。这一股力量与个性，亦可谓是他们的历史精神。能使历史在无形中，在不知不觉中，各循其自己的路线而前进。[1]

　　历史精神，也是文化精神，能使历史在无形中，在不知不觉中，各循自己的路线而前进。它是影响社会变化的看不见的力量。

　　鱼米乡的渔民社会和农夫群体，他们的行业文化，生活方式与生产方式之间，存在一种相互作用的力量。非物质文化的暗能量如江南民歌，以吴方言说唱，它生在蛛网水乡的乡土文化，生命力茂盛。江南文化甚至出口到美国，比如网师园的殿春簃，在美国也有一个一模一样的精美复制品。陈正祥在《中国历史文化地理》中提到，园林文化移植到京城"清代的园林营造"：

　　　　园林的营造不能缺乏山水，没有山要造假山，没有水可自他处导引。西郊从海淀至西山一带，有山有水，是天然风景区，成为园林营造的重点。远在十一世纪初期，辽代便在西山修筑离宫；十二世纪末金章宗营造香山，进一步开发了香山的风景区。此后西山一带便逐渐成为历代帝王、显贵的游玩胜地。明代正德年间（十六世纪初），在瓮山原来的圆静寺一带经营园林，称为好山园。清代帝王更加奢侈，追求享乐，园林经营超越了元明两代。康熙时期的畅春园，乾隆时期的圆明三园（圆明、万春、长春三园，总称圆明园）、三山（玉泉山静明园、香山静宜园、万寿山清漪园），以及晚清大力经营的颐和园（原清漪园），都是大型的园林。北京所有的园林，不论皇家园林或私人花园，皆深受江南园林的影响，但也有其独特的处理手法和风格。一般而论，北京园林较江南为端重，但缺少开畅通达的活泼情趣。

　　　　……

　　　　圆明园、长春园、万春园三园之中以圆明园为最大，共有十八座大门。三园的布局以水景为主，水面与陆地交错，多作小面积分割，仅圆明园东

---

[1]　钱穆：《中国历史研究法》，三联书店，2001年，第7页。

部的福海面积较大。三园的建筑又各有不同的风格,圆明园前部为朝廷区,自大宫门经"出入贤良门"直到"正大光明殿",建筑物分布有严肃的轴线;唯北部和东部福海的处理较为自然。长春园水面规划较圆明园稍为宽阔,北部有仿意大利文艺复兴式样建造的"西洋楼阁"群组和喷泉等西式园林建筑。万春园因借旧有名园的规模,设计水平较高;水陆规划较为自然生动,建筑趋向于小巧玲珑。总而言之,圆明三园是一个极优美的园林作品,在湖溪、山石、殿阁、台榭之间,栽种无数珍贵花木,并收藏历代保存下来的文物精华,被全世界赞美为"万园之园"。不幸经 1860 年及 1900年英法联军和八国联军的焚毁劫掠后,现在只剩下一个废墟,所可看见的是许多巨大的石基、断柱和残垣![1]

江南园林文化的生命力强,所以传播到北京、洛阳以及海外。但是古典园林之根,在江南,在苏州。

鱼侃,字希直,晚号颐庵。明朝苏州府常熟人。明永乐二十二年(1424)进士及第,先后担任刑部工部主事。苏州双塔背影墙上的石刻记载道:

> 鱼侃为官多年,生活却一直清贫。有一次,他卧病在床,虚弱至极,双足竟不能着地。家里没有可吃的食物,他的妻子搜罗了家中可食之物,熬了一碗麦粥端给他吃。面对清廉的丈夫,妻子不免也有怨恨之色,每次在递粥给丈夫时,都会流露出不悦:"清官大老爷,麦粥在此,敬请享用吧!"

艰苦的生活中,鱼侃始终坚守着儒家知识分子的操守,怡然自若,甘之如饴。常熟当地的官员知道他的处境以后,实在看不下去,想通过馈赠的方式接济他,但都被鱼侃婉言谢绝了,于是民间有了"第一清官第一贫"的说法。

鱼侃,是官员,也自认是公民。公民的担当感、社会责任感生长于他的灵魂深处,江南文化精神无时不滋润他的血脉。关于公民的担当和公民意识,亚当·斯密如此解析:

---

[1] 陈正祥:《中国历史文化地理》,第 200—204 页。

既是一个完整的个体，也是某个家庭、某个国家，乃至整个人类社会一分子的一个人，他的快乐与完美究竟在于什么样的境界，是古代的道德哲学想要探究的课题。在那一门哲学里，人生的各种责任被认为是有益于人生快乐与完美的附属课题。但当道德哲学，以及自然哲学，被当作只是有助于神学研究的附属科目在传授时，人生的各种责任则被认为主要是有益于来世快乐的附属课题。在古代哲学里，美德完善被认为必然会给具有美德的人带来最圆满的今生快乐。现代哲学却往往认为，美德完善通常，或者不如说几乎总是，和任何程度的今生快乐不能并存；而人若想要进入天堂，只有靠忏悔与禁欲修行，靠僧侣那样的极端朴素与自我贬抑；而不是靠慷慨磊落、豁达大方和昂扬奋发的实际行动。现代各学校的道德哲学，就大多数学校来说，大部分的内容是诡辩的决疑论（casuistry）与某种禁欲修行的道德。所有哲学部门中显然是最重要的那一个部门，就这样变成显然是最堕落的部门。

总之，在欧洲大部分的大学里，普通的哲学教育课程就是这样。首先教理则学；再教本体论；圣灵学（Pneumatology），即各种论述人类灵魂和神灵性质的学说或教条，排在第三位；接着排在第四的，是某种腐化变质的道德哲学体系，因为道德哲学被认为直接牵连到各种圣灵学的教条，牵连到人类灵魂生灭，也牵连到，基于神的正义审判，来世可以预期的那些赏罚；最后结束整个课程的，通常是一个极其简短肤浅的物理学课程。[1]

亚当·斯密所说的那个历史时期的欧洲大学，开设神学、物理学、数学等课程，通识教育，重在"育"，养成公民的担当感，再做人做事。

《国富论》中说道：

在古希腊的各个共和国，每一个自由民都在地方行政长官的督导下接受体操和音乐教育。体育训练的用意，在于使自由民的身体结实，使他的精神敏锐，使他可以应付战争的极端疲劳与危险；而根据所有的记录，希腊的国民军，是世界上曾经有过的一支最好的国民军，所以他们的这一部分公共教育，必定已经充分达成了他们所规划的目的。公共教育的另

---

[1]〔英〕亚当·斯密：《国富论》，第618页。

一部分,即音乐教育,其用意,至少对曾经为我们述说过那些教育机构的哲学家与历史学家来说,在于教化人心,使人心升华,使人性温和,使人乐于在公、私生活中履行所有的社会与道德责任。[1]

"治人事天,莫若啬",使用精神文化的力量治理国家,比使用经济手段的效果更佳。老子的"道"是暗能量:

> 视之不见,名曰"夷";听之不闻,名曰"希";搏之不得,名曰"微"。此三者不可致诘,故混而为一。其上不皦,其下不昧,绳绳兮不可名,复归于无物。是谓无状之状,无物之象,是谓"惚恍"。迎之不见其首,随之不见其后。执古之道,以御今之有。能知古始,是谓道纪。[2]

"道"的力量,是向心力,治理国家的暗能量,百姓灵魂归附:

> 治人事天,莫若啬。夫唯啬,是谓早服;早服,谓之重积德;重积德,则无不克;无不克,则莫知其极;莫知其极,可以有国;有国之母,可以长久。是谓深根固柢,长生久视之道。[3]

非物质文化的能量来源于物质财富。江南全体劳动人民创造的食物、生产资料等物质财富曾是明清封建政府财政的半壁江山。苏、松、常三府,是江南物质财富最发达的地方,为明清政权之经济基础。

四、名城中的田园交响曲

挖地掘池,人工穿凿,将太湖奇石、假山、无源之水、花草名木结合在一起,古典园林诞生。园林中的各种事物,高低起伏,若音程变换,或大或小,增添曲美。江南园林的调性多为 e 小调或 c 小调,柔情缱绻,若吴侬语软。或 F 大

---

[1]　〔英〕亚当·斯密:《国富论》,第 620 页。
[2]　《老子》,第 34 页。
[3]　同上书,第 143 页。

调,像西湖,皇家霸气。江南园林中的流水鸟鸣、万籁之音,组成和声,或纯四度、纯五度,为吴歈之音。

　　水资源是江南地表最丰饶的自然资源,江南名城无一不身在水一方。园林流水,有 4/4 拍,4/3 拍,4/2 拍,三连音和声粼粼然皱碧铺纹,水中有锦鲤,自然奏响的田园交响乐。乐声为江南丝竹演奏的小夜曲,若春溪泻玉。

　　江乡的江流有长江、青弋江、吴淞江、娄江、黄浦江、甬江、富春江和新安江。长江有春江花月夜之柔情蜜意,钱塘江有钱王之威猛和浙江潮之汹涌,甬江有"上海滩"的童年模样与浙商投身商海之气势奔放,富春江边最宜人,青弋江之木帆船成就了江东第一城之"米市",新安江流将徽州商人"贾而儒"精神运输到江南。江流,承载不同的文化个性,合成江南文化共同体。

　　江乡的每一条"江流宛转绕芳甸",与埂上的"月照花林皆似霰",自成高低声部,演奏涛声、江月、鱼跃、鸟鸣、林风、归舟、渔歌和游子的诗情。

　　园林是田园山水之浓缩。波形长廊,若江南民歌,婉转细腻,优美含蓄,若柳三变的婉约诗派。波形长廊,见证金陵十二钗之爱情追逐,也留存投河自尽之心心尽碎之泪痕。园林,一年四季花开花谢,休止符很少,恰到好处。每一个角落,都精致细腻。

　　水,也是风景,风景进入知识艺术家的脑海,知识者的精神世界产生动感,助力产出江南民乐、江南绘画。对于江南文化的创造者而言,水是他们精神地理中最重要的"物象"。

　　流水带领光阴、带领游鱼、带领秀波粼粼、带领鱼鹰鹮鹮、带领子夜繁星,从江南名城走过,留下美食万千与光阴的故事。渔火熠熠、游鱼汹汹、鹭鸶翔翔、渔歌唱晚,谱成了田园交响曲:

江 南 渔 乡 情

渔火熠熠,游鱼汹汹。

渔火悻悻,游鱼颗颗。

渔火焯焯,游鱼殢殢。

渔火朏朏,游鱼敉敉。

渔火姃姃,游鱼趑趄。

渔火烁烁,游鱼泄泄。

渔火敫敫,游鱼媛媛。

渔火炯炯,游鱼凪凪。

渔火旷旷,游鱼矅矅。

渔火焞焞,游鱼沩沩。

渔火炜炜,游鱼虵虵。

渔火爠爠,游鱼谁谁[1]。

　　黄浦江景体现海派文化气质:清晖脉脉水粼粼,软泥上的青荇,油油地招摇流泪的片片愁云;一夜朔风紧的季节,鹅毛朵朵自天国临幸沪城,阶墀随上下,江面任浮漂;陆家嘴冰盘堆绛雪、玉蕊撩香尘。青弋江流承载帆船悠悠,满驮皖南白粮,聚财芜湖米市。甬江外滩是宁波商人背井离乡创制财富与梦想之起点。吴淞江,旧年黄金水道,便利了苏城连接沪城市场。秦淮河荡漾秦始皇的梦,也荡漾"河东君"之痴心律动。泛彼心舟,在彼灵河。髧彼两髦,实维我特。浪奔浪流,荡漾爱意。

　　江南奇石会说话,会奏乐。奇石,是大自然散落的美,是无声的诗、无朽的画。沪是古典园林的云根山骨。园林中的奇石形若音符,堆积出田园生命律动之和声。园林中的动物形象石,最具律动感:石猴淘气,碎弹琵琶;猋狿健硕,重击架子鼓;石蛇响尾,演奏江南丝竹。

　　亿万年时光为玲珑坚石染上色彩。数百对春秋妆抹楹柱。2 500 多圈年轮擦身阊间大城走过。飞鸟虫鱼在空中与水面舞动自己的旋律。中国文人对奇石情有独钟,曹雪芹爱石如痴,创作出《石头记》这天下奇书。

　　奇石与梅兰竹菊,似乎有同样的品德和文化内涵,只是,石头长命无绝衰,而梅魂花神只会悄悄潜入有缘人的梦。

　　姑苏城就是一个大园林。绿浪东西南北水,太湖奇石满城堆。苏城如画,若非三山岛奇石千千万,哪得姑苏城之俊俏压江南。江南名城,姑苏城距离三山岛最近。

　　江南名城,因水而生。三江、太湖、漷湖、淀山湖、东海、长江、富春江构成的蛛网水系,串联着密集的城镇。海湖河荡是自然地理中的物,又是精神地理中的音乐艺术。

　　海派文化,赫赫奕奕,动势若浪奔浪流之黄浦江水。吴歈伴奏欸乃声,也

---

[1]　李勇:《江南渔文化研究》,第14页。

能见证黄浦江畔灿烂的历史文化。沪城,因水而生,绵延数千年。

中元节自黄浦江出吴淞泛海

陈去病

舵楼高唱大江东,万里苍茫一览空。

海上波涛回荡极,眼前洲渚有无中。

云磨雨洗天如碧,日炙风翻水泛红。

唯有胥涛若银练,素车白马战秋风。[1]

豫园,是一篇凝固的乐章。曲桥、洞门、宝瓶门、置石、拴马桩、古亭、地铺、环、花窗、惊鸟铃,[2]片山有致,存石生情,置石,最能够用简单的形式体现最深的意境。石头,有纳福盈寿、修身养性、静心怡情之功能。蓊蓊古木,蓊蔚洇润。亭台楼阁,气宇轩昂。喓喓草虫,趯趯阜螽。山圆日静,花径风甜,时间轮回的痕迹,就在春荣秋谢之过程中。

上海民俗

沪剧《家·别·门》以沪上一个普通家庭的故事为题材,吴语说唱,丝竹器乐伴奏。演唱风格流畅、细腻,旋律优美,若黄浦江深恋苏州河。以下用上海话说唱:

女:独步梅林影孤单

风吹梅花欲断魂

昔日梅林依然在

旧事翩翩涌上心

我与他

青梅竹马眼前事

情意相投私定亲

到如今

---

〔1〕　徐中玉主编:《中国古典文学精品普及读本·近代诗词文》,广东人民出版社,2019年,第22页。

〔2〕　宝瓶门,寓有"保佑平安"之意。

> 一场春梦难挽回
> 只落得
> 一缕青丝空余恨

男：未见梅时心想梅
　来到我家常避开
　母女即将回家去
　此时不谈何时谈
　不见梅时心恍惚
　此时一见心欲碎

女：痴痴望，心欲碎
　彼此相见口难开
　不见他时倒还罢
　此时一见更伤悲

梅林上空的阳光、星光、月光和江南雨，因为爱情的诞生更加暧昧缠绵。

小巷中的海派文化，精巧细奇，岁月如歌。上海早餐时段里，大饼、油条、粢饭、豆浆同生煎混合的蚀骨酥魂之香气充斥大街小巷。从上海早餐的构成来看"纳百川"和精致细腻：大饼薄面、油条纤细，形如沪上美少年。不似苏北的大饼如车轮，油条像擀面杖。

"上海灯笼"随风摇，奏响深巷中的交响乐。"上海灯笼"照耀的深宅窄巷中，特别在节假日，精巧秀美的蜡烛红灯笼低低挂在屋檐下，增添出大都市的洋洋喜气。[1]

渔耕者的吴方言文化资源，来自田园、山野的风和泥土的气息。海派艺术来自民间，生有山水田园之灵魂。

海派文化的声音，更有一番精美。上海民歌民谣，是渔耕者之民间科学与艺术载体，以口传心授传承发展，为海派文化之"营养源"。

民歌大致分为引歌、劳动歌、生活歌、风物歌、情歌、仪式歌、时政歌、历史

---

〔1〕 上海灯笼制作，是上海传统手工业之一。灯笼的躯体仿动物的身体，比如十二生肖等，造型生动。每逢节假日，"夜上海"满城劲挂红灯笼。

传说歌、对答歌、儿歌等,它反映了人们较长时间的生产生活面貌。上海地区汇集的民歌,绝大多数是在 20 世纪 80 年代时民间文学大规模采集活动中,由上海市当年各区县广为收集的民间歌谣。从上海地区的民歌中,可以考察到长期积累的上海历史文化和民间生活状况的细节真相。

上海民歌温婉细腻、含蓄优美、清雅秀丽、表现细腻、取材广泛、情调委婉、形式朴实,是水乡农夫的气质。上海田山歌主要传唱于水稻耕作区域,在音乐与文学特征方面独树一帜,较为全面地反映江南稻作文化区域民歌中所具有的独特艺术价值和欣赏价值,并且具有较高的民俗研究价值。

上海无山,淀山湖中的淀山隐身水中央的粼粼碧波中。田山歌是农民在耘稻、耥稻时,由一人领唱,众人轮流接唱的一种歌唱形式,又称吆卖山歌、落秧歌、大头山歌。现主要流传于青浦、金山和松江等地区。吆卖山歌的演唱形式由合唱、独唱以及吆卖山歌的演唱形式由合唱、独唱以及辅助词“虚词”前后承接唱等部分组成。落秧歌由独唱、男声合唱、女声合唱并反复重复。大头山歌演唱形式与落秧歌类似,也是反复演唱,吴侬语软,犹如满地嫩嫩秧苗,娇羞舞随风。

上海民歌民谣是江南民歌之组成部分,既有个性,也有江南民乐之共性。江南渔耕者在创制乡土食物和生产资料的同时,创制了乡土文化。海派文化的“物之源”与“文之源”同时被渔耕者在劳动过程中创造着。在平民教育不普及的漫长历史时段中,民歌、民谣是劳动人民传承劳动技巧和农业科学知识的唯一载体。民俗、民乐是农民的艺术独创,如同《诗经》一般,爱恨情仇、悠闲娱乐啥都有,是他们的精神世界的呈现。

海派艺术家博观约取、崇尚创新,他们将上海的民歌、民谣精炼成上海民乐,广泛吸收外来音乐文化中的长处,同时保持民族个性,使之更加儒雅精致。上海,黄浦江左岸的万国建筑的排列起伏,一年四季不间断地演奏着李斯特的《爱之梦》。

太湖蓬莱,是大自然赐给人类的艺术品,艺术家将大自然散落的美圈入城中的院落,生成古典园林。江南园林甲天下,苏州园林甲江南。园林,咫尺之间再造乾坤。咫尺山林,天下江南,青山隐隐水迢迢,冬至江南草弗凋。园中山石巍巍、水流徐徐、以木为林、以石为山、以池为海,回廊脉脉,厅殿轩峻,营造居住文化之完美境界。狮子林中,观太湖奇石,全音符、半音符、十六分音符,全都有。三山岛三连音音程长短,万般变幻,潇洒灿烂。

拙政园中别有洞天,全音符,春风吹洞,奏响 E 大调之主音。圆圆的窄窄吹孔,演奏"梅花三弄"断肠曲。园林中的"物象"搭配,若《古文观止》中的文字,很难改动,哪怕增减一棵竹子。

杭州

富春江,富春山居,茂林修竹、清流急湍,若丝竹管弦。曲水流觞,天朗气清,惠风和畅。三四月份,从西湖左埂之上的"双峰插云"到"九溪十八涧",身着蓝印花布的采茶姑娘一排一排采茶忙。竹筐中嫩绿点点,采茶姑娘指如碧玉,发髻鬖鬖。茶丛斩斩齐,山歌荡悠悠。

富春江流,若五线谱,游鱼汕汕,落花溶溶荡荡,杨花细细,鸟鸣谈天,蛩鸣哀怨,自成高、低声部。四季香风,招惹暗香的栀子花瓣,自成一曲优美的交响乐。

> 一径抱幽谷,居然城市间。
> 高轩面曲水,修竹慰愁颜。
> 迹与豺狼远,心随鱼鸟间。
> 吾甘老此境,无暇事机关。[1]

夜雨连明春水生,娇云浓暖弄阴晴。帘虚日薄花竹静,时有乳鸠相对鸣。夜雨连明春水生,就是沧浪亭前面的上流清粼粼。

苏 小 小 墓
李 贺

幽兰露,如啼眼。无物结同心,烟花不堪剪。草如茵,松如盖。风为裳,水为佩。油壁车,久相待。冷翠烛,劳光彩。西陵下,风吹雨。[2]

七月七日相思泪,夜半无人情浓时。但令心金钿坚,南国北国会相见。但是,痴情女偏遇负心汉。

---

[1] 本诗见于苏州沧浪亭"玉玲珑"墙壁上。
[2] 黄世中评注:《李贺诗选》,第 178 页。

苏州

苏州吴淞江,一江清流婉转,心约黄浦江,心跳的旋律若勃拉姆斯《D大调第18号匈牙利舞曲》,每秒的声波能穿越古今。

《红楼梦》的大观园中的山林田园,集江南地表最玲珑奇巧湖石山石于体态魁伟的粉墙内,芥纳须弥、咫尺乾坤,精致居住。

狮 子 林 观 雨

雷泽捞出玲珑石,排空罗列见新奇。

画手叠出狮子形,似狮非狮惊魂魄。

云林居士信儒雅,半粒俗尘染不得。

意匠剪裁出天然,世间园林失颜色。

一峰高耸一峰低,浑若群猊坐山脊。

齾缺昂首饮天露,薄醉飘飘站不住。

吐雾喷云动朔风,烟霞围住幽居僻。

风雨长啸万窍鸣,摩挲古石旧题痕。

"大观园"是原生态古典园林的典型代表作。曹雪芹的"大观园岁月"很短,因为荣国府在迎春娘娘香消玉殒不久即,朝堂无力维持贾家的特权与奢华,贾家被抄家,"江南织造"易主。

春 夜 即 事

霞绡云幄任铺陈,隔巷蟆更听未真。

枕上轻寒窗外雨,眼前春色梦中人。

盈盈烛泪因谁泣,点点花愁为我嗔。

自是小鬟娇懒惯,拥衾不耐笑言频。[1]

像晚霞、像云的丝织物是云锦、绡、幄,皆为江南丝绸上品,是豪门生活的常用品,也是寒门的奢侈品。

---

〔1〕［清］曹雪芹:《红楼梦》,第216页。

夏 夜 即 事

倦绣佳人幽梦长,金笼鹦鹉唤茶汤。

窗明麝月开官镜,室霭檀云品御香。

琥珀杯倾荷露滑,玻璃槛纳柳风凉。

水亭处处齐纨动,窗卷朱楼罢晚妆。

纨,细绢,极细腻的丝织品。锦衣纨绔,为富贵者的穿着,代指富家子弟。

秋 夜 即 事

绛芸轩里绝喧哗,桂魄流光浸茜纱。

苔锁石纹容睡鹤,井飘桐露湿栖鸦。

抱衾婢至舒金凤,倚槛人归落翠花。

静夜不眠因酒渴,沉烟重拨索烹茶。

冬 夜 即 事

梅魂竹梦已三更,锦罽鹴衾睡未成。

松影一庭唯见鹤,梨花满地不闻莺。

女儿翠袖诗怀冷,公子金貂酒力轻。

却喜侍儿知试茗,扫将新雪及时烹。

　　园林内部布局有厅殿轩峻、石砌高宅,也有农舍数楹、石井石磨,周围桃杏百花、喷火蒸霞。园林是自然资源和江南文化资源洽然融合的产物,依托水、石、奇花异草、古树名木等植被资源。

　　真山真水演奏的田园,以"实"时间为节奏,在金色麻花状的高音谱号和纤纤形的低音谱号右侧排列音符,组成和声,流淌旋律。"虚"时间里,是被艺术家的构思和原艺术谱写成"城市田园"。

　　说着,引人步入茆堂,里面纸窗木榻,富贵气象一洗皆尽。贾政心中自是欢喜,却瞅宝玉道:"此处如何?"众人见问,都忙悄悄地推宝玉,教他说好。宝玉不听人言,便应声道:"不及'有凤来仪'多矣。"贾政听了道:"无知的蠢物!你只知朱楼画栋、恶赖富丽为佳,那里知道这清幽气象。

终是不读书之过!"宝玉忙答道:"老爷教训的固是,但古人常云'天然'二字,不知何意?"

众人见宝玉牛心,都怪他呆痴不改。今见问"天然"二字,众人忙道:"别的都明白,为何连'天然'不知?'天然'者,天之自然而有,非人力之所成也。"宝玉道:"却又来! 此处置一田庄,分明见得人力穿凿扭捏而成。远无邻村,近不负郭,背山山无脉,临水水无源,高无隐寺之塔,下无通市之桥,峭然孤出,似非大观。争似先处有自然之理,得自然之气,虽种竹引泉,亦不伤于穿凿。古人云'天然图画'四字,正畏非其地而强为地,非其山而强为山,虽百般精而终不相宜……"[1]

上海豫园的玉玲珑、苏州留园的冠云峰和杭州西湖曲院风荷中的绉云峰,被称为"江南三峰",当江南雨季来临,在万窍含风的水夜,三峰能吟唱出最美江南小调。

昆曲曲文,唐风宋韵,念白儒雅,百戏之母。园林中听昆曲,与在其他任何空间听昆曲获取的愉悦感不一样。小桥、流水、飞虹,园林中的水面倒影假山、古木和奇花异草,醉吟江南小调。春、夏、秋、冬的节奏。乐章流畅,音程变幻有致,音阶跨度温柔如水。

园林中落叶像音符的翅膀。花神,云鬟半偏新睡醒,玉面浅羞金步摇。田园搬入城市,转移曲美,自然山水,人造山水。促织掷掷,声线柔美,石头若貌,狻猊一片好像打架子鼓,伴奏江南雨夜之缠绵。

《盛世滋生图》清徐扬1759年绘制的《姑苏繁华图》,解析了江南文化在江南大地上运行之旋律。首先从太湖开始。全图分"山前场院""灵岩寻幽""木渎名迹""石湖渔耕""江河相汇""运河舟楫""胥门港埠""万年桥畔""黄鹂坊桥""水陆闉门""山塘商肆""虎丘胜景"12个部分,至虎丘而结束。这一环形的巨幅,具体细致地描绘姑苏之繁华,实是乾隆统治下的富庶繁华的江南。

山前场院。烟波浩渺的太湖,兀然而立的山是胥山。近景是灵岩山下的山前村,农夫耕于野,村女织于内。场院上人群熙攘,有鱼贩、货郎、糖粥担、有挑青秧、担柴者,往来不绝,生意盎然。

灵岩寻幽。地处苏州西南郊,蔚然而佳秀。灵岩山又名砚石山、石城山、

[1] [清] 曹雪芹:《红楼梦》,第155页。

石鼓山、象山。山高 180 米,松林茂密,山路蜿蜒,游人络绎。岭西有书楼,岭东有野宴雅集,樵夫、佣者在旁侍候。

石湖渔耕。太湖之水自白杨湾北衍,经过越来溪汇集于上方山下而成石湖。湖中有茶磨山、天镜阁、楞枷山、吴山诸映带其间。九孔的行春桥与越城桥相连,双下的水道连接石湖与大运河。

江河相汇:胥江自西南来,是伍子胥设计开凿的水道,胥江穿枣市街,过怀胥桥,与贯通南北的大运河在此会合。南是盘门,北为胥门。城内之塔为瑞光塔,城外之三孔桥为吴门桥。远处流云环绕的城楼为葑门。

运河舟楫:胥门外的护城河也是沿城而过的大运河,近代的"江南河"因为苏州城市建设以及为了便利运输等原因最终远离苏州城。护城河上舟楫云集,百舸争流,商贸兴盛。越过城头眺望,可见城内宋范仲淹创办的苏州府学(即现在苏州中学以及文庙附近一带的建筑)、抚台衙门以及明宣德年间苏州巡抚周忱创建的禾丰仓等。

浮荡于水乡各处的大大小小的船只,是江南人的生产工具、生意工具,也是渔民的居所。行走在绿水清波河流或骑浪茫茫太湖,渔民"泛宅浮家、东涨西坍",创制一种风俗文化。"船只是人类在水面上活动必不可缺的工具,船只为人类捕捉水中的鱼类提供了便利,也扩展了人类的生存空间。"[1]渔民、农夫和商贩的生产生活都离不开船只,渔民手中的舟楫可以作为"渔具",划船的方法内含特殊的劳动技巧。

胥门港埠:清代胥门外为苏州水运总汇,沿护城河(大运河)南面延伸至盘门及东至城南护城河沿岸一带,北面沿护城河之阊门及七里山塘。这里是苏州最繁华的商贸经济带,粮食、苏绣、日用品等交换的最集中场所。画卷中的古城护城河两岸舟船并泊,码头林立,自南而北有大码头、接官厅码头、一摆渡、二摆渡等。沿岸多猪栈、粮油栈、烟栈、杂货栈等行栈,另有茶室、客寓、栈房(仓库或大型而简陋的客房)等设施。

万年桥畔:万年桥建于乾隆五年(1740),是进入苏州城的大通道之一。万年桥下沿城墙的街道为"半截街",是胥门外最热闹的地带。城内与万年桥相对的河流为苏州第三横河,与河平行的街道为道前街,道前街上有苏州知府衙门、皋台衙门重要行政机构。

---

[1] 〔法〕卢梭:《论人类不平等的起源》,第 23 页。

黄鹂坊桥：黄鹂坊桥，又名黄牛坊桥，建于宋皇祐五年(1053)。黄鹂坊桥跨府城内"三横四直"河道的第一直河，桥东为皂衙前，桥西为黄鹂坊桥街，今日统称为景德路。街之东口，南接学士街，北接吴趋坊。

水陆阊门：阊门是春秋吴王阖闾所建吴国都城八门之一。辟有三门：西上吊桥，跨护城河(大运河)而达上塘一带；南通南码头；北联外水关桥而至北码头。城内为阊门大街，桃花坞大街，太伯庙等，远处为北寺塔、平门，北城墙内为菜地、兵营等。明代资本主义萌芽至清代，有很长一段历史时期，苏州以阊门为中心的南北外城河商贾云集，为江南最繁华之处。唐寅《阊门即事》诗中描绘：

> 翠袖三千楼上下，黄金百万水西东。
> 五更市贾何曾绝，四远方言总不同。[1]

山塘商肆位于山塘街，原名虎丘路。有"七里山塘七里船"之称，为苏州著名商肆或商业手工业一条街。这里手工业主要经营盆景花卉、精工竹器、漆器盘盒、古玩玉器等。山塘河岸上绿树掩映，楼台处处，江中舟楫荡漾，波光粼粼，为吴中佳处。当今这里已经与虎丘风景区开发紧密相连，是"苏州的客厅"，也是独具苏州文化风味的历史文化一条街。

虎丘胜景：虎丘，又名海涌山，相传吴王阖闾死后葬于山下，三日后有白虎踞于山上，因名虎丘。山虽然很小，但绝岩纵壑，幽奇古朴。山顶有五代云岩寺塔，后因地震而倾斜。另有剑池、白莲池、生公讲石、千人墓、真娘墓等文物古迹。

《姑苏繁华图》图卷全长1225厘米，宽35.8厘米。画家运用了绘画的长卷形式和散点透视技法，以太湖和府城西南诸峰为依托，由西而东而北，穿过水乡的村庄、市镇、府城西部的护城河沿上的胥门万年桥及阊门内外最繁华一段，经过著名的山塘街，至姑苏名胜虎丘山而结束。

《姑苏繁华图》起止路线和取景范围，体现了苏州历史悠久、经济繁荣、人文荟萃、风景秀丽的精华所在，也是康熙、乾隆南巡屡到之处。图卷重点描绘一村(山前)、一镇(木渎)、一城(苏州)、一街(山塘)的景观，反映了江南的湖光

---

[1]　苏州阊门外，碑刻。

山色、流水人家、田园村舍、古渡行舟、沿河市镇等形形色色的人物风情。画卷中约有 12 000 余人物,舟楫排筏近 400 只,各式桥梁 50 余座,市招约 260 多家。

画卷构思巧妙、疏密有致、笔墨精细、规模宏大,至今按图索骥,地貌风物仍无多大变化。风景观赏,耐人寻味。"姑苏繁华图"是"重现姑苏繁华"的重要而珍贵的历史文献。叶圣陶曾说,"《姑苏繁华图》如实记录了清朝乾隆年间苏州繁华兴盛的景象,可以看到二百年前苏州的风物和民情"。

宁波

甬江,外滩,曲美。年初的甬江流水,像德彪西《亚麻色头发的少女》,曲子清新、恬静、优雅,充满宁波商人创新创意的活力冉冉。

芜湖

长江,青弋江四季看见帆帆商船,拥进大江之宽宽怀抱,吟成"德沃夏克第九交响曲第二乐章"。

南京

燕子矶添艳石头城,长江之枢纽,秦淮河流淌着江南商业文化,记录金陵灿烂的过往。

扬州

扬州的瘦西湖、大运河、园林、徽州文化、扬州画派、淮扬美食、民风民俗,合成一曲多声部古今交响乐:

> 扬州的古迹名胜很多,我去过两次也没能全看到。不过主要的风景点都分布在西北部,而且集中在以大明寺、瘦西湖为中心的两个地区。瘦西湖离市中心较近,是通常人玩耍的公园;大明寺稍远,文化气息深入了一层,而且牵涉古代中国和日本的关系。此外还有一些分散的名胜古迹,像史可法祠墓、普哈丁墓、天宁寺、个园、何园、文峰塔、小盘谷、文昌阁、石塔寺、仙鹤寺等,如果时间许可,也都值得一看。其中文峰塔和普哈丁墓在古运河畔,文昌阁和石塔寺在市区内。

　　瘦西湖系由河道扩充而成，形状狭长，又在西边，故称瘦西湖。它的面积远比杭州西湖为小，风景也无从比拟，位置在旧扬州城的西北侧。清代初年长时期担任江宁织造、《红楼梦》作者曹雪芹的祖父曹寅（1658—1712），曾用"陂塘落日张云锦，乘兴来游丈八沟"的诗句形容这一带的河道，可见该处原先的水面并不宽畅。[1]

　　郑板桥是"扬州八怪"之一，画风风格独特，立意创新能力强。他的《竹石画》，将秀竹、奇石画在一张宣纸上，意在表现自身的品格。

　　江南丝竹，流行于旧年江苏南部和浙江一带。辛亥革命后，在上海地区得到较大发展，相继成立了"钧天集""清平集""雅歌集""国乐研究社"等组织。江南丝竹的乐队编制一般为 7—8 人，少者 3—5 人。经常演奏的曲目有《欢乐歌》《云庆》《行街》《四合如意》《三六》《慢三六》《中花六板》《慢六板》8 首，号称"八大名曲"。此外，《老六板》《快六板》《霓裳曲》《柳青娘》《鸽飞》《高山》《流水》《叠层楼》等乐曲也较流行。

　　江南丝竹的演奏技法和音乐风格蕴藉含蓄，包含着追求谦冲、协调的深刻文化内涵，在民族音乐史、戏曲、民俗等方面深具实践和理论研究价值。

　　参加丝竹演奏活动的主要成员是中上层市民，他们的社会地位是不稳定的，向往安定富裕的生活，在音乐上的反映则是将乐曲一再地放慢加花，追求幽闲雅致的情趣。当时的乐社有"国乐研究社""上海国乐研究会"等。到 1922 年"大同国乐会"成立后，"江南丝竹"则是更上一层，出现了正式的谱子，灌制了许多唱片，"春江花月夜"就是由"大同国乐会"整理出来的；该会还创新许多仿古乐器瑟、箜篌、阮、埙等，为继承和发展民族音乐作出了卓越的贡献。孙裕德先生领导的"上海国乐研究会"在演奏形式上对"江南丝竹"进行了改进，从茶馆家舍搬上了舞台。从此"江南丝竹"登上了大雅之堂。

五、吴歈中的科技与美育

　　旧年江南，渔耕者文化水平低下，吴歈便发挥了传承渔耕技巧、熟练度与

---

〔1〕　陈正祥：《中国历史文化地理》，第 275 页。

判断力的作用。掌握天象地象之变化规律,对于渔耕者的生产生活很重要。科技与美育,自然孪生,吴歈是渔耕者学习做人做事之"教科书"。

民歌,是劳动人民在征服与改造大自然的过程中创造的。人们通过观察自然物象变化与社会生产生活之"关系",发现自然规律。人与人之间的爱恨情仇,即人与人之间的"关系",也是民歌内容。旧年中国,劳动人民文化水平普遍低下,他们代代口传心授民歌,是知识传承方式。因此,民歌是下层民众认识自然与社会之教科书。

旧年江南,劳动人民在创造物质财富的全部过程中,大都喜欢使用吴方言。吴方言沟通便捷、高效,是江南经济发展的"外生变量"。随着经济发展,吴方言中有许多词汇创新:"德律风""喔克曼""戤司"等。[1]鲁迅小说中的绍兴话,为越语,汉语言很多词汇创新都来自方言,先有语言,再有文字,吴方言中有许多词汇被汉语词典吸纳。

先有语言,再有文字。蘇、滬,两个汉字,可以打通江南文化之古今。蘇,鱼米之乡之原型。艹,水八仙,浆麦草,稷。鱼,东海和太湖约有两万多种鱼类;禾,水稻。滬,渔具,形容清癯。借力海洋潮汐,"滬"形若瓮。

吴歈,吴方言说唱艺术,口头传承,一代复一代。吴歈传承农业科技知识,生活美学知识。吴歈,是江南劳动者之歌。它传承的科技与艺术,既能提升劳动技巧,又能愉悦劳动者的精神。

农家十二个月[2]

正月十五是元宵,灯会庙会浪轧闹忙。
一年生产春开头,隔冬芸生要管好。[3]

二月十二百花节,喫仔撑腰糕生气力。[4]
妹割青草哥罱泥,种出芸生崭崭齐。

三月初三清明节,青团粽子上坟去。
选种浸种要认真,种田落谷勿可稀。

---

〔1〕 英文 Telephone,电话的英文音译。英文 walkman 译成"喔克曼",戤司,英文 gas 之音译,煤气。
〔2〕 20 世纪 90 年代,作者"枕河而居",记录日夜听到的吴歈,歌者姓名不详。
〔3〕 吴语的"芸生",即"庄稼"。
〔4〕 江南民俗,二月二吃"撑腰糕",粳米米粉制作的米糕。

四月谷雨是蚕时,陈丝陈绵藏进橱。

养蚕娘娘面勿揩唻头勿梳,喂蚕采叶缫银丝。

五月黄梅起"三时",端午酒喫得油滋滋。

满地黄金满垄珠,抢丝夺麦偷菜粒。[1]

六月初六日头毒,肉馅馄饨锅里落。

耘田摸草当狗爬,一地汗水一把谷。

七月月半祭亡人,社台基浪看戏文。

焰田打稗趁间做,柴长谷多争收成。

八月十五月当空,鲜菱嫩藕斋月宫。

种田早不如养米老,水肥调匀放害虫。[2]

九月初九重阳日,毛豆芋芳是粮食。

青菜萝卜多塞塞,喫用开销靠副业。[3]

十月小春朝朝晴,冬节团子孝双亲。

粳稻糯稻一起倒,干柴白米砻糠净。[4]

十一月寒潮着絮袄,鸡鸭牛羊长肉膘。

种足春花积足肥,春熟麦收保得牢。[5]

十二月廿三忙送灶,大男小女灶里煨年糕。

一年辛苦一年忙,柴堆大唻米囤高。

　　十二个月,就是渔耕者的"一辈子",吴歌中能看出旧年江南精致细腻的农业生产。青团,粳米米粉加浆麦草之汁制作。浆麦草,水乡特有的物种,草汁

---

[1]　"偷时间"抢收油菜籽,万一遭雨淋,油菜籽很容易霉烂变质。

[2]　江南民谚"麦要抢,稻要养",成熟的麦子若遭遇阴雨,影响当年收成。而水稻则不然,稻米成熟的季节,江南雨水不多,稻粒尽量在水田里灌浆充足,然后收割,增加"生产者剩余",米饭的口感更香浓。

[3]　塞,意思是"吃",有"糊口"之意。北方土话有"搋饭""胀饭"等口头语。

[4]　砻磨,去谷壳的石制工具。

[5]　春花,江南水乡的一种草本植物,春天开紫色小花,有香味,可以食用。"春花"长得满山遍野,可以用于制造绿肥。

中斟漏充足的江南初初春色,即使经过高温蒸制,入口还是江南仲春旷野所有的浓郁气息。春花,是水乡的一种绿色植被,长势茂盛,落红遍地,农夫割去沤绿肥,化作春泥再新生,哺育稻谷、果蔬、茶林等经济作物。

　　吴语的歌谣,特别讲究押韵,入耳具有浓郁的美感。歌谣中的"物象"和季节变换,依然是如今的江南。歌谣中的美育,待到清明节、中元节,后人给前辈定期送去些许慰藉和爱意。吴歌歌词中的"物象",都是江南地表资源。软语温存,柔情缱绻。

吴歈·苏州城里尒一双荡湖舟

苏州城里尒一双荡湖舟,
小小的圈篷水面上浮;
单绢詑绫绸;
茉莉花篮挂船头;

有一位姑娘坐啦朗后艄头;
白衬衫;
圆领头;
香珠挂胸头;
茉莉花球两边有;
手里拿把鹅毛扇;
嘴里唱支夜夜游;

有位大爷们;
下船来;
要叫姑娘敬杯酒;
大爷拉开子瓶袋口;
小小圆四摺双手:
"送拉姑娘打一双小镯头。"[1]

　　"荡湖舟"于姑苏阊门外、南京秦淮河畔、钱塘苏小小家旁边的西湖岸,都

---

[1]　顾颉刚编:《吴歌甲集》,第120页。

是江南文化繁华地。"单绢詫绫绸",是绸绢双层的帷幔。"啦朗",在也。"后艄头",船后头。"夜夜游",江南民歌,曲词不详。"瓶袋",旧年江南人使用的长形之囊,若端午节的荷包。袋口摺紧,取物时拉开,如同现在的手提包。"圆四",银锭之名。"摺双手",授出,意思是以手授之于唱歌的小姑娘。

吴方言演唱的水乡民众生活片段,歌词中的"物象":舟、绢、绸、茉莉花、圆四、瓶袋,都是用江南地表资源制作的物品。

吴侬软语,水面演唱,和声清流泻玉,歌声与波光潋滟共鸣。

七岁小娘学拔秧[1]

七岁小娘学拔秧,
秧又短来稗又长;[2]
眼泪汪汪想爷娘,
哥哥嫂嫂齐齐话:
"落里来个闭粥饭养姑娘!
正好小娘来听见:
"覅吃哥哥分家饭;
儭着嫂嫂嫁时衣!
开爷屯,吃白米;
开娘箱子着娘衣!"

后来小妹来出嫁,
哥哥只破饭箩;[3]
到子夫家着纤罗,
"哥哥到我门上来借债,
我教哥哥雕上坐;
我数梅香开米屯;[4]

───────────

〔1〕　顾颉刚编:《吴歌甲集》,第59页。
〔2〕　稗子,是稻田害草。一年生草本植物,叶子像稻,籽实像黍米,可以用于酿酒或作为牛马的饲料。
〔3〕　竹子制作的食器,江南丰产毛竹,城乡居民普遍使用这种精美、廉价的竹器,独具水乡特色。
〔4〕　"梅香",婢女之通名。

我教安童撑下船，〔1〕

同胞姊妹看娘面，

千朵桃花一树生。"

熟慈姑吃子忍忍气；

生慈姑吃子点点在心头。〔2〕

一只花船摇进浜〔3〕

一只花船摇进浜，

四面花窗亮澄澄，

提起金锣敲三记，

娘房里小姐哭三声。

娘叫囡囵勿要哭哉，

再歇三年抱外孙。

回头爹爹声，

大红裙子绿飘带；

回头姆妈声，

坐桶脚盆坐外孙；

回头哥哥声，

千朵桃花一树开；

回头嫂嫂声，

青菜秧，白菜秧，种勒园里不久长；

回头隔壁小姑娘声，

拆散淘伴呒心相。

黄昏卫戌时勒浪娘房里，

半夜子时路浪行，

日出卯时拜家堂。

〔1〕 "安童"，幼仆之通名。梅香取米烧饭，幼仆下船取鱼，"鱼米乡"的待客礼仪文化。
〔2〕 慈姑，"水八仙"之一。刚采摘出水的慈姑，清香沁人心脾。
〔3〕 苏州市文学艺术界联合会、江苏省民间文学工作者协会苏州市分会编：《吴歌》，中国民间文艺出版社，1984 年，第 132 页。花船，旧时江南水乡迎娶用的挂灯结彩的舟船。回头，吴语，指告别。

渔民世代传承、曲不离口的渔歌,是渔民相互沟通的工具。受文化水平的限制,民间独门绝技如传统手工制作、酿制技术、家传武术,气象学、生物学等科学信息、捕捞技术,都在渔歌中得到反映。

而且渔歌借力水面,传播更远,音色更美,乐音的穿透力强。

从三山文化到 20 世纪末,江南水域、田间、山丘上的渔耕者,亦渔亦农。他们捕捞海鲜湖鲜、收割藻类、养牛羊猪驴、农耕、采石、植棉、种茶、养蚕、采伐竹木、采摘山珍果蔬,供给江南人民食物与生产资料,这是江南文化发展的物质基础。

六、文化资源之"不可分拨性"

文化资源之"不可分拨性",是指文化的传承与创新。所有科技创新、艺术创新,无不以传承为力之源。

江南文化中的科技与美育,具有高度的教育价值、永恒的科研价值和现实的应用价值。江南文化中的许多独门绝技,不仅达到了人类手工技艺的极限,现代科技也无法完成那般"精巧细奇"之技艺。本节重在提炼江南科学家、企业家的精神财富,解析民俗文化中的科技和美育。

宗庆后

盛世全才,于民润国。宗庆后是现代江南企业家之教父,茂实英声。江南文化的卓绝创新者。他的企业家精神(innovative spirits),跟着事业之脚步,成为企业文化经典。文化财富之育人价值,与日俱增。他改变了很多人的命运。他是改革开放至今,江南大地上民营企业家群体之"导师",浙商之精神领袖。布衣之雄,天性豪爽,驾驭江南地表资源,以科技创造物质财富。

布鞋老总,生长于江南文化区。创新务实,事业是他的乐趣。子曰:"好之者不如乐之者。"布衣之雄,终身怀揣愉悦的心境做事业,心力充足,体能充盈,"为员工打工"。

对于布鞋老总而言,他终身坚持以人为本,奉公守法,造福百姓,奉献国家。他认为,企业家的使命是创造国民财富。更需要社会责任感,有良心的财富才有意义。娃哈哈是他整个人生所有的梦,是他在这个世界上存在过的证明,娃哈哈实现了他的人生价值。他为时代提供的最大价值是更新观念,即"创新"。

中国历史,上下五千年,罕有布鞋老总那般朴实无华而又亲民的企业家。他是水乡泽国一个时代的"舵手"。生产什么?如何生产?为谁生产?这三个问题在布衣老总的历史使命里,是生产营养之水,让亿万中华少年,阳光健康地成长。少年强,则中华强。

娃哈哈产品的选料、科技含量、包装,跟着时光之矢的方向,创新再创新。布衣之雄,创新的脚步,一刻不停留。杭州胡庆余堂张宏辉,以中华传统文化,助力布鞋老总。产品追求精巧细奇,追求科技含量。

他主张利用现代科学,开发中医食疗的文化遗产。"品牌的基石一半是质量一半是诚信。"精准选择,成为布鞋老板事业成功之关键。娃哈哈救活了一大批行将破产的企业,滚雪球般地扩大财富创造,稳住了就业市场。

宗庆后喜欢读书,多文为富。他练就洞察未来之目光,能清晰看见"看不见的手"。时间与空间,在他眼里,似乎不存在。他掌握了现代市场经济的运行规律,科学认知市场,跟市场鱼水和谐,在江南鱼米乡,独领风骚数十载:

> 我用脚来丈量中国的市场,深入到穷乡僻壤、犄角旮旯,"中国市场地图"就是这样在水里火里、摸爬滚打中摸透的。[1]

布衣之雄,放逐岁月,火耕水耨,正是宗庆后文化财富蓄积之岁月路漫漫。"牛羊烦诃叱,筐筥未敢睨。"[2]舟山海滨,地力薄,庄稼低收成,农民吃不饱。灌愁海面,日夜送给他们苦涩的风。辘辘饥肠,咕咕噜噜奏乐,载饥载渴,也采摘蜜青果充饥。即使"空庖煮寒菜,破灶烧湿苇",茶苢如饴。炊烟呛人。他面对生活,依然是落拓旷达,随缘自足。他吃菜煎饼,吃相也谦谦君子。

农场里面的大水缸,井水泠泠,举一瓢饮,嗝嗝奏乐,五衷弗畅。生活给宗庆后之使命,是将泽国之水资源,通过科技创新制造,变成营养之水,造福中华,造福人类。

脚丫子亲近过的农场田园,脚腕上留有水蛭吮吸留下的印痕。漫长的夏

---

[1] 电视直播,笔者记录。
[2] 苏东坡的放逐岁月,自己种地,地薄收成差,所以"筐筥不敢睨",哪敢直面惨淡的收成。经常三餐都吃不饱,只能省着吃。

季,背上牛虻叮咬,蚊虫四散飞舞。蛙鸣和声夜风疏密,他懂得故乡的深味。

宗庆后在少年时代读遍当时能得到的所有书籍,知识蓄积完工,文化动能蓄势待发。他的生活异常清苦,陋屋,缺口碗,朔风挟持雪絮侵扰过的草床,旧枕,带补丁的蚊帐,布鞋,农场,一管辛辣,江南雨,竹篾斗笠,陆尘阵阵。十五载佗偬,何陋之有,此间他形成这样的认知时空:

> 要看得够深,望得够远,摆脱物质的一切羁绊,才能在一个更大的层面上抵达成功。[1]

20 世纪 80 年代的阳光滞留在他的面颊。他鱼食饭稻,浑身散发千里江南鱼米乡之馥郁冉冉。一只大闸蟹在他的餐桌上即为"奢侈品",采椽不斫。

90 年代的汗水,满储他的鞋窝中。布鞋,是器物,是文化。一双布鞋,最忆畎畎稻田、畦畦茶园、曒曒布衣之感觉与那个时段的生活滋味。务农劳顿,茅椽蓬牖,瓦灶草床,看扶摇纤凝,就米粉咸菜果腹,蚊虫为伴,日夜呼吸苦涩的东海风,蓄积家国情怀,充盈心窝。

长桥卧波,曲美如眸,慈善之王,慈眉善目。清波荡漾,朗目慈光,正是宗庆后之善意冉冉,灿若朝阳。西湖东坝,精美的武康石桥,桥身倒影湖面,恍若慈善家之黑睛宁静。他回望平湖秋月,看保俶塔坚,观点点星辰、熠熠渔火,泂泂故乡情。

江南雨,焗卷布鞋老总之鬌鬌黑发。江南雨打风吹面,他看见了企业家与弱势群体之间的本质的必然联系,满腔善意生成。他看见雨水之循环,财富之循环,时间数列上万物万象运动变化之"关系",即规律。

宗庆后怀揣大学梦,传承宗泽爱国主义之文化基因,成长为爱国至上的民族企业家。宿慧,驾驭脚步,事业腾飞。

布鞋老总,孤槛扁舟入商海,半枕海风,半枕激情。锦麣江南之厚地高天间,80 年代阳光沐浴,练就宗庆后商海骑浪帆帆之绝技。他坚信科学技术是产出财富之第一推力。又似乎是艺术家,巧手会烹饪缝衣,捕鱼种田,能将激滟汤汤,化成财富泱泱。

当雨水渗入地壳,他用熟练的双手,独特的劳动技巧,将天之来水,筛滤精

---

[1] 电视直播布鞋老总讲话,笔者记录。

炼,变成"国货之光"。

宗庆后将创新务实精神,珠联璧合于一体。他是"实践环节"中的经济学家,他经营的是环保产业。在市场经济大潮中,他总能不断创造差异性,创新稀缺性,给予娃哈哈企业蓬勃之生命力。

娃哈哈产品的科技含量与劳动者之品质,二者存在本质的必然联系。人品与产品,做人与做事之灵魂一致。娃哈哈企业的"慈善性",跟着布衣之雄的脚步,天然生成,以人为本,员工至上。娃哈哈企业的"环保性",是江南水资源遇见环保者的文化产出。他探究"回归自然"之理,娃哈哈自然清冽之饮用水,被布衣之王制作成功,环保性与娃哈哈企业"慈善性",洽然和谐。布鞋老总的心里,扶贫分"实"与"虚"两种方法。"给点钱",无法长久,真正的扶贫是促进就业。

自然资源、人力资源、资本与技术,是经济发展的四大要素,而企业家精神是企业发展的核心动力。改革开放,粮食增产,释放市场需求力,娃哈哈应运而生。"看不见的手"若神祇暗示,让布衣之雄,更新观念。

企业成长的关键时段里,布衣之雄,选择了杭州"胡庆余堂"之张宏辉。食药同源,而张宏辉之创新技能,来自中国传统文化中的中医科学技术。为促进青少年成长,提高人体对钙质的吸收率,娃哈哈企业发现:钙元素与维生素 a 与维生素 d 之间,存在本质的必然联系。这种科技创新,让娃哈哈领跑市场一阵又一阵。

农场时光,饱饮风沙,宗庆后也读透了治理国家之书。"文化资源的不可分拨性"给他蓄积个性铮铮之企业家才能。现代企业的管理与运作更效率,他传承并创新"三三制",移用于企业股权制管理。

他读活了《孙子兵法》,掌握"实"与"虚"的变换规律。

现代管理效率,势若白堤春柳斩斩齐,又如四两拨千斤。文化的力量,能让员工从内心深处提升劳动积极性与创新力,节约公司的资金与资源,提升效率。娃哈哈企业文化,集科技、环保、艺术与民俗于一体。"愉快劳动"对于企业生产力的促进,与"科学技术是第一生产力",并列第一。以愉悦的精神驾驭现代科技制造的生产工具,若转毂相巡。

创新 企业家精神,附着在宗庆后做过的每一件事上。捐赠抗疫物资,向药厂定制包装,都会注明"非卖品"。

责任 娃哈哈勇于承担社会责任,保留劳动密集型岗位,保证为低学历人士或残疾人提供工作岗位。

合作　娃哈哈有着大格局，能纳百川。

诚信　诚信与质量是娃哈哈企业精神的一体两面。

共同创业，共同发展，共享生活，是创新的文化，务实的精神。

布衣之雄这一生，"实"资本是时间。他全心奉献给事业，以企业为家，陪伴家人的时间几乎没有。他健硕之臂膀，也无法将每天的时间拉长一点点。在资深企业家眼里，商机不停留，若凯风来又走。遨游商海，最忌坐失商机，如同江南渔夫，必须赶上"鱼汛"。这是企业家之担当，也是企业家精神根基。

泽国辰龙，一生沐浴江南雨，将水化成国民财富，将人做到完美。甲辰年初，羽化成仙。天之使者，重回故里。掌控江南雨，泽被人间。他是中国龙，满怀中华情，此情绵绵无绝衰。

布衣之雄，终身劳作不停息，诲人不倦，终身奉献。他是为别人活着的人，穿紧布鞋，脚踏实地地为人民服务。

故乡情，中华情，情浓又化江南雨。甲辰之初，情浓完全明白了：布鞋老总，为愉快创业而生。弊巾旧服，烹饪缝补，吴歈浅唱，梦想无限。

布衣之雄故乡的物理世界中，他是一尊魁梧奇伟的主心骨，一团宏伟的暗能量。他自成引力场，改变了那么多人的命运走向，给那么多家庭提供了充足的安全感。企业家是顶级人力资源，他将水变成财富，造福千家万户。

举国物质匮乏的岁月里，宗庆后坚信科学技术是财富来源的"第一推力"，他重视科研投入与技术创新。创"家文化"，创新了企业家精神之内涵。他做人，怀瑾握瑜，精致朴素，美德传诵御宇。他豪爽资助教育，至臻至善。

宗庆后，是战略家、科学家与艺术家之"并集"：

当你所有的思想聚焦于一点，伟大的力量由此而生，他汇聚人脉、金钱、一切。[1]

他说的是娃哈哈事业成就。也可以理解为：江南大地，中青年企业家正悄悄研究布鞋老总自创的现代企业管理艺术，然后取得事业成功。在蛛网水乡的物理世界里，同行的最高成就者，必然存在最大的引力质量，给年轻企业家以"示范效应"。

---

[1]　迟宇宙：《宗庆后：万有引力原理》，红旗出版社，2015 年。

当我用一瓶一瓶水卖成了"首富"的时候,曾有人问我为什么会有今日的成就,我回答说:"其实我并不比别人聪明,我所有的只是一门心思地做成一件事的冲动,并且甘愿为此冒险。我还有'只争朝夕'的精神。"

我是一个"蓝色的平民",因为我来自底层,我听得懂底层人民的声音,我看得懂他们的眼神,我读得懂他们的快乐与无奈,我要代表他们发出最真实的声音。一个企业家最终的天命是创造思维方式,为这个世界提供价值观和改善的方案。

我最欣赏的是"企业禅"的境界。[1]

宗馥莉传承"家文化",以追求健康快乐高品质生活为理念,创新务实:不涉足人工智能,不涉足新能源汽车,不涉足房地产业,不改变奖惩制度,不涉及个人问题。科学与良知,科技创新与环境保护,是"家文化"之延伸与扩容,也是"家文化"生命力之源。娃哈哈的"企业慈善性"在于保存了劳动密集型岗位,重视民生。

宗馥莉,传承父辈之广袤格局,以实际行动,保护原生态环境。行为是一面镜子,人们已清晰看见:她确实在关注中国人民的"食品安全"问题。食品安全产业,居于人类所有环保产业最顶端。

健康是人类第一财富。宗馥莉传承了父辈的慈善事业,也承续了父辈大格局之企业家精神。

孙武

《孙子兵法》,五千多字,文韬武略,文炳雕龙,广博精深。笔法爽如哀梨、快如并剪。文江学海,势若沧海游龙。

孙武隐居穹窿山竹林中,茅椽蓬牖、袅袅炊烟,听百鸟唱歌,看春荣秋谢。清溪周环茆屋,山雾霭霭,氧气充足。

《孙子兵法》中的"道、天、地、将、法"[2]之战法,为军事科学,也是经济学和艺术学。吴国以少胜多、以弱胜强之力,来自科技,以稀缺的人力资源投入获取收益最大化。

---

[1] 迟宇宙:《宗庆后:万有引力原理》,第362页。
[2] [春秋]孙武:《孙子兵法》,第2—3页。

《孙子兵法》诞生于吴、越争霸的战争实践中,孙武帮助吴王阖闾成就大业之后,隐居于今天的苏州穹窿山,写下了《孙子兵法》。

以后周公瑾借势东风,火烧赤壁,形成三足鼎立之势。吴蜀联军以最小兵力投入,战略上藐视曹军,击退北军,创造经典战例。这是因为周公瑾熟读《孙子兵法》,懂科学,善观天象。当日出升南隅,日曝开始烘烤突兀的赤壁裸岩,至午后,赤壁炽热,江水泠泠,江面气压远高于江流西畔的埦上气压。黄盖火船顺势燃火,火势又助力风势。八卦中的"离"挂压在"坎"挂之上,烈火造势水面上的"热岛效应",也杀伤了铁索连环战舰上的生命,北军损失大半。

《孙子兵法·虚实篇第六》:"以吾度之,越人之兵虽多,亦奚益于胜败哉?"[1]孙武与伍子胥珠联璧合,让吴王阖闾因此成为东南霸主。《孙子兵法·地形篇第十》:"孙子曰:地形有通者,有挂者,有支者,有隘者,有险者,有远者。"[2]这六种地形,"通"和"支"形在江南水乡最容易互变,所以供给人们施展智慧的空间宽裕。吴国军队能以少胜多,与巧妙利用当地地形、进行战略设计紧密相关。

从人类战争史看,陆战、水战、空战的战争难度逐级提升,战胜的技巧不断升高。《孙子兵法》,起初是中国江南文化精品,而后变成中华文化精品,如今是全人类的精神财富。

姜尚

兵家开山鼻祖,东海海滨人。口授《六韬》传承于世。指挥牧野之战,让纣王鹿台自焚。周天子得天下,推动历史进入崭新纪元。

姜尚的兵家科学,孙武子对之进行了传承和创新,"兵圣"由此诞生。后人将《孙子兵法》的理论,移用于"商战"之用。八仙过海,各显神通。物竞天择,适者生存。

范蠡

所著《养鱼经》,是中国第一部科技著作,也是江南原生态文化中的科技经典。他的"九洲八谷"是养殖业的一大创新,可以节省自然资源,达到最大产

---

[1]　[春秋]孙武:《孙子兵法》,第65页。
[2]　[春秋]孙武:《孙子兵法》,第107页。

出,突出稀缺与效率的两个主题。

范蠡,治国良臣,兵家奇才,经营之神,商家鼻祖。他的科技著作,两唐著录为《范蠡养鱼经》。《太平御览》著录为《陶朱公养鱼方》。他也是企业家鼻祖,他将他的科技知识,无偿地奉献给民众。

书中不仅详解渔业资源和水资源的比例,还以投入最小化、产出最大化为宗旨,首次达到了六亩池塘的最大饲养量。稀缺与效率是《养鱼经》的主题。范蠡后奔齐,为齐国国君赏识,他是渔业经济学之鼻祖。

范蠡在江南田园和齐国,应用他掌握的独门绝技,发展规模经济,扩大了"生产者剩余",于民润国。范蠡的企业家精神,务实创新。他来到齐国,怀抱爱民之心,爱民惠民,希望百姓富裕,亲自教国民种植南国的"水八仙",由此,北国的农产品种类增加,此举扩大了当地民众的生计:

　　种莼法:近陂湖者,可于湖中种之;近流水者,可决水为池种之。以深浅为候:水深则茎肥而叶少,水浅则叶多而茎瘦。[1]

　　种藕法:春初,掘藕根节头,著鱼池泥中种之,当年即有莲花。[2]

　　种莲子法:八月九月中,收莲子坚黑者,于瓦上磨莲子头,令皮薄。取墐土作熟泥,封之,如三指大,长二寸。使蒂头平重,磨处尖锐。泥干时,掷于池中;重头沉下,自然周正。皮薄易生,少时即出。其不磨时,皮既坚厚,仓卒不能也。[3]

　　种芡法:一名"鸡头",一名"雁啄",即由子形上花似鸡冠,故名曰"鸡头"。

　　种芰法:一名菱。秋上,子黑熟时,收取;散著池中,自生矣。[4]

江南才子去北国,带上南国的生产力,富民一方。

---

〔1〕《齐民要术》,石生汉译注,中华书局,2015 年,第 767 页。
〔2〕 同上书,第 767 页。
〔3〕 同上书,第 768 页。
〔4〕 同上书,第 769 页。

曹雪芹

唯"天下无能第一,古今不孝无双"者,才能写出"天下奇书"。"古今""天下",时空广亘。

看《红楼梦》的文化传承与创新的清晰轨迹:晚清出现了模仿《红楼梦》笔法,写优伶妓女的悲欢离合、缠绵悱恻的狭邪小说,如《青楼梦》《花月痕》以及鸳鸯蝴蝶派小说;鲁迅继承并发扬了《红楼梦》之批判现实主义精神,深刻地写出了平凡人的悲欢离合;欧阳山的《三家巷》,依然承袭《红楼梦》的家族叙事结构;孙犁笔下的女性形象,明显有着大观园的影子和大观园内部的各种动与静的物象。

《红楼梦》诞生了红学,中华文化,传承创新,有界无限。

茶圣

陆羽所著《茶经》,创制创新优雅悠闲的文化。

江南红壤产出的茶叶,是经济作物,饮茶给人类带来了全新的愉悦感、艺术享受和人生哲理思考。

茶中杂咏·茶籝

皮日休

筤筹晓携去,蓦个山桑坞。

开时送紫茗,负处沾清露。

歇把傍云泉,归将挂烟树。

满此是生涯,黄金何足数。[1]

世界是物质的,物质是运动的,运动是有规律的。文化财富与物质财富互动。人类生活在一个物理世界中,也生活在时光隧道中。前人与后人之间存在强相互作用、弱相互作用、引力相互作用、电磁相互作用,或量子纠缠,或灵魂传承。前人的文化成就,自然泅润后人。传承创新,生生不息。

江南文化的"文化润力"、"文化气力"和"文化肥力"充足,让这里成为状元

---

[1] [清]彭定求主编:《全唐诗》,第 7054 页。茶籝:一种盛储茶具的竹制箱笼;筤筹:用竹子编制而成的器具;蓦:超越;山桑:桑树的一种;紫茗:紫色的茶芽,诗中指品质最佳的茶叶;清露:洁净的露水。

之乡、院士之乡。江南文化滋养出姜尚、范蠡、孙武、张若虚、文徵明、唐伯虎、计成、曹雪芹、何泽慧、费孝通、叶企孙、竺可桢、鲁迅、胡适之、宗庆后等坐标人物。江东人杰创造的文化财富，泗润一代又一代求知者。江南文化，哺育出灿若繁星的江南才子，世代无穷。

参考文献

一、中文论著及译著

费孝通：《江村经济》，华东师范大学出版社，2018 年。

〔清〕曹雪芹：《红楼梦》，无名氏续、脂砚斋等批，三秦出版社，2017 年。

钱穆：《中国历史研究法》，三联书店，2001 年。

陈寅恪：《柳如是别传》，线装书局，2021 年。

孟森：《明清史讲义》（上、下册），商务印书馆，2011 年。

〔汉〕司马迁：《史记》，上海书店，1988 年。

翦伯赞：《史料与史学》，北京出版社，2005 年。

蒋勋：《蒋勋说红楼梦》，上海三联书店，2010 年。

〔英〕亚当·斯密：《国富论》，谢宗林、李华夏译，中央编译出版社，2013 年。

李勇：《江南渔文化研究》，东方出版中心，2022 年。

〔宋〕范成大：《范石湖集》，上海世纪出版集团，2006 年。

〔英〕阿诺德·汤因比著：《历史研究》，〔英〕D·C·萨默维尔编、郭小凌等译，上海世纪出版集团，2010 年。

沈从文：《沈从文全集》（附卷），北岳文艺出版社，2003 年。

顾颉刚：《顾颉刚全集》，中华书局，2010 年。

〔明〕郑若曾：《筹海图编》，李新贵译注，中华书局，2017 年。

王国维：《人间词话》，北京联合出版公司，2015 年。

〔明〕计成：《园冶》，重庆出版社，2017 年。

林语堂：《林语堂散文》，浙江文艺出版社，2007 年。

〔春秋〕孙武：《孙子兵法》，（三国）曹操注，郭化若今译，上海古籍出版社，2006 年。

〔晋〕陈寿：《三国志》，〔宋〕裴松之注，中华书局，1959 年。

〔北魏〕贾思勰：《齐民要术》，石声汉译注，中华书局，2015 年。

朱自清：《朱自清散文》，中国华侨出版社，2015 年。

叶圣陶：《叶圣陶散文》，浙江文艺出版社，2007 年。

梁实秋：《雅舍谈吃》，陕西人民出版社，2019 年。

〔美〕曼昆：《经济学原理》第 6 版，梁小民等译，北京大学出版社，2012 年。

〔法〕卢梭：《论人类不平等的起源》，张庆博译，陕西人民出版社，2012 年。

〔美〕海明威:《老人与海》,人民文学出版社,2018年。

海金玲:《中国农业可持续发展研究》,上海三联书店,2005年。

〔英〕E.H.贡布里希:《艺术的故事》,范景中译,广西美术出版社,2008年。

欧丽娟:《大观红楼1、2:欧丽娟讲红楼梦》,北京大学出版社,2017年。

钱穆:《中国文化二十讲》,贵州人民出版社,2019年。

吕思勉、曹伯韩:《中国文化二十一讲》,北方联合出版传媒股份有限公司,2011年。

张化:《上海宗教通览》,上海古籍出版社,2004年。

尹玲玲:《明清长江中下游渔业经济研究》,齐鲁书社,2004年。

〔汉〕班固撰:《汉书》,三秦出版社,2004年。

胡适:《中国的文艺复兴》,外语教学与研究出版社,2001年。

〔美〕保罗·萨缪尔森、威廉·诺德豪斯:《经济学》第17版,萧琛主译,人民邮电出版社,2004年。

史念海:《历史地理学十讲》,长江文艺出版社,2020年。

陈正祥:《中国历史文化地理》,山西人民出版社,2021年。

林永匡、袁立泽:《中国风俗通史·清代卷》,上海文艺出版社,2001年。

金健康主编:《太湖渔歌》,上海文艺出版社,2014年。

〔英〕阿弗里德·马歇尔:《经济学原理》,廉运杰等译,华夏出版社,2012年。

〔宋〕范成大:《吴郡志》,陆振岳校点,江苏古籍出版社,1999年。

〔日〕平松洋子:《奢侈的滋味》,新星出版社,2016年。

〔澳〕科迪莉亚·法恩:《荷尔蒙战争》,广东人民出版社,2018年。

〔以色列〕尤瓦尔·赫拉利著:《人类简史——从动物到上帝》,林俊宏译,中信出版社,2017年。

〔清〕金友理:《太湖备考》,江苏古籍出版社,1998年。

〔英〕约翰·梅纳德·凯恩斯:《就业、利息和货币通论》,宋韵声译,华夏出版社,2005年。

〔美〕保罗·萨缪尔森、威廉·诺德豪斯:《经济学》第16版,萧琛等译,华夏出版社,1999年。

〔北魏〕郦道元:《水经注》,陈桥驿校正,中华书局,2013年。

《庄子》,方勇译注,中华书局,2010年。

《老子》,饶尚宽译注,中华书局,2006年。

曹幸穗:《旧中国苏南农家经济研究》,中央编译出版社,1996年。

〔美〕加里·贝克尔、凯文·墨菲:《社会经济学——社会环境中的市场行为》,陆云航、唐为译,人民出版社,2014年。

曹聚仁:《上海春秋》,上海人民出版社,1996年。

〔美〕K.E.凯斯、R.C.费尔:《经济学原理》,郭建青、张力炜等译,中国人民大学出版社,1994年。

白先勇:《白先勇说红楼梦》,广西师范大学出版社,2017年。

刘健康:《中国淡水鱼类养殖学》,科学出版社,1992年。

郭振民:《嵊泗渔业史话》,嵊泗文史资料第3辑,海洋出版社,1995年。

郑言绍辑:《太湖备考续编》,上海古籍出版社,1994年。

钱钟联：《常熟掌故》，江苏文史资料编辑部，1992年。

〔宋〕陆佃：《埤雅·释鱼》，李涛译注，人民出版社，2019年。

〔清〕李元：《蠕范·物体》，北京出版社，2000年。

〔美〕P. A. 查德伯恩：《自然神学十二讲》，熊姣译，上海交通大学出版社，2015年。

〔英〕凯伦·阿姆斯特朗：《神的历史》，蔡昌雄译，海南出版社，2013年。

〔美〕刘易斯·M. 霍普费、马克·R. 伍德沃德：《世界宗教》，辛岩译，北京联合出版公司，2018年。

〔清〕顾炎武：《天下郡国利病书》，凤凰出版集团，2019年。

中国农业科学院、南京农业大学、中国农业遗产研究室：《太湖地区农业史稿》，农业出版社，1990年。

梁启超：《饮冰室合集·文集之三十九》，中华书局，1989年。

沈同芳：《中国渔业历史》，上海江浙渔业公司发行，1906年。

李世豪、屈若搴：《中国渔业史》，上海书店，1984年。

钱锺书：《围城》，生活·读书·新知三联书店，2002年。

〔法〕卢梭：《社会契约论》，李平沤译，商务印书馆，2011年。

吕思勉：《吕思勉讲中国文化》，九州出版社，2008年。

〔法〕史式徽：《江南传教史》第1卷（天主教上海教区史料译写组译），上海译文出版社，1983年。

李炳海、宋小克注评：《左传》，凤凰出版社，2009年。

〔英〕马尔萨斯：《人口论》，郭大力译，北京大学出版社，2008年。

南怀瑾：《易经杂说》，东方出版社，2022年。

〔汉〕许慎：《说文解字注》，上海古籍出版社，1981年。

〔法〕史式徽：《八十年来江南传教史》，金文祺译，圣教杂志社，1929年。

〔美〕孔飞力：《叫魂——1768年中国妖术大恐慌》，陈兼、刘昶译，上海三联书店，2014年。

赵世瑜：《猛将还乡——洞庭东山的新江南史》，社会科学文献出版社，2022年。

余秋雨：《何谓文化》，中国友谊出版公司，2013年。

〔美〕L. S. 斯塔夫里阿诺斯《全球通史——1 500年以前的世界》，吴象婴、梁赤民译，上海社会科学院出版社，1992年。

〔美〕余英时：《中国文化的重建》，中信出版社，2011年。

钱锺书：《旧文四篇》，上海古籍出版社，1979年。

李煜：《李煜全集》，崇文书局，2015年。

王国维：《人间词话》，北京联合出版公司，2015年。

〔美〕亨德里克·威廉·房龙：《人类的艺术》，郭秀萍、程晨译，中国画报出版社，2016年。

徐中玉主编：《中国古典文学精品普及读本·近代诗词文》，广东人民出版社，2019年。

迟宇宙：《宗庆后：万有引力原理》，红旗出版社，2015年。

二、档案史料

（一）上海市档案馆

《上海市公用局关于十六铺鱼行码头处理情况的报告及市政府批复》（1949年8月），全宗号 B1,目录号 2,案卷号 393。

《嵊泗列岛全图》,全宗号 A72,目录号 2,案卷号 1518。

《(上海市)水产局关于嵊泗列岛划归上海的说明、地图、基本情况及若干问题请示报告》,全宗号 B255,目录号 1,案卷号 238。

《(上海市社会局)江浙渔业公司、福记帆篷公司、联华图书公司、义记驳运公司、农林特种股份有限公司、复兴轮船公司、益中福记公司、昌兴协记运输公司、泰隆贸易公司为申请登记问题的来往文书》(1945 年 10 月 17 日起至 1949 年 1 月 22 日止),全宗号 Q6,目录号 1,案卷号 312。

《上海市政府食盐粮食煤水产鱼货到销数量及市区面粉纱布产销数量食油食粮市价等》(1948 年),全宗号 Q1,目录号 18,案卷号 360。

《(上海市社会局)嵊泗列岛渔民产销合作、东南渔业公司呈请食米转口证明书案》(1946 年 7 月 1 日至 1948 年 4 月 5 日),全宗号 Q6,目录号 4,案卷号 272。

《(上海市社会局)第一渔业合作社迁移及补呈图模与社会局来往文书》(1947 年 6、7 月)(1948 年 6 月 10 日立),全宗号 Q6,目录号 3,案卷号 659。

《(上海市社会局)〈新渔〉杂志月刊、新沪通讯社等》(自 1945 年至 1949 年),全宗号 Q6,目录号 12,案卷号 128。

《江浙渔业公司调查报告(沪字 27 号)》(联合征信所 1946 年 3 月 22 日),全宗号 Q78,目录号 2,案卷号 16408。

《(渔管处)〈新渔〉第八期等》(1948—1949 年),全宗号 Q460,目录号 2,案卷号 230。

《(渔管处)〈新渔〉月刊编刊委员会会议记录等文件》(自 1948 年 4 月 12 日起至 1948 年 7 月 10 日止),全宗号 Q460,目录号 1,案卷号 931。

《东南渔业公司调剂渔村食米计划书和有关单位来往信件》,全宗号 Q418,目录号 1,案卷号 66。

《(渔管处)渔业法令规章》(自 1920 年 7 月 1 日起),全总号 Q460,目录号 1,案卷号 846。

《(渔管处)华东区、嵊泗列岛渔业概况》(1946 年 8 月),全宗号 Q460,目录号 1,案卷号 1285。

《(渔管处)三十五年年度九至十二月工作报告》,全宗号 Q460,目录号 1,案卷号 1174。

《渔管处工作报告(第二册)》(三十六年一至十月份),全宗号 Q460,目录号 1,案卷号 1178。

《视察嵊泗列岛报告书》,《视察嵊泗列岛报告及乡保专座记录以及经纪人公会章程》,全宗号 Q464,目录号 1,案卷号 150。

《(渔民)沈金福借据》(民国九年阴历桂月望日),全宗号 Q244,目录号 1,案卷号 561。

《渔管处卅六年四至六月工作报告》,全宗号 Q460,目录号 1,案卷号 1176。

《嵊泗列岛视察团报告书》(1936 年 12 月 31 日),全宗号 Q464,目录号 1,案卷号 568。

《本场 1949 年年度工作总结》,《上海鱼市场工作计划报告和集会类》,全宗号 Q464,目录号 1,案卷号 1720。

《上海鱼市场概况》,全宗号 Q464,目录号 1,案卷号 1043。

《创设渔业银团》(中华民国二十五年五月十七日起),全宗号 Q464,目录号 1,案卷号 289。

《陷敌八年中上海渔业之概况及未来建设之希望》(1945 年 11 月 30 日)，全宗号 Q464，目录号 1，案卷号 979。

《(上海市咸鱼业同业公会)本会前执监委员名单、整委会登记简则和委员名单及会同冰鲜鱼行业公会共同接收伪水产公会的有关文书》，全宗号 S376，目录号 1，案卷号 1。

《(上海市渔商业同业公会)本会筹办渔业生产合作社、生产促进会、渔业银行等有关文书及渔会代表名单》(1946 年 8 月至 1949 年 2 月)，全宗号 S379，目录号 1，案卷号 13。

《中国渔业银行、大发银行开办情况》(敌伪政治档案案卷，法帝警务处政事部)(自 1935 年 4 月 30 日起至 1942 年 1 月 20 日止)，全宗号 U38，目录号 2，案卷号 846。

《上海市咸鱼业同业公会(监委名单、简则、委员、文书)》(1945 年 8 月至 1945 年 12 月)，全宗号 S377，目录号 1，案卷号 1。

《金山县志》，全宗号 Y15，目录号 1，案卷号 227。

陈金镛：《中国的宗教观》，中华浸会书局，1947 年 7 月再版，全宗号 U132，目录号 0，案卷号 9。

(二) 苏州市档案馆

江苏省苏州专员公署宗教事务处：《一九五六年工作总结(57)专宗秘字第 010 号》，苏州市人民委员会宗教事务处：《年度工作总结，天主教代表会议的情况报告与开展对梵蒂冈问题的学习总结及神职人员座谈会回报》(1956 年 5 月 31 日起至 1957 年 2 月 25 日止)，全宗号 C41，目录号 1，案卷号 11。

苏州市革命委员会宗教事务处：《苏州市基督教、天主教情况调查等》(自 1953 年起)，全宗号 C41，目录号 2，案卷号 28。

苏州总铎区几任总铎地未刊函稿

　　《移文札稿》，苏太总铎宝(光绪四年至光绪十六年)。

　　《案牍》，苏太总铎窦志(光绪十一年至光绪二十四年)。

　　《案牍存根》，苏太总铎陈志(宣统二年至民国二年)。

苏州市人民委员会宗教事务处：《本处天主教会动态情况简报》(1955 年 9 月 14 日—1956 年 1 月 14 日)，全宗号 C41，目录号 2，案卷号 45。

江苏省苏州专员公署宗教事务处：《1953—1956 年昆山、湘城等地天主教材料，反革命分子张寿祺、王若松的材料等》(1953—1956 年)，全宗号 C41，目录号 2，案卷号 47。

中国共产党苏州市委员会、市人委宗教事务处：《有关圣母军、驱逐黎培里、梵蒂冈、龚品梅、张寿祺、王若松的材料以及天主教基本常识等》(1951—1958 年)，全宗号 C41，目录号 3，案卷号 127。

中国共产党苏州市委员会、市人委宗教事务处：《天主教教徒名册，(吴县)苏渔公社二、三大队、家禽、扛网大队天主教徒插队分布名册，以及几个小队教徒情况调查表》(1966 年调查)，全宗号 C41，目录号 2，案卷号 138。

苏州市人民政府宗教事务处：《天主教苏州教区各教地点负责人、修女名单》，(Per Mariam ad desum STATVS, No 1, Anno 1949 - 1950, No 2, 1950 - 1951)，上海徐家汇土山湾印书馆印，全宗号 C41，目录号 4，案卷号 56。

中国共产党苏州市委员会、市人委宗教事务处：《有关圣母军、驱逐黎培里、梵蒂冈、龚品梅、张寿祺、王若松的材料以及天主教基本常识等》(1951—1958 年)，全宗号 C41，目录号

3,案卷号 127。

(三) 无锡市档案馆

《(无锡县工商联)鱼行业同业公会》(1945—1948),全宗号 ML7,目录号 4,案卷号 1。

《(无锡县政府)关于渔业生产文(一)》(1945 年 12 月至 1948 年 2 月),全宗号 ML1,目录号 4,案卷号 545。

《(无锡县政府)县府令各乡镇往来文件》(1945 年—1948 年),全宗号 ML1,目录号 5,案卷号 423。

《(无锡县总工会)无锡县鱼行鲜肉蔬菜果实业同业公会》(1940—1945 年),全宗号 ML7,目录号 3,案卷号 22。

《(无锡县工商联)鱼行业同业公会》(1945—1948),全宗号 ML7,目录号 4,案卷号 1。

《渔会》(1946—1948 年),全宗号 ML7,目录号 5,案卷号 51。

《(无锡县政府)本县办理各种防务治安及防范奸匪活动文件(二十七)》(1946 年 4 月—1947 年 4 月),全宗号 ML1,目录号 4,案卷号 1780。

《(无锡县政府)关于编组保甲各案(一)》(1946 年 6 月—1947 年 12 月),全宗号 ML1,目录号 4,案卷号 41。

《(无锡县政府)本府奉令防范共产党活动办法(二十二)》(1947 年 4 月—1947 年 6 月),全宗号 ML1,目录号 4,案卷号 1808。

《(无锡县政府)开设河道卷(三)》(1947 年 3 月—1949 年 8 月),全宗号 ML1,目录号 4,案卷号 395。

《(无锡县政府)本府奉令防范共产党活动办法(二十四)》(1948 年 1 月—1948 年 7 月),全宗号 ML1,目录号 4,案卷号 1810。

《(无锡县政府)关于物价评议卷(二)》(1948 年 8 月—1949 年 8 月),全宗号 ML1,目录号 4,案卷号 60。

《(无锡县政府)无锡县商会各机关与粮食业公会的来往文件》(1945—1949),全宗号 ML1,目录号 6,案卷号 1041。

(四) 中国第二历史档案馆

《江苏省崇明县属嵊泗列岛渔业警察叛变抢劫情形》(1947 年 5 月至 1948 年 1 月),全宗号 2,案卷号 6033。

《上海分署配发鲜鱼》,全宗号 21,案卷号 12377。

《上海分署渔业(民)救济》,全宗号 21,案卷号 12441。

《渔轮出租办法大纲草案等》(善后事业委员会案卷),全宗号 21,案卷号 29181。

《渔管处处理救济物资案》,全宗号 21,案卷号 29194。

《渔业善后救济物资临时处理原则》,全宗号 21,案卷号 29268。

《新渔》第 4 期,渔业善后物资管理处研究训练所发行,全宗号 21,案卷号 29567。

《中央水产试验所工作简报》,全宗号 23,案卷号 499。

《农林部江浙海洋渔业督导处勤俭建国运动实施办法》,《江浙区海洋渔业督导处拟行勤俭建国运动实施办法及工作进度表》(1948 年 12 月),全宗号 23,案卷号 00506。

《官商合办上海鱼市场股份有限公司理事会呈送修正公司章程》,全宗号 23,案卷号 00510。

《上海鱼市场工作简报及理监事联席会议纪录》,全宗号 23,案卷号 00511。

《上海鱼市场水产品供销月报表》,全宗号 23,案卷号 00512。

《善后救济总署、农林部、渔业善后物资管理处工作报告》,全宗号 23,案卷号 005107。

《(农林部)水产》(敌伪业务档案案卷),全宗号 23,案卷号 1431。

《(农林部)渔业与渔产》(敌伪业务档案案卷),全宗号 23,案卷号 1434。

《(农林部)水产品检验标准》(敌伪业务档案案卷),全宗号 23,案卷号 1449。

《(农林部)中美经济援助协定、乡村建设双边协定、联合国善后救济总署与联合国粮农组织合约》(敌伪业务档案案卷),全宗号 23,案卷号 1263。

《(农林部)普及渔业计划、改良渔业计划、淡水渔业救济计划、清岛(长江口)渔港改善计划》,全宗号 23,案卷号 1533。

《(农林部)中国渔业与中央水产实验所情景》,全宗号 23,案卷号 1534。

《(农林部)对打捞海带渔民的救济》,全宗号 23,案卷号 1535。

《(农林部)渔业新闻处》,全宗号 23,案卷号 1536。

《江苏奉贤县鲜鱼业同业公会》(1937 年),全宗号 422(4),案卷号 5219。

《派员调查江浙沿海渔业实况》(1937 年 2 月),全宗号 422(8),案卷号 58。

《各省市县行政区域资料及行政区域表》(1947 年 8 月),全宗号 12,案卷号 11281。

《中国农民银行总管处办理江苏嵊泗设治局请核发渔贷 300 万元案代电》(1949 年),全宗号 12,案卷号 2556。

《江苏省宗教调查表》(1936 年 7 月),全宗号 12(2),案卷号 2344。

《江苏省松江县渔会请拨渔船案》(1946 年),全宗号 21,案卷号 25980。

《江苏省建设厅请拨宵渔物资》,全宗号 21,案卷号 28426。

《拨交农林部农渔物资》,全宗号 21,案卷号 28454。

三、史料汇编及工具书

沈坚主编:《世界文明史年表》,上海古籍出版社,2000 年。

方诗铭编著:《中国历史纪年表》(新修订本),上海书店出版社,2013 年。

《越绝书》,附清钱培名、俞樾札记二种,张宗祥校注,商务印书馆,1956 年。

上海通社编:《上海研究资料》,上海书店,1984 年。

《四库全书》,上海古籍出版社,1987 年。

[清]彭定求编:《全唐诗》,中华书局,1960 年。

《山海经》,陈成译注,上海古籍出版社,2014 年。

中国第二历史档案馆编:《中华民国史档案资料汇编》,第 5 辑,第 1 编,《财政经济》,江苏古籍出版社,1994 年。

中国第二历史档案馆编:《中华民国史档案资料汇编》,第 5 辑,第 1 编,《政治》,江苏古籍出版社,1994 年。

中国第二历史档案馆编:《中华民国史档案资料汇编》,第 5 辑,第 1 编,《文化》,江苏古籍出版社,1994 年。

朱羲农、侯厚培编纂:《中国实业志·江苏省》,1932 年。

钮永建:《吴县》,吴县县政府社会调查处,1930 年 10 月编印。

华东军政委员会土地改革委员会编:《江苏省农村调查》,1952 年内部出版。

乔增祥主纂、梅成分纂:《吴县》,吴县县政府社会调查处,1930 年 10 月铅印本。

江苏省立渔业试验场编印:《嵊山渔村调查》,上海市立图书馆藏,1935 年。

牛传岩等编:《中华民国省会地名三汇》,北平民社,1935 年 8 月 1 日出版。

《水产月刊》共 40 册,1934 年、1935 年、1936 年、1937 年抗战爆发后停办,1946 年、1947 年、1948 年,复刊。

《上海水产经济月刊》共 20 册。

朱義农、侯厚培编纂:《中国实业志·江苏省》,1932 年。

张海鹏编:《中国近代史稿地图集》,地图出版社,1984 年。

宋双双主编:《唐宋八大家》,丽江出版社,2018 年。

张在普编:《中国近现代政区沿革表》,福建省地图出版社,1987 年。

谭其骧主编:《中国历史地图集》第 8 册(清时期),地图出版社,1987 年。

李景彬编:《中国现当代著名作家文库·叶圣陶代表作》,黄河文艺出版社,1987 年。

朱鸿才、邱文祥、陈乾梓编:《合作社发展简史》,中央党校出版社,1988 年。

李春芬主编:《中华人民共和国地名词典·上海市》,商务印书馆,1989 年。

郭文韬、曹隆恭主编:《中国近代农业科技史》,中国农业科学技术出版社,1989 年。

张立修、毕定邦主编:《浙江当代渔业史》,浙江科学技术出版社,1990 年。

高润英主编:《中国渔业经济研究》,农业出版社,1990 年。

全国农业区划办公室、全国农业区划学会编:《中国农业资源与利用》,农业出版社,1990 年。

全国农业区划委员会编:《中国农业自然资源和农业区划》,农业出版社,1991 年。

阮仁泽、高振农主编:《上海宗教史》,上海人民出版社,1992 年。

马学新等主编:《上海文化源流词典》,上海社会科学出版社,1992 年。

姜彬主编:《吴越民间信仰民俗》,上海文艺出版社,1992 年。

刘继芬主编:《农村发展与合作经济》,中国科学技术出版社,1993 年。

孙继南、周柱铨主编:《中国音乐通史简编》,山东教育出版社,1993 年。

丛子明、李挺主编:《中国渔业史》,中国科学技术出版社,1993 年。

文明主编:《长江中下游水域滩涂野生经济植物》,湖南科学技术出版社,1993 年。

《诗经》,王秀梅译注,中华书局,2006 年。

何严、羊春秋等编著:《唐诗三百首》,江苏古籍出版社,1991 年。

徐亿乙等编:《江南水乡的民俗与旅游》,旅游教育出版社,1996 年。

曹幸穗:《旧中国苏南农家经济研究》,中央编译出版社,1996 年。

杜吟棠主编:《合作社:农业中的现代企业制度》,江西人民出版社,2002 年。

喻守真编著:《唐诗三百首详析》,中华书局,1985 年。

熊月之、熊秉真主编:《明清以来江南社会与文化论集》,上海社会科学院出版社,2004 年。

杨瑞堂编:《福建海洋渔业简史》,海洋出版社,1996 年。

崔建章主编:《渔具与渔法学》,中国渔业出版社,1997 年。

黄邦汉、祖国掌编:《水体农业》,江苏科学技术出版社,2001 年。

喻守真编著:《唐诗三百首详析》,中华书局,1985 年。

农业部软科学委员会办公室:《农村市场经济》,中国农业科学出版社,2001年。

周向群主编:《吴文化与现代化论坛——苏州现代化进程中的吴文化研究》,江苏古籍出版社,2002年。

赵永良、蔡增基主编:《江南风俗志》,南海出版公司,2002年。

孙晋编:《企业法实例说》,湖南人民出版社,2003年。

张智:《中国风土志丛书》,广陵出版社,2003年。

李文华主编:《生态农业——中国可持续农业的理论与实践》,化学工业出版社,2003年。

曹后灵主编:《锦绣相城》,江苏教育出版社,2004年。

曾业英主编:《五十年来的中国近代史研究》,上海书店出版社,2004年。

宋家新主编:《江苏沿江特色渔业》,中国农业出版社,2005年。

施美祥主编:《金阊民俗史话》,古吴轩出版社,2005年。

《公司运作实务指南》编委会:《公司运作实务指南》,中国电力出版社,2006年。

中国人民政治协商会议江苏省无锡市委员会、文史资料研究委员会编:《无锡文史资料》第2辑(1981年3月21日)。

无锡地方志编纂委员会办公室编:《无锡地方资料汇编》第5辑(1985年内部发行)。

中国人民政治协商会议江苏省无锡市委员会、文史资料研究委员会编:《无锡文史资料》第21辑(1989年3月)。

常州市水产公司编:《常州市水产供销史》(审核稿),常州市水产公司编史办公室,1984年11月内部编印。

沙洲县多种经营管理局编:《沙洲县多种经营发展史》(内部资料),1982年10月。

江苏省太湖渔业生产管理委员会编辑:《太湖渔业史》,江苏省太湖渔业生产管理委员会,1986年6月印行。

苏州市地方志编纂委员会办公室、苏州市档案局编:《苏州史志资料选辑》总第8辑(1988年第1辑)。

苏州市地方志编纂委员会办公室、苏州市档案局编:《苏州史志资料选辑》总第9辑(1988年第2辑)。

苏州市地方志编纂委员会办公室、苏州市档案局、政协苏州市委员会文史编辑室编:《苏州史志资料选辑》总第11、12辑(1989年第1、2辑合刊)。

苏州市地方志编纂委员会办公室、苏州市档案局、政协苏州市委员会文史编辑室编:《苏州史志资料选辑》总第13、14辑(1989年第3、4辑合刊)。

政协苏州市委员会、文史资料委员会编:《苏州文史资料》(第1—5合辑)(1990年)。

梁家勉编:《徐光启年谱》,上海古籍出版社,1981年。

张震东、杨金森编:《中国海洋渔业简史》,海洋出版社,1983年。

[清]朱骏声:《说文通训定声》,中华书局,1984年。

苏州市地方志编纂委员会办公室、苏州市档案局、政协苏州市委员会文史编辑室编:《苏州史志资料选辑》总第19、20辑(1992年第1、2合辑)。

苏州市地方志编纂委员会办公室、苏州市政协学习和文史委员会编:《苏州史志资料选辑》总第23辑(1998年刊)。

苏州市地方志编纂委员会办公室、苏州市政协学习和文史委员会编:《苏州史志资料选辑》总第 24 辑(1999 年刊)。

中共江苏省委宣传部、中共江苏省委党史工作办公室、江苏省关心下一代工作委员会编:《江苏人民革命斗争群英谱·吴县分卷》,江苏人民出版社,1999 年。

苏州市地方志编纂委员会办公室、苏州市政协学习和文史委员会编:《苏州史志资料选辑》总第 28 辑(2003 年刊)。

苏州市地方志编纂委员会办公室、苏州市政协文史委员会编:《苏州史志资料选辑》总第 29 辑(2004 年刊)。

苏州市水产公司编:《苏州水产供销史》,1990 年 11 月(内部)。

中共吴县县委党史办公室编:《吴县革命斗争简史》,中共党史出版社,1990 年。

吴江市政协文史资料委员会编:《吴江风情》,天津科学技术出版社,1993 年。

江苏省水产局史志办公室:《江苏省渔业史》,江苏科学技术出版社,1993 年。

中共江苏省委党史工作委员会、江苏省档案馆编:《苏南行政区》(1949—1952),中共党史出版社,1993 年。

昆山市政协文史征集委员会、昆山市文化馆编:《昆山习俗风情》,《昆山文史》第 12 期,1994 年 12 月印行。

丁世良、赵放主编:《中国地方志民俗资料汇编·华东卷》,书目文献出版社,1995 年。

《句吴史集》吴文化研究促进会编辑:《句吴史集》,江苏古籍出版社,1998 年。

《申报索引》编辑委员会编:《申报索引》(1919、1920),上海书店,1987 年。

《申报索引》编辑委员会编:《申报索引》(1923、1924),上海书店,1988 年。

《申报索引》编辑委员会编:《申报索引》(1927、1928),上海书店,1991 年。

申报年鉴社:《申报年鉴》(第二次),上海华美书馆,1934 年。

申报年鉴社:《申报年鉴》(第三次),上海华美书馆,1935 年。

申报年鉴社:《申报年鉴》(第四次),上海华美书馆,1936 年。

上海图书馆影印:《中国近代期刊篇目汇录》第 2 卷下册,上海人民出版社,1982 年。

上海图书馆编:《中国近代现代丛书目录索引》(上、下),1982 年 7 月。

上海图书馆编:《中国近代期刊篇目汇录》第三卷上册,上海人民出版社,1983 年。

上海图书馆编:《中国近代期刊篇目汇录》第三卷下册,上海人民出版社,1984 年。

北京图书馆编:《民国时期总书目》(1911—1949),"经济(上、下)",书目文献出版社,1993 年。

中国大百科全书总编辑委员会《经济学》编辑委员会编:《中国大百科全书·经济学Ⅲ》,中国大百科全书出版社,1988 年。

江苏省地方志编纂委员会办公室编:《江苏市县概况》,江苏教育出版社,1989 年。

中国地图出版社编辑出版:《中华人民共和国分省地图集》,新华书店上海发行所发行,1992 年。

中国农业百科全书总编辑委员会农业历史编纂委员会、中国农业百科全书编辑部编:《中国农业百科全书·农业历史卷》,农业出版社,1995 年。

中国历史大辞典·历史地理卷编纂委员会编:《中国历史大辞典·历史地理卷》,上海辞书出版社,1996 年。

《中国农业全书》总编辑委员会编:《中国农业全书》(上海卷),中国农业出版社,2001 年。

史为乐主编：《中国历史地名大辞典》，中国社会科学出版社，2005 年。

〔美〕威廉·拉佐尼克编：《经济学手册》，谢关平、高增安、杨萍译，人民邮电出版社，2006 年。

四、报刊资料

《大公报》、《江苏省政府公报》、《江苏文献》、《民国日报》、《商务日报》、《申报》、《苏州明报》、《新苏州报》、《水产学报》（年刊）、《水产月刊》、《上海市水产经济月刊》、《东方渔业》、《新渔》、《生物学杂志》、《行总农渔》、《科学大众》、《中国烹饪》、《博物》、《人文杂志》、《中国水产》、《水产学报》、《海洋渔业》、《淡水渔业》。

五、外文资料及著作

TRANSLATION OF CHINESE CORRESPONDENGCE，《渔管处处理救济物资案》，中国第二历史档案馆档案，全宗号 21，案卷号 29194。

〔法〕RAPPORT（《建立"中国渔业银行的报告"》）（20 Janvier 1942），《中国渔业银行、大发银行开办情况》（敌伪政治档案案卷，法帝警务处政事部）（自 1935 年 4 月 30 日起至 1942 年 1 月 20 日止），上海市档案馆档案，全宗号 U38，目录号 2，案卷号 846。

BOARD OF TRUSTEES FOR REHABILITATION AFFAIRS, COMMISSION ON REHABILITATION AFFAIRS, JUNK RELIEF SUPPLIES DISTRIBUTION SHEETS （渔业救济物资分配清单），《渔管处处理救济物资案》，中国第二历史档案馆档案材料，全宗号 21，案卷号 29194。

NATIONAL FISHERIES RESEARCH INSTITUTE FRESH - WATER CULTURE RELIEF PROJECT 2 March 1948，《（农林部）普及渔业计划、改良渔业计划、淡水渔业救济计划、清岛（长江口）渔港改善计划》，中国第二历史档案馆档案，全宗号 23，案卷号 1533。

PROJECT TO IMPROVE CHINGS ISLAND FISHING HARBOR, Ministry of Agriculture & Forestry Nanking, China，《（农林部）普及渔业计划、改良渔业计划、淡水渔业救济计划、清岛（长江口）渔港改善计划》，中国第二历史档案馆档案，全宗号 23，案卷号 1533。

PROJECT NO. 25—POPULARIZATION OF FISHERIES KNOWLEDGE，《（农林部）普及渔业计划、改良渔业计划、淡水渔业救济计划、清岛（长江口）渔港改善计划》，中国第二历史档案馆档案，全宗号 23，案卷号 1533。

PROJECT No. 26—FISHERIES INFORMATION SERVICE，《水产情报服务事业》，中国第二历史档案馆档案，全宗号 23，案卷号 1534。

NATIONAL FISHERIES RESEARCH INSTITUTE RELIFE PROJECT FOR SEAWEED FISHERMEN 2 March 1948，《（农林部）对打捞海带渔民的救济》，中国第二历史档案馆档案，全宗号 23，案卷号 1535。

Prospect of Chinese Fisheries And The National Fisheries Research Bureau，《（农林部）中国渔业与中央水产实验所情景》，中国第二历史档案馆档案，全宗号 23，案卷号 1534。

NATIONAL FISHERIES RESEARCH INSTITUTE FISHERIES INFORMATION SERVICE（As Basis for Relief and Rehabilitation of Chinese Fishermen and fisheries）《（农林部）渔业新闻处》，中国第二历史档案馆档案，全宗号 23，案卷号 1536。

〔法〕CONTRAT(立合同),《上海市公用局关于十六铺鱼行码头处理情况的报告及市政府批复》(1949 年 8 月),上海市档案馆档案,全宗号 B1,目录号 2,案卷号 393。

International Co-operative Alliance, Statement on the Co-operative Identity, 1995。

The Advanced Learner's Dictionary of Current English with Chinese Translation, Oxford University Press 1970, Fourteenth Impression 1982。

〔日〕中村治兵卫:《中国渔业史の研究》,刀水书房株式会社,1995 年。

〔美〕Paul R. Krugman、Maurice Obstfeld: International Economics—Theory and Policy, Fifth Edition,清华大学出版社,2001 年。

Olivier Blanchard: Macroeconomics, Second Edition,清华大学出版社,2001 年。

〔美〕Robert S. Pindyck、Daniel L. Rubinfeld: Microeconomics, Fifth Edition,清华大学出版社,2001 年。

六、地方志及专业志

〔明〕王鏊编:《正德姑苏志》,正德元年刻本。

沈卫新:《乾隆震泽县志》,广陵书社,2017 年。

〔清〕李铭皖,谭钧培修,〔清〕冯桂芬纂:《苏州府志》,江苏书局刻本。

〔清〕陶煦撰:《周庄镇志》,光绪庚辰(1880)季冬刻本。

缪荃荪、冯煦等编:《江苏省通志稿》,江苏省政府,1935 年。

王培棠编:《江苏省乡土志》(上、下册),商务印书馆,1938 年。

朱羲农、侯厚培编纂:《中国实业志·江苏省》,1932 年 12 月印行。

宋如林等修、孙星衍等纂:《江苏省松江府志》(全三册),《中国方志丛书·华中地方志·第 10 号》,台湾成文出版社有限公司,1970 年 5 月印行。

严思中修、蔡以璟纂:《嵊县志》,《中国方志丛书·华中地方志·第 188 号》,台湾成文出版社有限公司,1970 年印行。

〔清〕金玉相:《太湖备考》,《中国方志丛书·华中地方志·第 40 号》,台湾成文出版社有限公司,1975 年印行。

牛荫麟等修、丁谦等纂:《嵊县志》,《中国方志丛书·华中地方志·第 212 号》,台湾成文出版社有限公司,1975 年印行。

吴馨等修、姚文柟等纂:《上海县志》,《中国方志丛书·华中地方志·第 160 号》,台湾成文出版社有限公司,1975 年印行。

王清穆修、曹炳麟纂:《崇明县志》,《中国方志丛书·华中地方志·第 168 号》,台湾成文出版社有限公司,1975 年印行。

赵如珩编:《江苏省鉴》,《中国地方志丛书·华中地方志·第 472 号》,台湾成文出版社有限公司,1983 年印行。

钱熙泰修:《金山县志》(全),《中国地方志丛书·华中地方志·第 423 号》,台湾成文出版社有限公司,1983 年印行。

常琬修、焦以敬纂:《金山县志》(全二册),《中国地方志丛书·华中地方志·第 405 号》,台湾成文出版社有限公司,1983 年 3 月印行。

龚宝琦修、黄厚本纂:《金山县志》(一、二、三、四),《中国地方志丛书·华中地方志·第 140 号》,台湾成文出版社有限公司,1983 年 3 月印行。

连德英等修、李传元等纂：《昆新两县续补合志》,《中国方志丛书·华中地方志·第643号》,台湾成文出版社有限公司,1983年3月印行。

梁蒲贵等修、朱延射等纂：《宝山县志》,《中国方志丛书·华中地方志·第407号》,台湾成文出版社有限公司,1983年3月印行。

《康熙常州府志》,《中国地方志集成·江苏府县志辑三十六》,江苏古籍出版社,1991年。

《嘉庆松江府志》(一),《中国地方志集成·上海府县志辑一》,上海书店,1991年。

《同治苏州府志》(一),《中国地方志集成·江苏府县志辑七》,江苏古籍出版社,1991年。

《光绪青浦县志》,《中国地方志集成·上海府县志辑六》,上海书店,1991年。

《光绪无锡金匮志》,《中国地方志集成·江苏府县志辑二十四》,江苏古籍出版社,1991年。

《光绪丹徒县志》,《中国地方志集成·江苏府县志辑二十九》,江苏古籍出版社,1991年。

《光绪武进阳湖县志》,《中国地方志集成·江苏府县志辑三十七》,江苏古籍出版社,1991年。

《光绪松江府续志》,《中国地方志集成·上海府县志辑三》,上海书店,1991年。

《民国吴县志》(一),《中国地方志集成·江苏府县志辑十一》,江苏古籍出版社,1991年。

《同治苏州府志》(一),《中国地方志集成·江苏府县志辑七》,江苏古籍出版社,1991年。

《民国高淳县志》,《中国地方志集成·江苏府县志辑三十四》,江苏古籍出版社,1991年。

《民国宝山县再续志》,《中国地方志集成·上海府县志辑九》,上海书店,1991年。

《民国上海县志》,《中国地方志集成·上海府县志辑四》,上海书店,1991年。

《民国川沙县志》,《中国地方志集成·上海府县志辑七》,上海书店,1991年。

《民国崇明县志》,《中国地方志集成·上海府县志辑十》,上海书店,1991年。

太滆乡志编纂组编：《太滆乡志》,常州市郊区修史编志办公室,1986年。

南京市地方志编纂委员会办公室编纂：《南京简志》,江苏古籍出版社,1986年。

上海市奉贤县县志编纂委员会编著：《奉贤县志》,上海人民出版社,1987年。

高淳县地方志编纂委员会编纂：《高淳县志》,江苏古籍出版社,1988年。

宜兴市地方志编纂委员会办公室：《宜兴县志》(送审稿),1988年12月。

苏州市民族宗教事务处编：《苏州市宗教志》,1989年8月印行。

嵊泗县志编纂委员会编：《嵊泗县志》,浙江人民出版社,1989年。

江宁县地方志编纂委员会编纂：《江宁县志》,档案出版社,1989年。

吴县水产志编辑委员会编：《吴县水产志》,上海人民出版社,1989年。

《上海市青浦县县志》编纂委员会编：《青浦县志》,上海人民出版社,1990年。

溧水县编修县志委员会编：《溧水县志》,江苏人民出版社,1990年。

常熟市地方志编纂委员会编：《常熟市志》,上海人民出版社,1990年。

《上海市川沙县县志》编纂委员会编：《川沙县志》,上海人民出版社,1990年。

昆山市地方志编纂委员会编：《昆山县志》，上海人民出版社，1990年。

太仓县县志编纂委员会编：《太仓县志》，江苏人民出版社，1991年。

《宜城镇志》编纂委员会编：《宜城镇志》，上海人民出版社，1991年。

上海市松江县地方史志编纂委员会编著：《松江县志》，上海人民出版社，1991年。

洞庭东山志编纂委员会编：《洞庭东山志》，上海人民出版社，1991年。

常州市民族宗教事务局：《常州市宗教志》，1991年8月（内部）。

《当代中国》丛书编辑部编辑：《当代中国水产业》，当代中国出版社，1991年。

扬中县地方志编纂委员会编：《扬中县志》，文物出版社，1991年。

《上海市南汇县县志》编纂委员会编：《南汇县志》，上海人民出版社，1992年。

《上海市宝山区地方志》编纂委员会编：《宝山县志》，上海人民出版社，1992年。

张家港市地方志编纂委员会办公室编：《沙洲县志》，江苏人民出版社，1992年。

《民国嵊县志》，《中国地方志集成·浙江府县志辑四十三》，上海书店，1993年。

上海县县志编纂委员会编：《上海县志》，上海人民出版社，1993年。

镇江市地方志编纂委员会编：《镇江市志》，上海社会科学院出版社，1993年。

吴县地方志编纂委员会编：《吴县志》，上海古籍出版社，1994年。

《吴江县志》吴江市地方志编纂委员会：《吴江县志》，江苏科学技术出版社，1994年。

《沙家浜镇志》中共沙家浜镇委员会、沙家浜镇人民政府：《沙家浜镇志》，中共党史出版社，1994年。

中国农业百科全书总编辑委员会水产业卷编纂委员会、中国农业百科全书编辑部编：《中国农业百科全书·水产业卷》（上、下），农业出版社出版，1994年。

苏州市地方志编纂委员会编：《苏州市志》，江苏人民出版社，1995年。

《厦门渔业志》编委会编：《厦门渔业志》，鹭江出版社，1995年。

《昆山市城北镇志》编纂委员会编：《昆山市城北镇志》，上海科学技术文献出版社，1995年。

无锡市地方志编纂委员会编：《无锡市志》（共4册），江苏人民出版社，1995年。

常州市地方志编纂委员会编：《常州市志》，中国社会科学出版社，1995年。

《昆山市商业志》编纂委员会编：《昆山商业志》，上海科学技术文献出版社，1995年。

《上海农业志》编纂委员会编：《上海农业志》，上海社会科学院出版社，1996年。

《玉山镇志》编纂委员会编：《昆山市玉山镇志》，上海科学技术文献出版社，1996年。

江苏省地方志编纂委员会：《江苏省志·农业志》，江苏古籍出版社，1997年。

《上海气象志》编纂委员会编：《上海气象志》，上海社会科学院出版社，1997年。

《上海水利志》编纂委员会编：《上海水利志》，上海社会科学院出版社，1997年。

吴市镇志编纂委员会编：《吴市镇志》，百家出版社，1998年。

吴县市土地志编纂委员会编：《吴县市土地志》，上海社会科学院出版社，1998年。

《上海渔业志》编纂委员会编：《上海渔业志》，上海社会科学院出版社，1998年。

中共吴县市委党史工作委员会编：《吴县市老区》，上海社会科学院出版社，1999年。

江苏省地方志编纂委员会编：《江苏省志·人口志》，方志出版社，1999年。

江苏省地方志编纂委员会编：《江苏省志·地理志》，江苏古籍出版社，1999年。

《上海宗教志》编纂委员会编：《上海宗教志》，上海社会科学院出版社，2001年。

江苏省地方志编纂委员会编：《江苏省志·水产志》，江苏古籍出版社，2001年。

［清］沈藻采编撰：《元和唯亭志》，唯亭镇志编纂委员会整理、方志出版社，2001 年。

江苏省地方志编纂委员会编：《江苏省志·水利志》，江苏古籍出版社，2001 年。

江苏省地方志编纂委员会：《江苏省志·总述》，江苏古籍出版社，2001 年。

江苏省地方志编纂委员会编：《江苏省志·民俗志》，江苏人民出版社，2003 年。

《苏州郊区志》编纂委员会编：《苏州郊区志》，上海社会科学院出版社，2003 年。

《上海通志》编纂委员会编：《上海通志》第五册，上海人民出版社、上海社会科学院出版社，2005 年。